工程建设项目管理模式研究

王岳森　李学福　赵李萍　编著

中国铁道出版社有限公司

2019年·北京

图书在版编目(CIP)数据

工程建设项目管理模式研究/王岳森,李学福,赵李萍编著.—北京:中国铁道出版社有限公司,2019.7

ISBN 978-7-113-25629-6

Ⅰ.①工… Ⅱ.①王… ②李… ③赵… Ⅲ.①基本建设项目—工程项目管理—管理模式—研究 Ⅳ.①F284

中国版本图书馆CIP数据核字(2019)第048782号

书　　名: 工程建设项目管理模式研究
作　　者: 王岳森　李学福　赵李萍

责任编辑: 张卫晓　　**编辑部电话:** (010)51873193
封面设计: 高博越
责任校对: 孙　玫
责任印制: 高春晓

出版发行: 中国铁道出版社有限公司(100054,北京市西城区右安门西街8号)
网　　址: http://www.tdpress.com
印　　刷: 三河市兴博印务有限公司
版　　次: 2019年7月第1版　2019年7月第1次印刷
开　　本: 787 mm×1 092 mm　1/16　印张:12.5　字数:309千
书　　号: ISBN 978-7-113-25629-6
定　　价: 66.00元

前　言

伴随着科学技术和社会生产力的发展，大型工程项目日益增多，难度也越来越大，对施工管理的要求不断提高，同时项目管理的职能也在不断拓展。这不仅需要新的管理理论来指导，更需要新的管理手段和方法，以适应高难复杂工程建设的迫切要求。本书立足于中国建筑行业项目管理的现实，以项目管理前沿理论为指导，参照并借鉴国际工程项目管理的模式和经验，从理论和实践相结合的角度分析了国内外工程项目建设管理模式的现状。从影响项目管理水平的体制分析和模式探索入手，对不同的项目管理模式诸如 CM 模式、DB 模式、DBB 模式、PM 模式、BOT 模式、EPC 模式、Partnering 模式等进行系统分析。通过简单并存类比、因果条件类比、综合类比等不同视角对常用工程项目管理模式的核心内容、主要特点、关键优缺点及适用范围进行了较为深入的讨论。特别是针对国内外建设管理体制的不同和建筑市场的差异及国内建筑市场存在的主要问题，提出将现存模式加以改造、调整和组合的建议方案。进而对 BOT＋EPC 组合模式、PMC＋Partnering 组合模式以及 WDD-B＋Partnering 组合模式进行深入讨论。同时考虑到我国国情和建筑业现状，指出新型组合模式在国内应用的制约因素和改进措施。特别是对其适用的边界条件和存在问题的解决方案提出具体的办法和对策，并对宏观管理体制和机制的改革与优化提出政策建议。

Partnering 模式作为一种新兴模式，并不是一次合作的简单过程，而是在长期的重复博弈与合作过程中最终形成的伙伴协议模式。本书从中国建筑市场多年来各市场主体持续竞争博弈的过程来考察，尤其是铁路建设市场，虽然每一次的工程项目招投标都是按国内建筑法规，各投标方经单次博弈胜者中标，但从一个特定时期对历次招标（反复、多重博弈）过程进行考察，其结果与 Partnering 的协议模式基本相同。这一现象对研究者关于项目管理模式优化方向的探索有一定的提示作用。由之可以尝试对部分建筑法规进行修改以适应新模式的应用，还可以同时对原有的合同文本进行优化，使之向合同一协议的方向改进，以适应新型项目管理模式的应用。

考虑到新技术应用对建筑业发展和新业态成长的现实推动作用和未来发展趋势，借助于一般影响因素分析和外部环境条件分析，对建筑工业化的发展现状和前景进行了粗浅的讨论。从探索建筑工业化发展路径和改革现有管理体制的基础上，提出将作为生产方式的建筑工业化与作为管理模式的建设信息化有效结合，系统地改进设计标准、规范和管理制度，全面推进适应建筑工业化的招投标管理体制改革、施工管理方式改革和构件生产方式的改革。同时结合实例对BIM背景下的EPC模式、PM模式和IPD模式的应用条件和改进方向进行了初步讨论，进一步分析了其在建筑工程领域的应用潜力和优势，并对其深化应用的边界条件和存在问题的解决提出具体方案。另外还对基于BIM技术的建筑工业化和建设信息化协同发展系统框架进行有限的探索，同时对两者协同发展框架下工程项目管理模式的改进与优化、国内建筑市场的发展趋势、建设管理体制改革的重点、市场环境的优化提出了政策性建议。

建筑工业化和建设管理信息化是未来建筑业的发展趋势，现存的项目管理模式有的与其适应程度不高，有可能会影响新型建筑工业化的发展。本书通过引入制造业的精益生产和供应链管理等理论与方法，在阐述精益建设核心理念的基础上，通过分析其与建筑业融合的障碍、应用于建筑工业化的可行性、关联式承包的内涵以及综合项目交付系统，提出了基于BIM的精益项目交付模式，并以美国Sutter医疗中心费尔菲尔德医疗办公楼作为建筑工业化背景下精益建设的案例，系统论述了其运用新模式带来建设项目的高效率和效益的提升。

PPP模式作为将社会资本引入基础设施建设和公共服务方面的运作方式，为包括外资企业在内的社会资本扩展投资领域开辟了广阔的空间。但是由于其在快速发展过程中出现了风险分配不合理、明股实债、政府变相兜底、重建设轻运营等问题，使得探究PPP模式的正确发展路径迫在眉睫。本书通过初步梳理PPP模式在我国推广中取得的成功经验和失败的案例，提出了开发性金融全寿命周期PPP模式，并系统分析了其具体的运行机制。同时，对新时期项目管理模式的创新与发展取向、国际建筑市场发展趋势、国际型工程公司的培育和新型项目管理公司的建设提出了探索性的意见。

本书的写作基于长期以来相关课程讲授中的思考及对现实中项目管理问题的探索，且中国铁道工程建设协会、河北省科技厅，以及侯家仁同志、刘建斌同志、曹光美同学、李小光同学、张丹同学、许萍同学、郭晶同学曾在项目研究和书稿写作过程中给予了大力支持和帮助，在此一并表示衷心的感谢！由于作者水平有限，疏漏和不足在所难免，恳请读者批评指正，以便后续进一步纠正。

王岳森

2018年12月

目　　录

第1章　绪　　论

1.1　研究目的与意义

伴随着建筑业的发展，工程建设项目管理模式一直在持续地改进与完善过程中，科学技术的广泛应用在对建筑业带来深刻变革的同时，为项目管理模式的探索和演进提供了强大的动力。探索其内在的动力机制和演化趋向，对推动建筑业健康发展具有现实价值。

新中国成立至今，我国建设工程项目管理一直在进行着不断地完善和改革，并取得了很大的成绩。超高层、大跨度房屋建筑施工技术，大跨度预应力、悬索桥梁施工技术，地下工程盾构施工及盾构机制造技术，大体积混凝土浇筑技术，大型复杂成套设备安装技术和相应的施工组织及项目管理等都达到或接近国际先进水平。但由于我国工业化进程起步相对较晚且受到经济发展程度的影响，总体水平与发达国家相比仍有一定的差距。尤其是项目管理的改革多是通过行政手段的调整解决工程建设过程中的经济技术问题，项目管理模式的选择亦多是参照国外的模式，主动适应市场变化的模式创新不够。当前迫切需要加强这方面的研究和实践探索。

过去多年来，尽管工程界和学术界在工程实践和管理理论方面进行了诸多深入地研究和尝试，也取得了相当的成就，但成果整合程度不够。特别是对建设工程项目管理体系中各部分之间的内在联系和项目管理过程的内在规律缺乏深入研究，改革的举措多是针对某一局部问题展开的。由于较少进行系统设计，经常导致建设工程项目管理各环节相互脱节，影响了建设工程的整体效益和项目管理水平的提升。相关的项目管理模式、方法难以适应国内大规模工程项目建设的需要，也滞后于国内建筑企业开拓海外市场和承接国际工程项目的现实发展，当前迫切需要对其系统地提升和改造。

从国际工程管理现实来看，以英国普通法为基础和背景的 FIDIC 条款、美国项目管理协会 1996 年发布并于 2017 年第六次修订的《项目管理知识体系指南》及其"项目管理实施体系"，在国际上被相当多的国家所接受，但在我国尚未普及。从工程实践和学科研究的角度来看，尽管国内重大工程项目建设和项目管理研究发展迅速且已达到较高的水平，但与国际先进水平相比仍然存在着一定的差距。因此，本书参照国外先进工程项目管理模式及其演化脉络，适应国内建筑企业参与国际竞争的现实需求，对现阶段国内外常用的建设工程管理模式进行对比分析。特别是结合我国国情和建筑市场的实际情况，吸取国际先进的管理理论及实践经验，深入分析和梳理各类工程项目管理模式在我国的应用现状，尝试提出适应中国国情和建筑工程实践及可操作性强的管理模式。尤其是从过去多年来铁路工程项目招投标历年结果的分析中，发现在每次招投标博弈反复累次进行的过程中，其内在的机制和规律具有不以人的意志为转移的客观性。随之运用演化博弈论对其进行深入分析。同时参照当前美欧等国家盛行的 Partnering 模式，提出铁路工程发包应更多采用伙伴协议模式的设想，并深入讨论其合理性、经济性和可行性。同时对适宜伙伴协议模式广泛推行的建筑法规改革提出一系列政策性建议。另外，还从管理科学的角度和当前我国特定的建筑管理体制背景下，对未来建筑工业化发展和建筑管理体制的改革提出了一些新的观点和设想，以期提高我国工程项目管理水平，推动工程项目管理向国际先进水平迈进，促进我国建筑市场的不断完善与规范。

1.2 工程项目管理发展及研究回顾

工程项目管理作为管理学的一个分支，随着建筑业的成长、人类社会的进步和科学技术的腾飞，在近现代得到了长足的发展。早期的项目管理更多的是以经验形式并与建筑技巧等紧密联系而存在的。项目管理上升到科学的高度是从十九世纪末二十世纪初“科学管理”的兴起及经济学等学科相对成熟、相关学科相互影响、互促共进而发展起来的。从早期的经验性知识到规范性原则标准，再到概括性的理论，项目管理在发展过程中更多地受到自然科学和社会科学的影响和支撑。泰勒的铲铁试验和梅奥的霍桑试验，对管理科学包括项目管理的发展起到了积极的推动作用。二次世界大战前后相继出现的工业工程、系统工程、运筹学等理论和方法，对项目管理理论完善和实践方法的科学化产生了革命性的影响，线性规划等科学方法也极大地推动了项目管理实践的进步。

从二十世纪七十年代开始，伴随着系统科学和数学方法的广泛应用，逐步形成了系统工程学科。以建模和优化设计为主的定量分析方法大量应用于工程项目建设管理实践，典型的如阿波罗登月计划的规划协调等。随着后来计算机科学技术和人工智能的发展，计算机信息系统（MIS）、决策支持系统（DSS）、专家系统（ES）和企业资源系统（ERP）等在工程项目管理领域逐渐普及，项目管理水平得到了很大的提升。

在我国，工程项目管理实践有着悠久的历史，管理经验也相对丰富。类似万里长城的修建和京杭大运河开凿等重大工程的建设和管理在当时都是世所罕见，即使在当前也是举世闻名；目前仍在发挥作用的都江堰等工程项目标志着我国古代建筑技术和建设管理都达到了相当高的水平。但是工程项目管理作为一门科学，在我国还是近现代的事情。特别是新中国成立后，人民大会堂等标志性工程，以及改革开放后的三峡工程、青藏铁路工程、西电东送、西气东输、南水北调、杭州湾跨海大桥、上海东海大桥、港珠澳跨海大桥等工程举世瞩目。这些重大工程项目的成功实施，标志着我国建筑业技术水平已达到相当高的程度，也为我国建筑行业积累了重大工程项目管理的成功经验，这些都反映出我国建筑技术和工程项目管理实践已经有了长足的进步。当前迫切需要对我国重大工程建设管理的实践经验进行深入研究、梳理、总结，力求从科学的高度进行概括和提炼。同时还需对国外工程项目管理理论和实践现状进行分析研究，进一步了解国外项目管理理论前沿，熟悉国际通行的管理模式、标准和方法等。通过借鉴国外先进理论和管理经验推进国内建筑管理体制、机制改革，提高国内建筑企业的国际竞争力，加快实施“走出去”战略，更多地参与国际工程项目建设和管理，全面提高建筑行业的管理水平。

1.2.1 国外建设工程项目管理的发展历程及典型成果

一、项目管理发展历程中的突出成就

在人类建造史上，有许多标志性工程反映出古代人对重大工程施工和组织管理都达到了相当高的水平。古埃及金字塔的修建、古巴比伦灌溉系统的建设等，不仅标志着工程建设项目的历史非常久远，而且反映出相应的项目管理也源远流长。但项目管理作为系统的理论和方法出现，截至目前还不到百年时间。形成相对完整和系统的项目管理理论和系统的方法探索

只是近几十年的事情。起源于泰勒的“科学管理”理论在重大工程项目上的应用，更多地始于二次世界大战及其以后。国外在二十世纪四十年代就用项目管理的方法管理重大工程项目。成功运用项目管理最典型的例子就是“曼哈顿工程”，即二次世界大战期间美国采用项目管理实施的原子弹研制工作。战后陆续的还有1957年美国路易斯维化工厂分解检修流程时运用的“关键路线法”，1958年美国研制北极星潜艇中采用了“三时加权法”，并进一步梳理总结出“计划网络技术”。另外，以法约尔等为代表的管理学家用数学模型来处理重大工程的管理问题，亦开启了管理问题的定量研究。

随着现代科学技术特别是系统论、信息论、控制论、运筹学、计算机技术等在重大工程中的广泛应用，项目管理理论和方法已经形成一个庞大的学科和技术门类。在理论探索和规范研究方面，项目管理学科经过多年发展，初步形成了比较完备的理论体系和规范标准等成果。包括美国匹兹堡大学项目管理专家大卫·I·克策兰教授和威廉·R·金教授主编的《项目管理手册》、美国项目管理专家斯坦利·波特尼撰写的《如何做好项目管理》、美国项目管理协会(PMI)建立的“项目管理实施体系”、国际项目管理协会(IPMA)出具的“项目管理人员能力基准”。其中以英国普通法为基础和背景的FIDIC条款、美国项目管理协会1996年发布并于2017年第六次修订的《项目管理知识体系》影响更为广泛和深远。

二、项目管理机构及组织结构的优化

伴随着人类社会对项目管理在社会发展中重要作用认识的深化，各国政府、企业界和高等学校都对其投注了巨大的精力予以支持和探索。因此项目管理也从一个研究方向、一门学科、一个管理技术体系逐步发展成一个社会职业及相应的社会建制。从1965年到1969年，国际上先后成立了欧洲体系的“国际项目管理协会”(IPMA)、美国体系的“美国项目管理协会”(PMI)和澳洲体系的澳大利亚项目管理学会。以上三个组织的成立，有效推进了国际项目管理的理论研究和实践应用，对项目管理的发展起到了积极的推动作用。随后一些国家也相继成立了相应的协调机构，如英国项目管理协会、英国标准协会、加拿大标准协会、日本标准协会等组织，在项目管理优化方面展开了全方位的探索。

在IPMA和PMI等组织的推动下，国际项目管理专业资质认证组织(IPMP)应运而生。其对从业人员的知识结构、管理经验和业务能力等方面提出了系统要求，制定了相关标准，并开始对项目管理人员进行综合评价。相关研究和探索的深化及标准、规范的制定，不仅为国际工程项目管理提供了人才保障，同时还有效地激励业界人士对项目管理理论展开深入研究，对项目管理模式进行深度探索和积极尝试。这对改进和完善项目管理、降低工程成本、确保工程安全产生了十分明显的效果，并探索形成了DBB、DB、DBO、BOT、PC、PMC、EPC等多种项目管理模式，目前这些模式仍在不断地演化完善过程中。

三、国外工程建设项目管理的特点及发展趋势

伴随着科学技术和社会生产力的发展，大型工程项目越来越多，难度也越来越大，对施工管理的要求不断提高。同时项目管理的职能也在不断细化和拓展，不仅需要新的管理理论来引导，更需要科学的管理手段和方法，以适应高难度复杂性工程建设的迫切要求。纵观国际范围内项目管理的理论研究和实践探索情况，当前工程项目管理呈现出以下特点。

一是项目管理理论和方法不断创新且更加科学化。系统论、信息论、控制论、协同论、行为

科学等新理论在项目管理中的大量应用，使项目管理理论体系更加丰富和完善，并促使原来以经验为基础的工程项目管理逐步提升到科学理性的高度。同时数学方法、计算机模拟和网络分析方法、预测技术、决策技术、管理统计方法、线性规划、图论、排队论、存储论等方法在工程管理中的普及和应用，明显地提高了项目管理的效率和效果。另外现代精密仪器的广泛应用，多媒体、互联网和计算机技术的普及，各种管理软件的开发等，使工程项目的工期控制、成本管理、资源整合、安全管理和系统优化等都能方便地实现，极大地提高了项目管理的效能。

二是项目管理更加专业化和职业化。与前一特点相适应，管理内容的丰富和手段方法的提升，对项目管理人员提出了更高的要求。众多高难复杂工程需要职业化的项目管理者。项目管理已不仅仅是一门学科，而且还是一系列科学方法，在某种程度上还成为项目经理人的一种职业。国外发达国家的建筑领域，已经部分地摒弃了承揽到工程项目就组织一个经理班子的惯用模式，而更多的是由职业化的经理人成立专业化的项目管理公司，由其专门承接项目管理业务，提供全过程的专业化管理服务。专业公司和项目管理人员作为项目实施的指导者和监控者，其专业水平和综合业务能力对项目的成败起着至关重要的作用。因此，国际上对项目管理从业人员的培训和认证非常重视，提升项目管理人员的水平和层次显得越来越重要。

三是项目管理更加规范化。与当前社会化大生产和国际产业分工与协作的大趋势相吻合，项目管理的标准化、规范化程度不断提高。如规范化的流程和工程量计算方法，标准化的文档系统与合同文件，通用的管理模式和信息表达方式等在建筑管理行业已经广泛应用。如FIDIC 条款大约每 10 年就要修订一次；美国仲裁协会制定的《建筑业仲裁规则》也多次修订；美国联邦政府发布的 SF-23A 合同条款经过几次增补，由最初的 31 条增加到后来的 34 条；众多的专业化软件如 Microsoft 和 Project 等，常常几年就要再版升级。

四是项目管理呈现出集成化、国际化和信息化的发展趋势。集成化趋势体现在：业主更多地变自行管理模式为委托项目管理模式，由项目管理咨询公司作为业主代表或业主的延伸，根据其自身的资质、人才和经验，以系统的方法和组织运作手段对项目进行集成化管理。国际化趋势体现在：随着经济全球化的快速发展，各国之间的交流日益频繁，且越来越多的国家走出国门，在海外投资和经营的项目使各国项目管理市场呈现全面融合的趋势。信息化特征体现在：欧美国家在一些工程项目管理中广泛运用计算机网络技术，开始逐步实现项目管理网络化、虚拟化。另外，许多项目管理单位已开始大量使用项目管理软件进行项目管理，同时还从事项目管理软件的开发研究工作。借助于有效的信息技术，建立基于 Internet 的工程项目管理信息系统，已成为提高建设工程项目管理水平的有效手段。

五是国际工程项目管理的全球化、多元化和专业化趋势也十分明显。由于国际市场更加开放且得到现代信息技术的支撑，工程项目合作也成为国际贸易中的重要组成部分。多元化主要体现在项目管理被广泛应用于不同行业、不同规模的项目中。项目管理的国际化和多元化要求将不同文化和经济制度的人纳入同一规范进行管理，并运用一套通用的程序、准则和方法来协调他们的行为，这就需要统一的规则。如世界银行的采购条件和项目可行性研究指南及一些国际惯例和通则等均属此类。

此外，国际工程项目大型化、复杂化的发展趋势，亦对项目的管理提出了更高的要求。这些深刻的变化，要求建设工程的项目管理模式、标准规范、方法体系以及工程项目管理理念等方面进行随动性地调整和改革性地探索，以适应工程项目大型化、复杂化的现实需要。

1.2.2 国内工程建设项目管理的发展历史及现状

一、我国工程建设项目管理的发展历程及典型经验

我国作为一个具有 5 000 年发展历史的东方文明古国，建设工程的管理实践及探索源远流长。新中国成立以来，国民经济和建设事业的发展进入了新的阶段，陆续开展了相当数量和规模的工程项目管理实践活动，取得了丰硕的成果，管理方法和手段也不断改进。适应国民经济快速发展和大型工程项目增多的需要，新中国成立以来至今，我国在工程项目管理体制方面进行过数次调整。同时对项目管理理论研究和实践活动持续地进行了总结、梳理和探索，从发展进程上大体可分为四个阶段。

第一阶段是国家主导发展阶段。主要指 1949 年至 1984 年这一时间段。在该阶段，国内的工程项目管理模式从最初的以建设单位自营方式为主发展到成立专门的工程项目建设指挥部。1953 年之前属于建设单位自营管理阶段，国内的设计、施工力量薄弱而且分散，在完成项目建设工作中由建设单位自行组织工程项目所需的人、机、料来完成工程项目的建设任务。1953 年至 1965 年，国内广泛学习苏联模式，实行以建设单位为主的甲、乙、丙三方制。在这种管理体制中，最为突出的特点就是无论是组建建设单位，还是设计、施工过程中均会出现政府有关部门直接参与的情况，且政府在整个工程项目管理过程中发挥着主导作用。从 1965 年至 1984 年，参照和推广人民大会堂建设和大庆油田开发的经验，成立建设指挥部成为我国在许多大、中型项目建设过程中采用的主要方法。这种模式初步实现了管理职能与生产职能的分开，国内很大一批建设项目都是在以上几种管理模式下完成的。在此期间，项目管理技术也取得了快速发展，特别是钱学森教授将系统工程原理应用到大型工程管理和华罗庚教授将统筹法用于工业工程和建筑工程实践中，有效地提升了我国工程项目管理技术和水平。

第二阶段是国内工程项目管理改革起步阶段。改革开放以后，大量境外资金和众多承包商纷纷涌入。随后世界银行等国际金融组织贷款和国外建筑企业投资建设项目迅速增加，在国际合作交流进一步发展的基础上，工程项目管理理论和实践探索在我国也得到了广泛地推广应用。尤其是参与国际金融组织贷款建设的项目，必须按国际惯例进行项目管理，这些都成为深化我国建筑业管理体制和投融资体制改革的助推器，推动建设管理体制改革进入了新的阶段。鲁布革水电站工程是我国第一个向世界银行贷款，并按照国际惯例参与竞争性投标和项目管理的工程。该工程充分发挥了竞争机制的优势，在确定承包单位时采取公开招投标的方式，工程采用全过程总承包方式。我国在该工程的项目管理实践中，充分发挥项目管理的作用，按照“低成本竞争，高品质管理”的原则，组建高效的管理团队和施工队伍，科学合理地组织现场施工，把先进的施工技术和方法应用到工程建设过程中。尤其是把隧道开挖方案由马蹄形开挖优化为圆形断面一次开挖，不仅减少了工程量，而且使实际工期较合同工期提前了 5 个月，创造了著名的“鲁布革工程项目管理经验”，使我国工程项目管理得到有效地提升。

第三阶段是建设管理体制改革和“三项制度”形成阶段。通过鲁布革工程的实践探索，国内建筑行业初步认识到了好的项目管理所带来的综合经济效益。从 1984 年到二十世纪九十年代，我国在建设领域逐步形成招投标制度、监理制度和项目法人责任制“三项制度”。同时相关配套法律法规及政策也相继出台，标志着我国工程项目管理体制改革进入到新的发展阶段。从 1984 年开始，国家把招投标作为一项制度在工程建设领域广泛推广应用。1988 年，开始推

行建设工程监理制度。项目法人采用招投标或者委托的方式选择监理单位，由其代表建设单位对施工过程进行管理，有效地促进工程项目管理的社会化和专业化，充分利用监理人员的专业知识和管理经验，帮助建设单位提高项目管理水平。1992 年 11 月国家计划委员会(以下简称“国家计委”)下发了《关于建设项目实行业主责任制的暂行规定》，实现了在国内建立高效的投资运行和项目管理机制的目标，使项目投资责任主体真正步入自我经营、自我决策、自担风险的良性发展道路。

第四阶段是“三项制度”逐步完善及新模式探索阶段。二十世纪末，国内的“三项制度”在不断完善的同时，工程项目管理新技术的开发、研究及应用也在全面深化。经过长期的工程项目实践探索，越来越多的建设主管部门和从业人员逐步认识到“三项制度”存在的缺陷，在此基础上提出代建制模式等一系列改革，并在实践中取得一定成效。进入二十一世纪以后，随着改革的不断深入，在项目管理模式方面也开始关注 PM、PMC、Partnering 等模式，并逐步探索研究和应用这些新模式。国务院 2004 年下发的《国务院关于投资体制改革的决定》中明确提出要在非经营性政府投资项目中加快推进代建制。诸如奥运场馆建设、高速铁路建设等项目都是我国成功运用新型项目管理模式的典型实践案例。

二、国内建设工程项目管理机构和组织体系的优化取向

尽管国内的项目管理理论研究和实践探索起步较晚，但发展很快。新中国成立后众多工程项目的建设，不仅积累了丰富的经验，也从标准、规范制定和理论探索方面推出了一系列现实成果。其中部分被政府采纳，以国务院及有关部委颁发的相关文件、规定和办法的形式加以推广和应用，这对促进国内工程项目管理体制改革，推进我国工程总承包和项目管理的发展，发挥了重要作用。从上述制度、办法完善的过程来看，往往是由工程建设单位在实践中探索尝试，相关科研院所、高等院校从中加以总结、归纳和提炼，再到政府部门以制度、标准、规范的形式下发执行。从 1984 年实行工程项目建设招投标制度，到 1988 年推行工程监理制度，再到九十年代推行业主责任制，包括由人力资源和社会保障部对项目管理人员资质进行统一管理等，都是循着类似的路径演进和成长的。除政府主导之外，相关社会组织也发挥了相当的作用。我国于 1991 年成立了全国性的项目管理研究会，部分行业和地方也成立了相关组织，有的高校也成立了相关研究机构，开设了相关研究方向和学科专业等。随着项目管理学科研究的不断深入和项目管理实践探索的不断加强，当前需要着力发挥行业协会组织的作用，使之与政府的主导功能相适应，并在全国范围内形成互联互通、相互促进的系统管理体系、实践探索体系和理论研究体系。

从当前我国项目管理现实来看，政府主导的特征相对明显，其他协会组织的功能应进一步强化。由于政府主要是宏观管理，不可能也没有办法做到深入细致，导致国内建筑行业问题较多，有时也颇受争议。有些政府非常好的宏观政策和规定，在具体执行中经常走样，围标、串标和层层转包等现象时有发生。当前应采取多种措施强化行业自律并优化企业经营机制，进而创设风清气正的行业氛围及发展环境，否则再好的管理模式都难以发挥作用。目前在迫切需要加强行业监管的同时，应更加注重从企业内和行业内的微观建设入手，规范各种不良行为，引导企业和行业注重自身能力的打造，引导企业依靠实力搏击市场。同时着力规范行业内部组织体系、运行模式、监管方式、退出机制等。促使企业真正按科学原理深化内部改革，优化管理制度，按国际通用的准则和惯例规范企业行为，以认真严谨的作风和探索精神不断优化项目

管理体系。政府相关部门和监管机构及行业自律组织，应着力探索科学的监管方式、管理模式和评价体系，推动中国工程项目管理向世界先进水平迈进。

1.3 研究主要内容和方法

本书研究内容主要是工程建设项目管理模式的种类、特点、适用范围及演化趋势。

1.3.1 研究内容

本书立足于我国建筑行业项目管理的现实，吸取借鉴国际工程项目管理的先进理论、模式和经验。从影响项目管理水平的体制和机制分析入手，研究探索适应中国国情、具有中国特色的项目管理模式。特别是适应经济全球化和中国企业"走出去"战略的实施，深入研究融资模式与项目管理模式的关系及融合趋势，努力实现与国际工程项目管理模式的顺利对接，尽快使国内建筑企业在参与国际竞争中发展壮大。同时针对国内外项目管理实际，以管理学基本理论和原则对建筑管理现状进行深入分析和趋势研判，探寻符合当前国内外工程建设实际和发展趋势的项目管理模式。

首先借助简单要素分析法分析当前国内外建设工程项目管理的现状。从建设工程项目管理的特点、资源整合的难点、管理的现代性要求和管理基础薄弱等矛盾出发，针对当前我国建设工程管理现实状况进行分析，找出我国项目管理与国际先进管理模式的差距及存在的问题，明确改进的方向、改革的前提和关键环节。

其次，研究重点是对国际上现存的各类建设工程项目管理模式和投融资模式进行深入分析。运用简单归纳、系统分类、综合类比等方法，对不同的项目管理模式，诸如 CM 模式、DB 模式、DBB 模式、PM 模式、BOT 模式、EPC 模式、Partnering 模式等进行逐个分析。通过系统分析等方法着重讨论各类项目管理模式的主要内容、共性特点、现实应用的边界条件和优缺点，在综合比较的基础上，明确其适用范围并结合中国建筑业实际提出具体的优化方案。

三是集中探讨各种管理模式的优化组合方案。运用原理移植和实证分析等方法，针对国内外建设管理体制的不同和建筑市场的差异及国内建筑市场存在的主要问题，提出将现存模式加以改造、调整和组合的建议方案。着重对 BOT＋EPC 组合模式、PMC＋Partnering 组合模式以及 WDD-B＋Partnering 组合模式进行深入讨论。同时考虑到我国国情和建筑业现状，初步分析新型组合模式在国内应用的制约因素，并提出若干改进措施。特别是对其适用的边界条件和存在问题的解决方案提出具体的办法和对策，并对宏观管理体制和机制的改革与优化提出政策建议。

四是对新型项目管理模式的演进机理进行深入探索。借助时间序列分析及博弈合作演化分析等手段，对比传统的累次招投标结果、竞争性谈判、邀请招标以及伙伴协议确定施工方等做法，深入探索其中的内在机制和系统演化的内在机理。以 Partnering 模式为基本参照，通过长时段深度分析多年来累次招投标结果，发现铁路建设市场目前的工程项目累次招投标结果叠加，与西方国家建筑业领域当前出现的 Partnering 模式相符。发现过程是：首先运用演化博弈论分析铁路建设项目中多年来的累次招投标结果的形成机理，从中探索西方流行的 Partnering 模式的形成过程，分析并提出了 Partnering 模式形成的边界条件。随后从行为稳定性的角度构建演化博弈模型。最后将其与近十年来铁路建设项目招投标结果进行比较，发现其结果与Partnering的协议模式基本相同。这一现象的发现对研究者关于项目管理模式优化方向的探索具有十分积极的提示作用。

五是对建筑工业化和建设管理信息化背景下，项目管理模式的演化趋向进行了粗浅分析，并借鉴工业领域的相关方法，探索建设工程项目管理的新模式。首先运用辩证分析和系统综合等方法从建筑工业化发展路径和现有建设管理体制改革思路探索起步，提出将作为生产方式的建筑工业化与作为管理模式的建设信息化有效结合，系统地改进设计标准、规范和管理制度，全面推进适应建筑工业化的招投标管理体制改革、施工管理方式改革和构件生产方式的改革。其次运用实例分析等方法，对BIM背景下的EPC模式、PM模式和IPD模式的应用条件和改进方向进行了初步讨论，进一步分析其在建筑工程领域的应用潜力和优势，并对其深化应用的边界条件和存在的问题提出具体的解决方案。然后从建筑工业化和建设信息化两者融合的角度出发，通过剖析工业领域中的新理念和方法，如工程项目供应链、伙伴关系、精益建造、价值工程等，吸取其中的有益成分，遵循不同行业的互动机理，尝试将其融合到适应建筑工业化和建设管理信息化的工程项目管理的新模式中。最后以系统模拟的方式，对其在建筑工业化背景下的可行性进行分析，提出基于关联式承包的精益项目交付模式。

六是对现行的PPP项目实施现状进行粗浅分析，并对PPP模式的改进方向提出可行性建议。首先对国内外PPP模式的发展演化进程进行粗浅讨论；其次运用类比分析法和案例分析法对当前的各种PPP模式进行对比分析；然后从当前PPP实施中存在的问题出发，提出了开发性金融全寿命周期PPP模式，并从运行机制等方面给出具体的实施意见。

七是从当前开放的国际建筑市场出发，阐述中国建筑企业应以项目管理模式的创新带动建筑工业化和建设信息化向纵深发展，并从不同层面提出了具体的改革措施。首先结合工程项目管理的实际对项目管理模式创新的顶层理念进行讨论；其次剖析国际建筑市场的发展趋势以及国内建筑企业走向国际市场的难点；然后从业主方、建设管理和承建方不同的视角分别论述项目管理模式以及建筑企业改革的方向。最后从社会管理体制、行业标准与规范等方面对建筑业改革的推进提出具体的政策性意见，从而促进建筑行业持续、快速、健康发展。

1.3.2　研究方法

一是注重理论研究和实证研究相结合。对现状研究主要采用实证分析和理论研究进行展开。实证分析主要基于作者多年来对建筑业发展跟踪研究所得资料进行梳理，更多的依赖学校多年来直接服务于铁路建筑业的相关事例及董事单位经营过程中的案例。同时从管理学、经济学的不同理论和观点对相关现象进行深入解读，从理论与实践相结合的角度，找出规律性的东西和存在问题及问题产生的症结。辅之以广泛的文献查阅、检索和现场调研补充资料，为深入研究工程项目管理模式创新提供理论准备、现实资料和粗浅的问题分析。

二是系统分析和综合类比相结合。以系统分析的方法分析新时期工程项目管理的特点和我国当前工程项目管理模式的现状；运用综合类比对工程项目的各种管理模式进行了粗浅的讨论。运用演化博弈论和现实资料分析，发现我国铁路建设项目多年来累次招投标结果与Partnering协议模式结果基本相同的内在机理。

三是通过简单并存类比、因果条件类比、综合类比对DB、BOT、EPC等项目管理模式进行对比分析。主要是分析各种管理模式的优缺点及在不同建筑管理体制下的适应性，把握国内外建设项目管理方面存在的差异和国内建筑市场存在的主要问题。运用原理移植的方法试图对国外先进的管理模式加以改造、调整或组合，探索适合中国国情的项目管理模式。

四是运用时间序列分析、系统仿真和数值模拟等方法深入探索项目管理模式的演化机理。先从演化博弈论角度分析铁路建设项目管理模式的演化过程。从中发现由于内外界环境的变化，博弈初始状态和博弈策略的不同，铁路建设项目管理模式呈现出不同的演化博弈结果。随后建立演化博弈的复制动态方程，并指出现有确定性动态方程的局限性。在此基础上利用计算机进行仿真，通过数值模拟显示模型的有效性。

五是借助于一般影响因素分析和外部环境条件分析等对适合中国国情的相关管理模式进行重点研究。针对中国建筑业的实际情况，对现行采用的各类项目管理模式适用范围和应用特点进行深入分析，同时充分借鉴国际先进的管理经验，提出我国工程项目管理优化发展的途径、对策和模式。

六是运用辩证分析和系统综合等方法，对国内建筑市场项目管理的相关案例进行梳理归纳，结合理论认知和现实效果评价，从关键环节调整、过程优化等方面对项目管理模式，特别是组合模式的特点进行分析。同时对国内建筑市场健全完善和宏观管理体制改革及外部环境优化提出对策和政策建议。

案例一：鲁布革水电工程建设对国内建筑业带来的深远影响

二十世纪八十年代，建筑业作为城市经济体制改革的突破口，率先走向市场。建筑业的改革随着中国经济的高速发展步步深化，鲁布革水电工程的成功实施，突破了计划经济体制下的建设管理模式，首开我国建设工程管理体制改革的先河。

一、鲁布革工程基本情况

鲁布革水电站位于云南罗平和贵州兴义交界的黄泥河下游，整个工程由首部枢纽拦河大坝、引水系统和厂房枢纽三部分组成。

鲁布革水电站于 1981 年 6 月经国务院批准立项，1982 年 11 月开工建设，1984 年 4 月为了使用世界银行贷款，将工程三大部分之一的引水隧洞工程从水电十四局的“铁饭碗”中捞出来，投入到国际施工市场。在中国、日本、挪威、意大利、美国、联邦德国、南斯拉夫以及法国 8 个国家的承包商竞争中，日本大成建设株式会社以比中国与外国公司联营体投标价低 3 600 万元中标。于是形成了“一项工程、两种体制、三方施工”的格局：一方是由挪威专家咨询，由水电十四局三公司承建的厂房枢纽工程；一方是由澳大利亚专家咨询，由水电十四局二公司承建的首部枢纽工程；一方是由日本大成建设株式会社承建的引水工程。两种体制是：一种是以云南电力局为业主，鲁布革工程管理局为业主代表及“工程师机构”，大成建设株式会社为承包方的合同制管理体制；一种是以鲁布革工程管理局为甲方，以水电十四局为乙方的投资包干管理体制。中国企业采取的是传统行政指令模式，而大成公司采取的是施工总承包制。双方管理模式、资源配置方式、施工组织方式均明显不同，且效率对比差异突出。其中，大成公司负责的引水隧洞工程质量优良，且比合同计划提前了 5 个月；相较水电十四局负责的首部枢纽工程，进展缓慢。“鲁布革冲击”迅速成为中国工程管理改革的催化剂，推动了我国施工企业管理直至项目管理模式本质的变化。

二、鲁布革工程建设经验

鲁布革工程起始于中国改革开放初期，且是一个工程两种模式的直接对比，其对中国建筑业产生了很大的振动。中国企业从中也吸取了很多经验，其中主要有以下几个方面。

一是工程实行公开竞争性招标。鲁布革水电工程利用世界银行贷款1.454亿美元。按世界银行规定，该引水工程施工企业的选择必须按照FIDIC条款规定的程序进行国际竞争性公开招标。招标工作由当时的水电部委托中国进出口公司进行。

二是工程招标采用严格资格预审条件下的低价中标原则。按照国际惯例，只有报价最低的前三才能进入最终评标阶段，因此确定大成、前田和英波吉洛公司3家为评标对象。评标工作由鲁布革工程管理局、昆明水电勘测设计院、水电总局及澳大利亚等中外专家组成的评标小组负责，按照规定的评标办法进行。1984年4月13日评标工作结束。经各方专家多次评议讨论，最后取标价最低的日本大成公司中标，与之签订合同，合同价8 463万元，比标底低43.4%，合同工期1 597天。

三是出资人、融资机构对招标过程乃至整个项目管理过程按世界银行的要求实行监督审查。包括对招标(合同)文件的审查；审阅借款人(项目单位)所提供的各种报告、资料；定期或不定期派遣项目小组赴现场检查；对特别咨询团的咨询工作进行监督；对提款申请进行严格审查；通过与借款国的联合检查行动进行监督等。

四是大成公司采用了与当时中国建筑企业明显不同的现代项目管理方法。从项目的实施方式上，坚持管理层与作业层分离，总包与分包管理相结合。大成公司采用施工总承包制，在现场的日本管理及技术人员仅30人左右，雇用我国的公司分包，而作业层的424人则主要从中国水电十四局雇用。在施工组织方式上，实行项目矩阵制组织与资源动态配置。鲁布革大成事务所与本部海外部的组织关系是矩阵式的：在横向上，大成事务所班子的所有成员在鲁布革项目中统归泽田领导；在纵向上，每个人还要以原所在部门为后盾，服从原部门领导的业务指导和调遣。这使得工程项目组织与企业组织协调配合十分默契。比如隧洞开挖高峰时人手不够，总部立即增派有关专业人员到现场。当开挖高峰过后总部立即将多余人员抽回，调往其他工程项目，显示出矩阵制高效的优势。在施工技术优化方面，广泛运用科学管理与关键线路控制方法。大成公司采用网络进度计划控制项目进展，并根据项目最终效益制定相应的奖励制度，将奖励与关键线路结合。科学管理还体现在施工设备管理上，为降低成本，现场不备用机械设备，而是多备用机械配件，机械出现故障，将配件换上立即运转，机械修理在现场进行，做到机械设备不离场，使其充分发挥效益，提高效率。

五是设计施工一体化，优化了施工组织，提高了施工效率和效益。大成公司通过施工图设计和施工组织设计的系统结合，利用日本、挪威、澳大利亚等国多项优势技术对设计方案和施工方案进行优化。不仅有效地缩短了工期，还十分显著地降低了成本。合同工期1 597天，实际工期1 475天，提前122天完成。

六是项目法人制度与工程师监理制度。为适应外资项目管理的需要，当时水电部组建鲁布革工程管理局承担项目业主代表和工程师(监理)的建设管理职能，对外资承包单位按FIDIC合同条款执行，管理局的总工程师执行总监职责。鲁布革工程管理局代表投资方对工程的投资计划、财务、质量、进度、设备采购等实行统一管理，同时协调施工方、设计方和利益相关方的关系。并办理招标、评标、签订承发包合同，掌握工程投资，办理工程融资、财务收支和信贷，编制工程相关的各种规划、计划、结算、决算报表，审核预决算。按照合同对各承包商实行计划、人员、工程、财务、质量等各方面的监督，组织工程竣工验收、移交、试运行、生产培训、安排材料、设备落实等。

七是合同管理制度。当时我国的工程建设管理还处在计划体制向市场机制过渡的阶段，国内企业对市场管理手段还比较陌生。尽管鲁布革工程管理局与大成建设株式会社签订了承发包合同，但中方施工管理人员对国际合同制度了解不多，造成一些被动。一条运输路，合同规定由甲方提供三级碎石路，由于翻修不当，造成日方汽车轮胎损失严重，于是日方提出索赔200多条轮胎。这些事件对中方管理人员来说都是前所未有的，但是合同执行的结果让中方管理人员彻底改变了看法。最后工程质量综合评价为优良，包括除汇率风险以外的设计变更、物价涨落、索赔及附加工程量等增加费用在内的工程结算为9 100万元，仅为标底14 958万元的60.8%，比合同价仅增加了7.53%。合同管理制度发挥了管理刚性和控制项目目标的关键作用。

三、鲁布革水电工程建设经验的深远影响

"鲁布革模式"的核心在于引入竞争机制选择施工队伍；采用新的项目管理模式实现管理层与作业层分离；聘请专门的监理公司对工程建设进行全过程监管；运用先进的施工技术和管理技术实行精益生产和精细化管理；以技能高低、贡献大小论薪酬激发员工的积极性等。其对我国建筑业的影响十分明显，以致当时在建筑业内形成了"鲁布革冲击"。

鲁布革水电工程建设实践对我国建筑业和建设管理模式的改革产生了深远影响。这一探索使建筑业界充分认识到，必须要深化施工管理体制改革，实现建筑生产方式的根本性转变。同时也清楚地认识到，生产方式的优化需要项目管理模式的持续改进。在随后的鲁布革工程厂房和导流洞施工中，同样是水电十四局，只是采用了大成公司鲁布革事务所的管理模式，在人员减少35%的情况下，提前四个半月完成了建设工程。这充分显示了先进项目管理模式的巨大潜力，使整个水电站工程提前108天投入发电。鲁布革的实践，冲击了陈旧的思想观念，突破了计划经济体制下的建设管理模式，开创了我国建设工程项目管理体制改革的先河。1987年，国务院相关部门决定在全国推广鲁布革工程管理经验，有力地推动了我国建筑业的改革与发展。鲁布革水电站的建成亦成为我国建筑业改革的标志性工程。

第 2 章　新时期工程项目管理的特点及模式体系分析

伴随着经济和社会发展，建设工程项目不断增多。不同项目有不同的管理模式，各类项目管理模式有其各自的特点和适用范围。众多项目管理模式既有区别，又有其内在联系。随着科学和技术的发展，各种项目管理模式也在不断地改进和完善，并与融资模式相结合，形成与建筑业发展相伴生的持续进化模式体系。

2.1　当代项目管理的主要特点、问题和创新取向

项目管理作为一种独特的管理活动，其历史源远流长。人类自开始进行有组织的活动以来就一直实施着各种规模的建设项目。尽管项目的类型很多，但工程项目是最古老、最普遍，也是最具时代特征的项目。人类早期文明的标志性工程项目，可追溯到古埃及的金字塔，古希腊、古罗马的道路和桥梁，中国的万里长城等。这些项目都是人类历史上成功运作大型复杂工程的典型范例。随着近代科学技术进步和大型工程项目的增多以及管理科学的广泛应用，工程项目管理的诸多模式逐步形成具有一定内在联系的方法和体系，并探索出一套独特的管理技术和方法，且在工程建设、科学研究以及生产实践中发挥了巨大的作用。随着现代科学技术的快速发展和经济活动能力的提升，人类对工程项目大型化、高质量及低成本的要求越来越迫切。当前，急需在项目管理理论完善、新型模式探索、管理技术改进、管理方法提升等方面加大探索力度，在项目管理特征解析、不同模式系统整合等方面，展开积极的尝试。

2.1.1　项目管理的单次性特征及资源整合的难点

工程项目管理的单次性特征是区别于一般管理最显著的标志。日常的企业管理工作，一般的部门管理或职能管理工作，虽然有阶段性，但多是循环连续的，同时又具有继承性。而项目多是一次性的、独特的，项目管理和项目管理组织也是一次性的。多数工程项目的实施都是一个独立的管理过程，其实施中的计划、组织、协调、控制多是一次性的。每个项目都有自己特定的目标和内容，有一个特定的生产过程，必须按照一定的程序进行，其过程往往不可逆且单次性特征明显。

这种单次性特征要求项目管理者必须拥有满足项目管理和运作的相关资源，并尽可能使资源得到高效利用且能部分地重复利用。从传统的项目管理视角看来，一个项目的相关资源只是项目本身的劳动力、设备、材料、资金等，即所谓的“人、机、料、资金”系统整合。而当代项目管理既要满足业主需要，又要以项目团队、职能管理部门等在内的所有利益相关方的期望作为目标和成功的标志。这就需要将职能管理部门、设计部门、合作单位等的人力、技术、设备，乃至不可见的企业诚信、对项目有深度影响力的人员与部门的评价、成功的管理经验、安全质

量与企业形象等都纳入考量的范围。凡是能为项目所用并能促进项目管理的资源，都是项目管理的可整合资源，而资源整合的好坏与运用的技巧直接关系到项目管理的成败。

在资源整合过程中，安全、质量、进度、成本都是工程项目管理必须面对的问题。前一个项目的完成与后一个项目的衔接也会直接影响到资源整合的程度。利益相关方的不同诉求也会对资源整合产生较大的影响。如何将与相关方的合作由单次单项工程转化为多项工程的持续性合作，即项目接续能力的培育，使资源的整合及利用程度相应提高显得尤为重要。这都需要高超的管理技术，出色的协调能力，科学的利益协调机制和项目管理者的远见卓识。这是未来项目管理研究深化的主要领域，更是宏观建设管理者需要着重考虑的一个难点问题。

2.1.2　项目管理特定约束条件和管理现代化的一致性要求

工程项目管理的目标是指工程项目在一定的约束条件下应达到的功能性要求。如一幢宿舍楼能够容纳学生的人数、酒店的房间数、医院的床位数等。凡是工程项目都有其特定的约束条件，建设方必须在规定的时间和限定的成本范围内完成工程项目并达到一定的质量标准，才能实现项目的成功。

在工程项目全过程管理中，将众多特定的约束条件梳理归类后主要有五个方面。一是技术约束条件。它反映项目的活动及工序间技术约束的情况，包括自由决定的约束条件、最佳实践约束条件、逻辑约束条件和特别要求。技术约束也包括质量约束，即一项工程要有预期的生产能力、技术水平、产品质量和工程使用效益的要求。二是管理约束条件。在进行网络图分析和进度决策的时候，会遇到管理约束条件。管理约束也包括资源约束，即一项工程要在一定的资金、物力、人力条件下完成建设任务。三是项目间的相互约束条件。现代大型工程项目往往是一个复杂工程系统，大项目包括众多相互关联的子项目。子项目之间有的关系复杂，有些甚至还需要划分成不同的类型，且不同类型间又有不同的约束条件。四是时间约束条件。即每一项工程都会有一定的建设期限，且会受到社会各方面的影响，有时甚至会产生日期驱动现象。主要的表现为“不早于”、“不晚于”或“特殊纪念日”等，这些项目的完成时限对建设计划会产生很大的影响。典型的如鸟巢建设过程中，奥运会的如期举行构成对时间的刚性约束。五是空间约束条件。即工程要在一定的施工空间范围内通过科学合理的方法来组织完成。

当代工程项目管理在上述特定约束条件下运作有许多难点，施工方与业主及社会公众在协调方面也会面临诸多困境。解决这些难题要求建设方在项目管理方面加大探索力度，推进项目管理体制和模式改革，实施多方面的管理创新。

一是必须建立科学规范的工程项目管理制度。最有效的办法就是结合企业管理体制改革，优化相关配套的项目管理规章制度。在注重经济利益的同时，注意发挥体制优势。二是严格贯彻建设工程项目管理规范。我国 2001 年编制，2005 年修订、2017 年再修订后的《建设工程项目管理规范》(简称《规范》)，国家住房城乡建设部(以下简称“住建部”)已公布，并于 2018 年 1 月 1 日起实施。该《规范》不仅吸取了国际上两大项目管理体系和九大知识要点的内容，而且结合了我国 40 多年的工程项目管理实践，是工程项目理论研究的系统提升和实践经验的归纳总结，且管理范围从之前的施工阶段管理延伸至全过程管理，以适应各行业和不同项目的管理。三是实施管理创新，增强建筑企业竞争力，加快转变建筑业发展方式。管理维度逐步由单向管理发展到系统设计、全面改革和企业的整体管理。创新的领域涵盖战略管理、职能管理、基础管理和文化管理等各个方面。项目管理的本质属性在于创新，如何将现存约束条件与目标管理的现代化要求统一起来，更需要创新。在实际工作中，必须根据具体项目的特点，制定相应的、不同于以往经验的项目管理计划并付诸实施，从而实现项目目标。

2.1.3 项目管理综合性和施工组织特殊要求的协调性考虑

工程项目管理是一种系统、综合的管理。工程项目的单次性、特定性决定了每个项目都有其独特的生命周期，项目的各阶段既相互衔接又有明显界限。诸如项目建议书、可行性研究、设计阶段、建设准备、建设实施、竣工验收、交付使用等各个阶段。每个阶段都包含着成本、质量、进度、安全方面的管控，项目管理其实质就是一个典型的综合性管理过程。

项目管理具有综合性等基本特征，同时又具有针对性、专业性、计划性、互动性、独特性和人本性等诸多典型特征。作为一种综合性的全过程管理，项目管理涉及多种专业、多种技术和多种手段，需要各个方面的协调配合。由于项目管理还具有过程一次性和结果永久性的特点，而且其不同阶段的组织管理形式、管理机构及管理方法等因项目阶段的不同存在差异，但其总体组织及生产要素却很少变动。这种综合性突出、差异性明显、施工组织各具特殊性的特点决定了项目管理的高度复杂性。

施工组织作为建筑工程项目全过程管理的核心，其任务就是针对工程的特性，通过科学的统筹安排、系统的管理，编制出最合理的施工方案并予以实施。随着计算机技术的普及和人工智能的发展，信息技术在建筑工程项目管理中的应用越来越广泛，用计算机图形技术，以形象的三维实体图形表达施工进度与场地布置，以及对施工计划和进度实时控制管理，已经成为使项目管理综合性与施工组织特殊性两者统一起来的有效手段。另外，充分利用计算机网络技术，在企业与各个项目部之间建立项目施工管理信息系统，及时对项目的进度及其他方面进行调度，可有效加快施工进度和资源利用率。

2.1.4 项目管理的科学化要求和当前管理基础薄弱的矛盾

现代项目管理与传统项目管理的主要差别，就在于现代工程项目管理的科学性和合理性，具体表现在从定性到定量的转化。传统的项目管理往往是在决策过程中先对问题有一个定性的认识，然后根据经验作粗略计算后做出决策，存在较大的主观性和盲目性，有时会因为误判造成项目的失败。现代项目管理广泛地运用运筹学、网络技术、模拟仿真等，这些决策辅助工具在一定程度上能够使项目决策接近科学化、精确化和合理化。比如在项目管理的招投标过程中，博弈论的运用会帮助业主选择合适的承包商；在采购和风险管理过程中，科学的计算和系统分析往往能给决策者提供可靠的依据。

发达国家的经验表明，应用好的项目管理技术可节约投资10%左右，缩短工期约20%。当前我国建筑企业应着力提高项目管理水平，克服管理基础薄弱等问题。从项目实施的科学组织、优化目标与计划、有效控制和协调等方面加强探索，彻底解决管理基础薄弱与管理科学化之间的矛盾。

一是应坚持科学管理的基本原则，实现项目管理组织与协调科学化。解决基础管理薄弱的问题，最主要的是坚持和贯彻现代组织管理的系统性原则、一致性原则和权责对应原则。贯彻系统性原则，可以协调各类管理要素，以确保整体目标的实现；坚持统一指挥原则可以避免多头领导，克服责任不清的弊端，使组织体系高效率地运行；落实权责对应原则，可以有效地克服瞎指挥和滥用职权的弊病，充分发挥管理组织的活力，提高项目管理的效率和项目盈利能力。

二是以精细化管理实现项目计划与决策科学化。针对现代工程建设日益复杂的特点，高效率的计划与决策是必不可少的。而计划与决策主要包括明确对象、确定目标、拟定方案、方案评估和优化等内容。这就需要改变以往管理中仅依靠少数人的经验选择方案和拟定计划的状况，用科学方法深入地梳理事项，缜密地计算分析，精确地做出判断，使计划与决策建立在科学、合理和优化的基础上，提高项目控制能力和目标实现的可靠性。

三是强化动态调整，实现工程项目管理与控制有效化。针对现代工程建设动态变化的特点，必须强化目标管理与适时控制。目标管理主要包括目标体系的科学性和完整性、目标实施的自我控制和目标实现的成效等内容。它强调管理的目的和任务必须转化为具体目标，管理人员必须通过目标来组织和实施管理活动，以保证目标的实现。而要实现目标，必须进行及时有效的动态调控，包括同步跟踪、信息反馈、动态调整和优化控制，使项目的质量、成本、安全和进度等目标始终控制在预定范围内。工程项目动态管理的流程如图 2—1 所示。

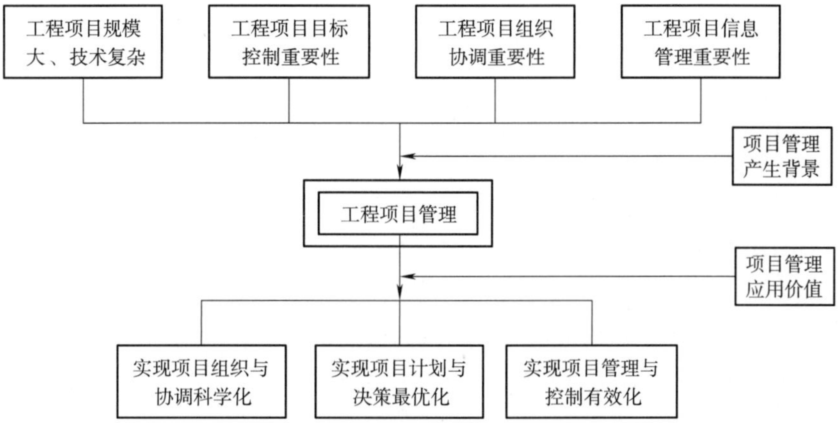

图 2—1　工程项目动态管理的流程简示

资料来源：黄金枝. 1995. 工程项目管理—理论与运用. 上海：上海交通大学出版社

2.2　不同利益主体在工程项目中的定位、管理类型及特点

在一个工程建设项目的决策和实施过程中，由于各阶段的任务目标不同，其实施主体和项目管理的内容自然不同，因此工程项目管理的类型和侧重点亦有所差异。从系统分析的角度看，每一类型的项目管理都是工程项目总目标在特定的条件下，为实现整个项目目标的一个管理子系统。各个子系统间紧密联系，相互影响，构成了一个复杂的管理体系。因此，明确各主体在不同阶段的定位和管理内容，探索相互间良好的互动机制，是项目管理中需要认真对待的一个重要问题。

2.2.1　业主方项目管理的特点及对现代咨询机构的要求

业主方的管理是指由项目业主或委托人对工程项目建设全过程所进行的管理，是业主为实现其目标，运用所有者的权利组织或委托有关单位，对工程项目进行策划和实施计划、组织、协调、控制的全过程管理活动。业主方对工程项目管理的根本目的在于实现项目的安全目标、投资目标、进度目标和质量目标，实现投资者的期望。

业主方项目管理有其自身的特点。一是对工程项目的管理体现了所有投资方对项目的要求。作为工程项目各投资方在工程项目上的最终代表，业主对工程项目的管理集中反映了各投资方对工程项目的利益要求。另外业主是项目管理的中心，其既是工程项目的决策者又是工程项目实施的主持者，也是项目的最终受益者。业主的管理水平和特点在很大程度上决定或影响着其他利益相关方管理风格和模式的选择。业主管理的典型特征是多为监控方式而非直接控制，且业主通常采用委托的方式，将工程项目的各项任务委托给其他相关方，而业主的主要工作是协调、监督和控制。

业主方项目管理贯穿项目实施全过程，其主要任务因项目的不同阶段而异，但总体可归纳为“三控、三管、一协调”。三控即投资、进度和质量控制；三管即安全、合同和信息管理；一协调即组织协调。

咨询方的项目管理在遵循科学原理和规范标准的基础上，更多地体现出业主方的利益和要求。咨询机构作为受托方必须通过高效管理和专业化服务，保障委托方实现工程项目的预期目标。咨询机构在运用其知识和经验为委托方创造价值的同时，按合同规定取得合法收入并为自身赢得良好的社会信誉。

咨询方进行项目管理依靠的是咨询工程师自身所具备的知识、经验、能力和素质等，是集工程、经济、管理等各学科知识和项目管理经验于一体的管理活动。作为智力密集型的特殊组织，咨询方在工作中必须注意以下几个方面。一是服务和管理内容与委托内容一致。咨询机构根据委托合同从事项目管理工作，不应超越委托范围从事无关的管理咨询活动。二是提高规范化的服务水平。咨询方一般不直接从事工程项目实体的建设工作，而只提供阶段性或全过程的咨询服务。三是执业的规范性。咨询机构有其独立的行业管理组织、规范的市场准入、执业规则和道德规范，在执业过程中，要主动接受政府和有关管理组织的监督。

2.2.2　总承包方项目管理侧重点及对协调机制的优化思考

在设计施工总承包情况下，业主在项目决策之后，通过招投标择优选定总承包单位，由其全面负责工程项目的实施过程，并最终交付使用功能和质量标准符合合同文件规定的工程实物。总承包方实施项目过程的全面管理，既包括设计、施工阶段，也包括设备安装阶段。监理单位受业主的委托，对设计和施工单位在承包活动中的行为和责、权、利进行必要的协调与约束，对工程项目进行投资控制、进度控制、质量控制、合同管理、信息管理与组织协调。实行建设监理制度，是提高工程建设投资效果、建立市场经济体制、推进对外开放、加强国际合作且与国际惯例接轨的需要。其性质和目的是全面履行工程总承包合同，为实现企业承建工程的经营方针和目标，取得预期的经营效益而进行的工程项目综合管理。总承包方必须在合同条件的约束下，依靠自身的技术和管理优势或实力，通过优化设计和改进施工方案，在规定的时间内，保质保量地全面完成工程项目的承建任务。从交易的角度而言，项目业主是买方，总承包单位是卖方，两者的利益追求尽管不同，但在合同条件的约束下，实现双赢是共同的目标。

在总承包商项目管理的过程中有着各式各样的协调工作。如项目各目标因素之间的协调；项目各子系统内部、子系统之间、系统与环境之间的协调；技术要素及各专业工种之间的协调；各种职能管理方法和管理过程，如质量、成本、工期、安全、合同等之间的协调；项目经理部内部的组织协调；工程设计与施工之间，施工技术应用与技术措施等带来各种问题的协调等。

总承包方在工程项目实施过程中要建立并逐步健全各项管理制度，通过科学管理增强施工中各专业组织的协调配合，实现工程建设目标。

协调是管理的重要组成部分，其目的是通过协商和沟通，使项目相关方齐心协力，保证项目目标的实现。无论内部还是外部的协调，都是非常重要的工作，有学者称协调为管理的本质。协调可使矛盾各方居于统一体中，实现良性互动，使系统结构均衡，项目实施和运行过程顺利，最终实现项目目标。对于总承包项目管理过程中存在的各种冲突和问题，可以从以下几个方面着手处理。一是计划方面的协调。计划是项目相关方掌控工程情况和推进各项工作的规划和蓝本，通过协调、协商可使其更加优化。二是组织方面的协调。项目组织是总承包项目管理过程中所有协调工作的载体，需要与任务目标和战略措施相一致。三是决策与指挥方面的协调。决策与指挥主要是处理好任务完成过程中各类矛盾和存在的意见分歧等，需要在目标一致、保证各方利益的前提下，寻找各种有益的方案和有效率的行动。四是合同关系的协调。对于总承包项目管理方来说，项目实施过程中各种各样的文本是最具体并形式化的控制与协调的基准，要依据工程管理的基本原则和合同文件规范各相关方的行动和利益关系。

2.2.3　施工方项目管理的主要内容和自主性特征

施工方为履行工程合同并落实企业的生产经营方针及目标，一般是在项目部的组织下，依靠企业技术和综合能力，对工程施工全过程进行计划、组织、指挥、协调、控制的系统管理活动。在工程实施过程中，施工方承担的任务是工程实施过程中的主体性活动。其工作的质量、费用和进度对工程目标实现的影响最大，也是工程项目管理中最具体、最细致，同时又是最复杂的部分。项目施工管理的主要内容是项目的成本、质量、安全和进度管理，以及各相关方的满意度等。其主要任务可以归纳为“四控、四管、一协调”。“四控”是指施工安全控制、施工质量控制、施工成本控制、施工进度控制；“四管”是指施工信息管理、施工生产要素管理、施工合同管理和现场管理；“一协调”是指与施工有关的组织和协调。项目经理的责任目标体系包括工程施工质量（Quality）、成本（Cost）、工期（Delivery）、安全（Safety）和现场标准化，简称 QCDS 目标体系。显然，这一目标体系既与工程项目目标相联系，又有很强的施工企业项目管理的自主性特征。

2.2.4　利益相关方项目管理的特点和特定性要求

任何一项工程项目，实施起来都需要多方参与。不同的相关方有着不同的利益诉求，工程项目管理就是要协调各方的利益。处理好工程实施过程中的多元现实问题，是项目负责人行使法定权利并控制、协调、评判项目的基本要素。承认多元现实，就可为建立共同的目标打下基础，从而为项目全面实施奠定坚实基础，并实现项目与外界的协调。

项目参与方不同的利益诉求决定了其对项目有不同的期望和关注程度，这有时也会造成项目实施的各成员单位之间动机不一致和利益冲突，见表 2—1。项目管理者要权衡各方面的利益，尽量做到各方都满意或相对满意，努力实现相关利益者之间的平衡。在工程建设项目中，业主追求的是向投资方回报高质量的工程实体；施工方追求的是质量高、进度快和成本低；而监理方追求的是高质量、低成本以及高收益等。这就需要在目标一致的基础上建立科学有效的协调机制，确保工程质量、进度和各方权益。即便是在施工方的项目经理部内部亦是如此，项目负责人关心的是高质量、低成本，参与单位关心的是高收益，参与者关心的是高工资，项目参与者之间的利益也可能会有矛盾。因此，项目管理者必须承认和照顾到项目相关群体和集团的利益，在项目推进中体现出利益的平衡。没有这种平衡，项目就不可能顺利地实施。

表 2—1 项目相关方不同目标下的利益特征

目标	业主方	施工方	监理方	共同的利益
进度	尽早建成投入使用，其预定工期往往不科学	追求进度目标，工期控制与合同进度往往缺乏协调	将实际工期控制在合同要求的工期范围内	科学组织生产，工期由实际工程量与施工的复杂程度共同决定
费用	控制投资额度，尽量节省投资	追求造价的最大化；降低施工成本，追求利润最大化；寻求索赔机会，增加利润	费用是涉及经济、技术、管理的综合系统问题，从多方面、多角度入手使得投入最少产出最大	实现项目目标，费用由实际工程量及市场价格客观决定
质量	片面要求高质量，与实际用途、功能往往相脱节	按合同控制施工质量，其质量目标与业主方所要求的质量目标往往有矛盾	对工程质量实施全面监理，以使工程质量目标最合理地实现	根据用途、功能以及项目的实际要求，客观决定质量标准

建筑业实施招投标市场机制以后，业主和施工方虽有对立的成分，但其利益的一致性还是存在的。各利益相关方不是对手，相关方的互动不是零和游戏，其利益有着相当大的协调空间。各方在项目实施过程中首先要坚持平等互利、双赢互惠的合作原则，倡导并建立利益一体化的合作共赢关系。其次要改变合同管理理念，使各合作方体现出责任、权利和利益的高度一体化。另外，各方要改变狭隘地单纯追求利益的思想，倡导和弘扬以人为本、和谐发展、目标一致的管理理念，减少合同纠纷，保持健康的合作关系，在共赢中实现各方协调发展。

2.3 项目管理理论研究与实践新动态

伴随着项目管理实践探索的不断深入，项目管理理论研究的素材日益丰富。工程实践中出现的诸多矛盾和问题，促使管理理论界展开各种各样的讨论，引发人们对工程项目管理诸多问题的思考，进而从不同侧面推动项目管理实践的发展和理论研究的深化。

2.3.1 关于项目管理理论和实践的认识与思考

项目管理既是一种管理实践，又是一种随着实践的深化而不断发展的理论。项目管理为推动组织变化提供了一种理念、战略和过程。项目管理不是一个单独的理念或活动，它是多种理念的集合。项目作为管理的对象，对其管理不仅需要一般的管理学原理和方法，而且需要系统工程和组织行为学的理论和方法。美国著名管理学家哈罗德·孔茨认为：管理就是设计、创造和保持一种良好环境，使置身于其中的人们能在群体中高效工作，以完成预定的使命和目标。项目管理自然不能例外。对项目管理的认识可以从多个角度来审视和描述，项目管理的对象是项目或被当作项目来处理的任务或活动。项目管理既是一种系统管理、综合管理、面对独特目标和任务的管理，又是一种基于创新和团队工作的方法体系，也是一种高度技术性的管理体系，还是一项面对各种冲突进行协调的管理方法，更是一种以人为本的管理工作。

项目管理同传统的管理一样，是一种易于入门但需实践锤炼的复杂事情。有人认为项目管理知识似乎具有“一寸深，一里宽”的特点，确实有一定的道理。其深度反映的是项目管理知识通俗易懂。项目管理在管理学科基础上经过半个多世纪的发展和应用，已经形成了独特的理论体系。即一般认为的九大知识领域、四十多项要素等，初学入门容易，应用开始阶段也不难，但真正管理好却非常难。宽度体现的是知识层面、行业层面、社会层面等。而社会层面的知识是最广泛、最复杂且最难处理好的；宽度的另一层意思是要全面系统地学习、理解和应用项目管理不是一件容易的事情。

项目管理所运用的许多知识具有专业性的特点，如关键路线法等。但是，作为管理学科的一部分，项目管理无法完全独立于管理学体系之外。项目管理知识体系必然与许多其他管理学科存在交叉，需要人力资源、战略规划等管理知识的支撑。因此项目管理体系与其他管理学科存在一定程度的融合，其结构关系如图 2—2 所示。

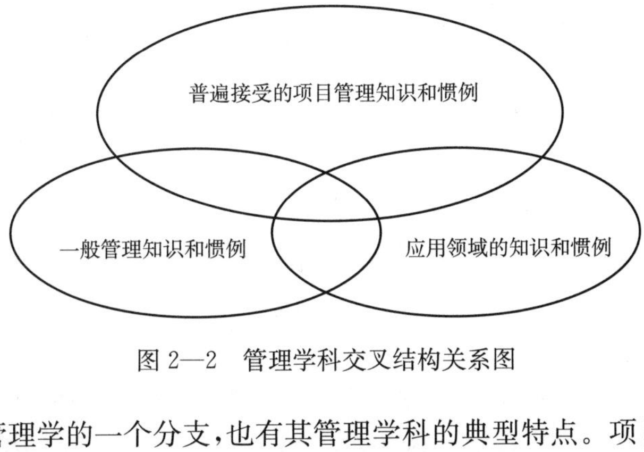

图 2—2　管理学科交叉结构关系图

项目管理作为管理学的一个分支，也有其管理学科的典型特点。项目管理广泛采用管理学、组织学、心理学、行为科学等学科的研究成果以及现代科技知识，逐步形成一个完整的科学体系，成为现代管理科学中的一个重要组成部分。项目管理所需要的知识、技术、方法、技能和工具是在管理实践中发展起来的，有些为项目管理学科所独有。项目管理学科及其理论体系突出反映了现代科学技术既高度分化、又高度综合的特征，同时又是社会实践发展到一定阶段的产物。它的产生、发展和广泛应用，有着深刻的社会背景和理论、技术、实践基础。项目管理理论包含着十分丰富的思想、理念、行为模式、分析和评价方法等，是一个崭新的学科领域。同时又是一种体现经验、技能、技巧、管理艺术等实践性较强的工程管理规范、标准和一系列行为准则。它是一门综合性学科，一门定性和定量相结合的学科，一门交叉学科，自然也是一门应用学科。

2.3.2　项目管理理论研究的新进展

不断借鉴其他领域和学科中成熟的管理方法和模式，吸收新观点和新技术，是工程项目管理理论不断丰富和发展的重要基础。近年来，知识管理、集成化管理、虚拟组织等理论、原则和规范在项目管理中得到广泛应用，形成了项目管理理论研究和工程实践的新热点，促进了项目管理理论完善和方法的多样化。随着项目管理实践的不断深入，项目管理理论研究也有新的发展，具体体现在以下几个方面。

一、对项目管理的职能有了新的认识和理解

管理学作为一个庞大的体系，任何一个分支都有其特定的职能，项目管理也不例外。现代

项目管理充分利用系统科学的理论和思想以及计算机技术等一系列新方法、新工具，极大地提高了项目经理和项目管理团队履行计划、组织、控制等基本职能的能力。另外，还在决策、激励、指挥、协调、教育等方面使其职能得到充分地扩展，在项目管理实践不断丰富的同时，理论研究的深度及探索的范围也在不断扩大。

二、项目管理的内容发生深刻的变化

伴随着项目管理应用范围的扩展和信息网络时代的到来及新技术的快速发展，项目管理的内容产生了巨大的变化。许多现代工程项目规模巨大，项目建设对管理人员技术水平和专业化程度要求越来越高。同时随着市场的不断开放，国际政治、经济等影响因素越来越多，使得项目管理始终处于动态变化之中，对管理的反应速度要求也越来越高。在这种情况下，单靠少数人员自身积累的有限经验已经不能完成复杂的建设任务，需要把富于创造的管理人员组合起来形成优秀的团队，并借助现代的管理技术和方法完成更复杂的高难工程。因之理论研究和现实探索相结合的特征越来越明显，项目管理内容也在不断地深化。

三、项目管理的模式在不断更新

现代工程项目的大型化、复杂化必然会给工程项目管理模式带来深刻的变化。部分管理水平高、管理能力强、综合实力强的企业不断创新项目管理方式，积极进入高端市场，采用EPC、BOT、PMC等模式的项目日益增多，业务结构也在发生着深刻的变化。

在一些工业项目领域，PMC模式已逐渐渗入工程承包的高端业务领域。在我国，中国石化与巴斯夫合作的杨巴项目、中国石化与BP化工公司合作的赛科项目、中国海洋石油与壳牌合资的南海石化项目等一批超大型的工程项目已经采用了PMC+EPC组合管理模式。当前国内外石油管道建设项目已经采用并积极推行PMT+PMC+EPC的组合项目管理模式。围绕整个工程项目的实施，相关方还在探索以业主管理团队PMT为决策主体、PMC承包商为项目管理主体、EPC总承包商为实施主体的项目运作模式。典型的如苏丹六区富拉原油外输管道项目等。

近年来随着项目规模的大型化，采用BOT管理模式的项目也在增多。即由项目所在国政府或所属机构为项目的建设和经营提供一种特许权协议作为项目融资的基础，由本国公司或者外国公司作为项目的投资者和经营者安排融资，承担风险，开发建设项目。并在有限时间内经营项目获取商业利润，最后根据协议将该项目转让给相应的政府机构。如巴基斯坦Hab River电厂、泰国曼谷二期高速公路、马来西亚南北高速公路、菲律宾马尼拉Novotas一号发电站、中国广东深圳的沙角火力发电厂B厂建设工程以及广西来宾电厂二期工程等。

四、项目管理的理念在深化

首先是工程伙伴关系的理念在深化。现代大型复杂工程往往需要多方面的精诚合作才能得以顺利实施。各参与方之间更多的是合作关系，有的是竞争合作关系。这种关系的实质是在两个或两个以上的组织之间为了获取特定的商业利润，充分利用各方资源而做出的一种相互承诺。也是在对方或者更多的组织之间，通过所有参与方的努力，为了达到特定目标的一种长期义务和承诺。

伙伴关系可分为战略型和项目型两类。前者侧重建立长久和多项目的合作关系，目前在建筑业内倡导的战略联盟以及国外在基础设施建设方面采用的公私伙伴关系均属于战略型。

项目型则是针对某个具体项目开展有效合作。根据实施方式不同，又可分为“非合同化”和“合同化”两类。前者指在现有的项目管理模式中引入伙伴关系的理念和管理方法；后者则直接根据伙伴关系合同来管理。相对于传统的管理模式，结成战略联盟或形成伙伴关系的单位，其协调配合更加顺畅，工作效率大大提升，这在工程费用、进度、质量控制方面有着非常显著的优越性，可有效改善项目的环境和参与工程建设各方的关系，明显减少索赔和诉讼事件的发生。

其次是安全、健康、绿色、可持续发展理念在建筑工程领域进一步强化。工程建设注重“以人为本”和环境保护，将安全、健康和绿色工程理念融入工程项目的规划、设计和施工全过程，已成为建设工程领域的主流设计、施工、管理新理念。目前世界上主要发达国家多数的业主和承包商都在争取工程现场零事故，并在安全保障方面投入巨资，使得事故率大大下降。

再次是带资承揽工程日渐增多。随着整个社会经济产业结构的升级，部分建筑企业也逐步调整了单一施工方的角色定位，开始从单纯的承包商角色越来越多地向开发商角色转变，从低端市场向高端市场转移，成为工程项目的投资者和资本的运营者。据资料介绍，近三年来带资承包项目占国际工程承包市场的 65%左右，这意味着承包商如果没有强有力的金融支持将很难有所作为。项目融资能力逐渐成为承揽工程业务的关键因素。

另外追求双赢多赢及共同发展的新理念对企业经营者的影响日益加深。随着市场机制的不断完善、企业经营领域的扩展和价值链的延长，合作单位越来越多，企业经营理念和工程项目的管理理念已逐渐改变了以往“小业主、大权利”的格局。例如在北美能源企业集团内部，以荷兰壳牌和英国艾迈克集团公司为代表的项目，100%采用了一种被称为“转换总承包合同”的管理模式；在中东的能源大企业大约有 70%的项目也采用这种管理模式。这种管理模式可以最大程度地减少业主和总承包商所承担的项目风险，对双方共赢发展提供了有力的保障。

“转换总承包合同”的管理模式是通过业主和总承包商，以相互开放、透明的费用估算来实现的。其运作流程是，先由业主通过竞标形式，与被选择的总承包商签订 EPC 合同，在总承包商的详细设计达到 30%～60%深度以后，双方对项目的技术选用、总体布局与结构形式、工程量等共同进行评判和预估。当双方认为可以准确地估算项目的总承包费用以后，再由总承包商按照双方预先商定的费用估算方法，进行总承包费用计算，并经业主审核批准后正式转换为 EPC 总承包合同。

五、项目管理方法和技术体系在不断演进

随着科学的发展、技术的进步和经济的增长，大型工程项目建设技术越来越复杂，管理头绪越来越多，质量、进度、效益要求越来越高。工程建设中的诸多难题需要借助系统工程的方法、现代管理信息系统、财务管理软件、多媒体技术等手段来处理。近年来越来越多的大型建筑企业迅速向全球化、多元化方向发展，在项目管理方面也提出了一些新的理论和方法。如结构化管理、集成管理、精细化管理、全面质量管理、系统重组、项目增值、项目群管理、项目组合管理等。有些已形成了系统的方法体系和管理技术体系，有些虽未成体系但发展和更新很快。所有这些都有效地推动了建筑业的发展，也促进了项目管理模式的演进和优化。

六、项目管理更加注重共性基础上的个性化

发端于制造业的通用性和标准化，在信息经济时代部分地被产品和服务的个性化和独特性所取代。同样原有的项目管理理论与方法已不能完全适应信息化时代下的动态变化，项目

管理从原来的个性化转向普通化，又部分地从普遍化回归个性化。同时其适用范围也不断扩展，并逐步成为制造业流程管理的关键手段。如今，项目管理的应用范围已由原来的建筑、航天、国防等传统领域，逐步扩展到了通信、软件开发、制造业、金融业、保险业等更多的领域，相应的理论研究越来越深入，且内容和模式更加丰富多样。

2.3.3　项目管理理论体系和实践发展的新取向

一是复杂系统理论的广泛应用促进了项目管理研究的深化和项目集成方法的创新。二十世纪四十年代以来，随着国际范围内大型工程项目的急剧增加，系统科学和系统工程技术在项目管理应用中得到了快速发展。运筹学、控制论、信息论、复杂系统等理论极大地丰富了管理学的理论体系，使项目管理向着定性判断与定量分析相结合、微观分析与宏观规划相结合、还原论与整体论相结合的方向演变。并促进了项目管理从理念到手段一系列的改进、创新和发展。进入二十世纪六十年代以来，随着计算机和网络技术的大量应用，其对项目管理的支撑作用越来越明显，各软件开发商把项目管理软件开发和推广作为主要业务之一，逐步出现了用于辅助从业人员对项目进行控制的商品化软件。如 Primavera 公司的 P3、Artemis 公司 Artemis Viewer、三峡工程管理系统 TGPMS、工程造价管理中的 BIM 技术和广联达等管理软件。借助专业的项目管理软件，从业人员实现了对项目的质量、投资、进度等许多方面的集成管理，大大提高了项目管理水平。

二是项目管理体制和机制随管理技术的进步不断优化。在工期和进度控制方面，建筑企业逐步建立了以项目经理为责任主体，各层次人员共同参与的进度控制管理体系。按照上级控制下级、下级不断细化分解上级计划的原则，充分利用网络图、时标网络计划及横道图等图表做好各层级资源的合理分配利用。并由专业的进度控制人员进行跟踪检查，运用赢得值管理方法或者网络计划技术分析进度偏差及产生的原因，并根据检查情况及时采取纠偏措施，确保项目建设工期。此外，在成本控制、安全管理、风险预警等方面也推出了一系列的新方法，有效地提高管理效率和盈利能力。

三是投资控制和质量控制的系统措施日益更新。在项目管理实践中，质量控制需要有可靠管用的手段，投资控制必须要与进度和质量目标相互协调。实现类似管理目标须采用先进的赢得值管理技术等进行分析，并借助相关的管理软件进行精细化管理。诸如工程进度和投资控制的网络计划技术、工程风险控制的管理策略、对工程质量管控的“计划、执行、检查、处理”(PDCA)循环工作方法等。进入二十一世纪，工程项目管理学在理论研究和实践探索方面都得到了快速发展，其质量控制方面由传统的质量管理方法逐步向 ISO 9000 和 ISO 14000 发展。

四是风险管理控制体系不断完善。在项目风险管理实践中，众多风险管理技术如核查表、CIM 模型、决策树、模糊数学、影像图、蒙特卡洛模拟等得到广泛应用。此外，计算机技术的快速发展也为风险管理技术的应用提供了有力的支撑。比如蒙特卡洛模拟、综合应急评审技术、风险评审技术以及影像图技术只有在计算机的支持下，才能发挥其真正的实用价值。

2.4　我国工程建设项目管理存在的主要问题

项目管理的能力和水平构成了新经济时代个人和组织的核心竞争力。改革开放以来，我国的项目管理经过近 40 年的发展,取得了长足的进步,并有效地带动上下游诸多相关产业的繁荣。但快速发展的同时也出现了一些问题。在质量方面,"豆腐渣工程"尽管很少,但社会上流行的"楼倒倒"、"俯卧撑"等戏谑批评对建筑行业产生了十分不利的影响。在成本方面,"三超现象"(即概算超估算、预算超概算、决算超预算)绝非个例。在进度方面,建设项目工期延误的现象时有所闻。在安全方面,建设工程安全事故的报道时常出现。同时,与建设行业相关的贪污腐败案件频发也让人痛心疾首。部分建筑企业不注重练好内功,忽视先进技术的应用和先进管理模式的消化与探索。建筑项目管理多是停留在简单模仿水平上,并没有深入、系统地掌握先进项目管理模式的精髓。特别是在项目管理的整体运筹、目标设定与分解、关键环节的把控等方面还有很多亟待改进和创新的地方。因此深入地研究工程项目管理模式的优化,已成为事关建筑业健康发展的重要问题。目前国内的建设工程项目管理主要存在以下几方面的问题。

一是项目管理模式不尽科学。随着全球经济一体化深入发展,我国建设工程环境复杂多变,项目管理难度也随之增加。面对新的竞争环境和新技术、新方法的不断涌现,传统的以行政手段和硬性指令代替科学管理的模式已经不能满足当前高质量、低成本的要求。因此我国的工程项目管理要在深入学习国外先进管理经验的基础上,探索更适合于我国发展需要的新型工程项目管理模式。如部分建筑企业为实行更高程度的专业化、系统化、正规化管理,针对相关项目探索运用 EPC(项目总承包模式)、PMC(项目管理承包服务)和 IPMT(一体化项目管理模式)等新型管理模式。尝试与业主和相关方合作,为合作伙伴提供优势互补、有效组合的平台,最终达到资源的优化配置。

二是工程项目管理的法律和相关政策尚不尽完善。我国现行的《中华人民共和国建筑法》在 2017 年 8 月 28 日再次修订后,部分与之相关的政策规定应尽快修改。《中华人民共和国招标投标法》于 2017 年 12 月 27 日重新修订后,其相应的实施条例等也需修改。特别是关于工程总承包项目管理条例规定方面,应充分考虑融资模式和项目管理模式的改进和演化。尽管建设部出台《关于培育发展工程总承包和工程项目管理企业的指导意见》后,在工程总承包方面部分大型建筑企业行动较快,探索的力度也比较大,但工程项目管理企业的发展仍显滞后。《建设工程项目管理规范》在项目管理方面实现了一些突破,但业界不少人仍觉得不够完善具体,有的认为仍缺乏可操作性。如对工程项目管理的招投标活动缺乏便捷适应的规范和办法。

三是工程项目管理人员的总体素质还有待提高。工程建设企业普遍缺乏精管理、懂技术、善经营的高素质、复合型项目经理专业人才。这也是我国工程建设企业与国际工程公司之间存在较大差距的重要原因。我国多数工程勘察设计、施工企业虽然已经开始建立吸引和招聘社会优秀人才的机制,但各部门核心人员主要靠企业内部培养提拔,不利于短缺人才的迅速补充和对人才市场的有效利用,且对于优秀人才并没有建立完善的管理办法和长期有效的激励机制,造成人才流失比较严重。

四是工程项目管理的方法和手段有待进一步改进。我国大多数工程勘察、设计、施工以及监理企业的工程项目管理技术仍然比较落后。不少企业主要应用传统方法和手段进行工程项目管理,不重视项目管理软件的开发和应用,缺乏先进、实用和系统的工程项目管理软件。在工程项目的规模和数量急剧增长的情况下,工程项目管理只有在现代信息技术的帮助下才能满足其快速发展的要求。比如可通过基于互联网的项目专用网站(Project Specific Web Site,简称 PSWS)实现业主方内部、业主方和项目其他参与各方之间的信息交流、协同工作和文档管理;召开网络会议;运用互联网进行远程教育与培训等。目前国内建筑企业应用计算机集成系统进行工程项目管理的仍是少数,而国际大承包商十分重视工程项目管理软件的开发和应用。如美国柏克德公司每年至少投入 1 000 万美元用于工程项目管理软件的开发。且该公司在我国南海石化项目中使用的工程项目管理软件使中方合作企业深感差距较大。中国建筑企业在近些年来施工能力和机械化水平方面有明显提高,但在精细化管理水平方面还需持续地努力。

案例二:从工程总承包角度谈京沪高速铁路建设的成功经验

EPC 交钥匙合同是在国际上流行多年的工程总承包模式。因其注重的是项目的综合管理和设计、采购、施工等各方的协调,同时有一系列严密的合同加以约束,使项目相关方在合作过程中易于形成利于各方交流的协调机制而受到业主、承包商、咨询公司的认同。EPC 将工程项目看作一个系统工程,强调局部管控服从整体优化。EPC 引入我国后,由于不同企业对其理解上的差异,加之工程前期工作粗糙、资料不足等原因,还有的将其用于较小的工程,导致在实施中效果不彰。比较成功的例子是京沪高速铁路(以下简称“京沪高铁”)建设工程。

一、项目简介

京沪高铁是新中国成立以来,一次性建设里程最长、投资最大、标准最高的铁路工程项目。线路由北京南站至上海虹桥站,全长 1 318 公里,途经京津冀鲁皖苏沪四省三市,设 24 个车站。基础设施设计时速 380 km,目前运营速度 350 km/h。工程总投资 2 209 亿元,2008 年 4 月 18 日正式开工。2011 年 6 月 30 日通车,全程最快只需 4 小时 24 分。

京沪高铁沿线的工程地质状况主要是软土、松软土分布广泛,尤其是武清—沧州松软土、丹阳—上海软土,埋深变化大,软土层厚,强度低,工程性质差。总体工程特点是:建设规模巨大,专业门类齐全,与既有铁路频繁交叉,不良地质突出,结构形式多样。京沪高铁桥梁长度约 1 140 km,占正线长度的 86.5%,不仅节省大量宝贵的土地,而且便于铁路周边居民通行,利于安全保障。

二、项目特点

京沪高铁是我国一次性建成里程最长、投资最多、标准最高的高速铁路。其特点是工程类型复杂、工程量巨大、施工组织难度大。其中的线路工程、路基工程、桥梁工程、隧道工程、站房工程、轨道工程和四电系统都采用了许多新技术。突出的有Ⅱ型板式轨道,特殊结构桥梁 387 处;接触网平顺性要求高,需要研发抗拉强度高、导电性能好的高强、高导接触线与承力索,及适应不同接触线张力体系的配套零部件和工艺;环保要求严,线路穿行的京津冀鲁皖苏沪,均属经济较发达且人口稠密区,施工期间环保要求高。京沪高铁还有一个突出的特点是施工和运行期间安全压力大。这就要求在施工期间严格进行质量控制,其中的区域沉降、松软土基础、岩溶地质、侵蚀性环境工点多,控制难度较大;桥梁上部结构施工、车站高空作业点多线长,施工条件限制多,难度非同一般;Ⅱ型板式无砟轨道生产工艺复杂,精度要求高。为保证京沪高铁的运行安全,还设计建设了风速监测、雨量监测、地震监测、异物侵限监控等安全监测系统，使其能及时预警并采取有效措施确保安全。全线共设地震监控点 31 处、风速监测点 167 处、雨量监测点 50 处、异物侵限监测装置 32 处。

三、项目管理模式与策略

京沪高铁土建工程实行施工总承包模式，由中铁一局、中铁三局、中铁十二局、中铁十七局、中国水利水电建设集团、中国交通建设股份有限公司六家公司负责总价 837 亿元的土建工程。2007 年铁道部为建设和运营好京沪高铁，由原来分管铁路建设的副部长领衔成立京沪高速铁路股份有限公司，由中国铁路建设投资公司、平安资产管理有限责任公司、全国社会保障基金理事会、中银集团及沿线四省三市铁投公司共同出资发起成立，专司京沪高铁的建设、维护与运营。公司采用矩阵式和直线职能式相结合的混合式组织架构，如图 2—3 所示。这种组织体系适于规模巨大、技术含量高的大型工程项目，有利于管理和技术的创新。

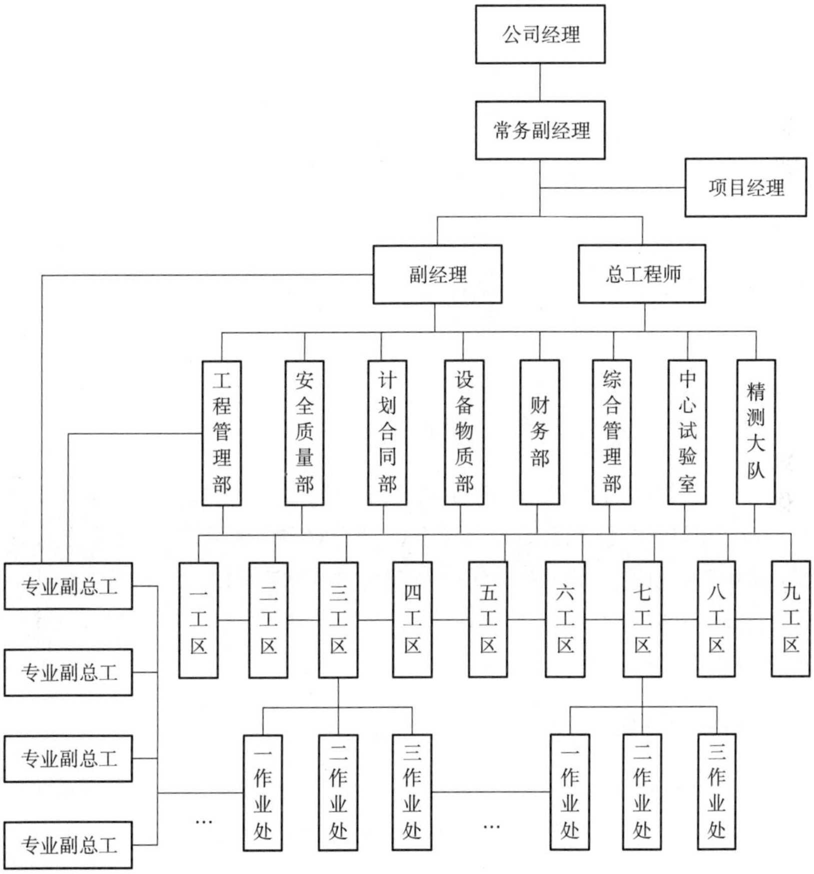

图 2—3　项目部组织机构

各总承包方在京沪高铁项目中有三种组织架构：第一种是由工程局组建管理机构和作业层，实行一级核算（简称：一级管理模式）；第二种是由工程局组建管理机构，由工程公司组建作业层项目部，实行二级核算（简称二级管理模式）；第三种是由工程局组建管理机构和部分作业层，由工程公司组建其余部分作业层（简称混合管理模式）。一级管理模式符合管理学中唯一上级的原则，执行力强，反应迅速，管理成本低，但风险由工程局承担，工程公司的支持力度小；

二级管理模式及混合管理模式，由工程局和工程公司共同承担风险，工程公司对项目支持力度大，但也存在多头指挥、反应速度慢、整体管理成本大等问题。

为确保京沪高铁这一重大工程项目的顺利完成，京沪高铁公司首先制定明确的目标体系和科学的管理思路。以“质量精品工程、技术创新工程、资源节约工程、环境友好工程、社会和谐工程”为工程建设目标，以“六位一体”目标控制体系为框架，通过推行“四个标准化”和“四化”控制手段，为京沪高铁的优质高效建设提供施工管理方面的保证。

总体目标控制体系：在实施好传统的“质量、工期、投资”三大目标控制的基础上，创造性地把职业健康安全、生态环境、技术创新三项内容纳入目标控制体系，从而创建形成能够反映技术进步、体现时代发展的“六位一体”目标控制体系。

标准化的管理方式：“四个标准化”是落实“六位一体”目标控制体系管理要求的重要抓手，是高标准、高质量、高效率完成大规模铁路建设任务的重要保障。标准化体系结构如图 2—4 所示。

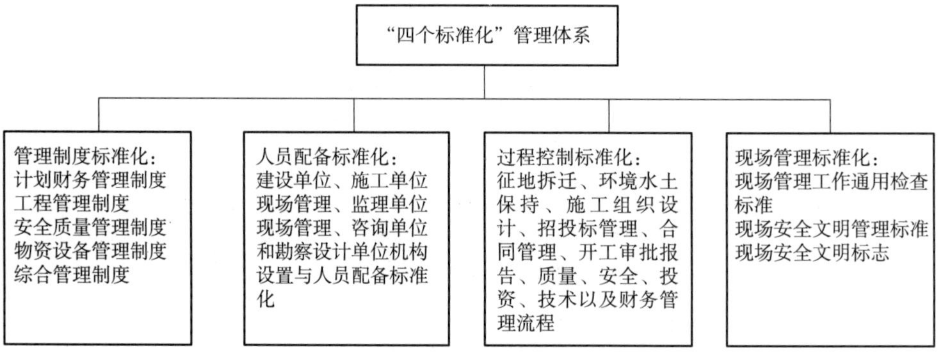

图 2—4　四个标准化管理体系

“四化”控制手段：深入推行铁路建设标准化管理需要以“四化”（即工厂化、机械化、信息化、专业化）为支撑。工厂化是确保质量和安全的可靠保证；机械化是提高作业效率的有效手段；信息化是增强管理的有效手段；专业化是落实责任的重要前提。推行“工厂化、机械化、信息化、专业化”，是当前大规模高标准铁路建设的必然要求，也是实现项目管理标准化，提高施工组织技术含量和施工能力的重要保证。

四、工程建设创新性成果和项目管理经验

京沪高铁自开工建设以来，以管理科学理论为指导，不断加强现实探索，先后形成 149 项建设标准、22 项技术规范、768 项产品技术标准和运营维护标准，构建了具有自主知识产权的高铁建设运营标准体系。京沪高铁突破复杂工程环境下高速铁路基础设施建设关键技术，全面推行铁路建设标准化管理。包括高速、深水、大跨、六线长江大桥等复杂结构桥梁建造技术，超长高架桥上无砟轨道无缝线路建造技术，刚性桩复合地基沉降控制技术，多种交通方式协调运行的大型交通枢纽建设技术。同时提出高速列车耦合大系统动力学理论，突破了整车气动性能、转向架、长编组双受流等关键技术，研制了高速铁路列控新系统等。2016 年 1 月 8 日上午，党中央、国务院在北京人民大会堂隆重举行的 2015 年度国家科学技术奖励大会，中铁四院等勘察设计单位，中铁十二局等施工单位，北京交通大学、石家庄铁道大学等研发技术支撑单

位等多家单位参与建设的京沪高铁工程获国家科技进步特等奖。

京沪高铁建设工程的成功,还得益于科学的管理。成立京沪高速铁路公司对工程项目的建设和运营,实行高度综合的管理,体现了科学管理的原则。京沪高铁公司之下六家建设单位实行工程总承包(EPC),有效地减少了业主对设计、采购、建设等繁杂的协调工作,提高了管理效率。采用 EPC 模式便于实施全过程成本控制和质量控制,减少各种冲突,利于发挥各建设主体的作用,实现高质量的过程管理和过程控制。京沪高铁工程采用 EPC 模式非常有利于业主对工程项目实施高效率的管理,直接面对的总承包商相对减少,便于监督、沟通和协调,利于对项目建设过程和事后的控制。京沪高铁公司以非常精干的管理队伍,成功建设了一项享誉世界的重大工程,堪称中国建筑史上的典范。

项目建成后,得到数百家国际知名媒体赞誉。2013 年在西班牙巴塞罗那举行的国际咨询工程师联合会(FIDIC)百年庆典中,京沪高铁建设工程荣获“百年优秀工程奖”,全球仅有 18 个项目获此殊荣。

第3章　工程项目管理模式分析与探讨

工程项目的成功建设，与许多因素有关，其中非常重要的一个方面，就是选择合适的项目管理模式。项目管理模式是指自工程项目开始建设至完成采取何种方式实施管理的问题。包括项目策划(Project Planning)、项目设计(Project Design)和项目控制(Project Control)等内容。任何一种项目管理模式都具有各自的特点和适用条件，不同的融资模式，对项目管理模式的选择也有很大影响。不同类型和不同融资方式的工程项目，应选择适于其特点的管理模式。为进一步推进项目管理模式的优化和科学选择，现对当前国内外常用的项目管理模式从优缺点到适用范围进行逐一分析讨论。

3.1　工程项目承发包类管理模式分析

工程项目承发包的基本方式是业主直接进行招标发包，如图3—1所示。

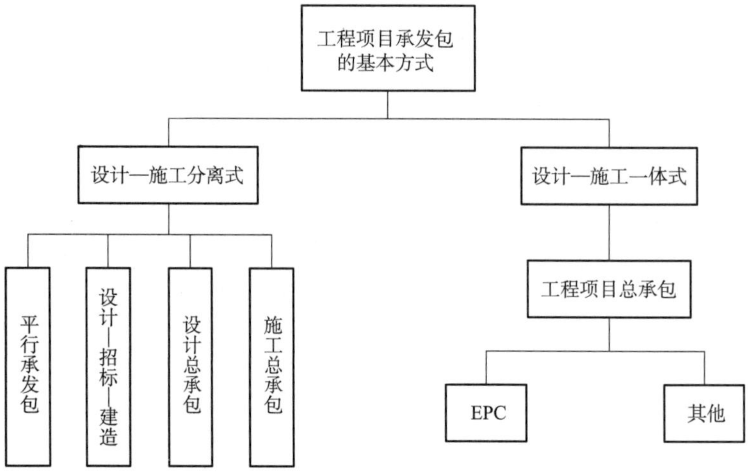

图3—1　工程项目承发包的基本方式

3.1.1　设计—施工分离式

设计—施工分离式是指工程项目的设计和施工分开发包，有平行承发包、设计—招标—建造、设计总承包和施工总承包等方式。

一、分阶段分专业平行承发包模式

在工程项目实施过程中，业主可以通过招标方式分别选择咨询、设计、勘察、施工和设备、物料供应等众多单位承担相应的工作任务，如图3—2所示。这种模式的优点在于，业主可以根据不同性质的建设任务选择最合适的承包商，可以对每一个重要环节加以监督。其存在的

主要问题是招标次数多，协调难度大，总投资要到任务全部发包完成才能确定。

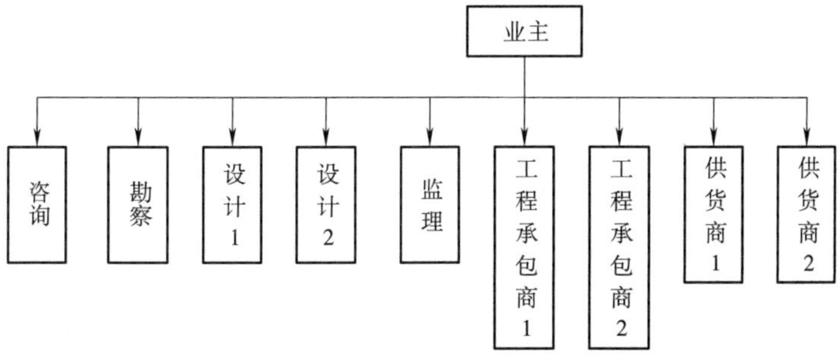

图 3—2　分阶段分专业平行承发包模式

二、设计—招标—建造模式

DBB 模式(Design-Bid-Build，以下简称 DBB 模式)即设计—招标—建造模式。其作为一种传统的管理模式，曾经是世界银行、亚洲开发银行等发放贷款实施项目的首选模式。最显著的特点是建设项目必须严格按照“设计—招标—建造”的顺序依次进行。必须在前一阶段工作全部完成后才能开始下一阶段的工作，相邻两个阶段的工作几乎没有交叉。在这种模式下，业主在不同阶段分别与设计单位、监理单位、施工单位和材料设备供应商签订合同，共同参与项目管理工作。DBB 模式下项目参建单位的关系如图 3—3 所示。

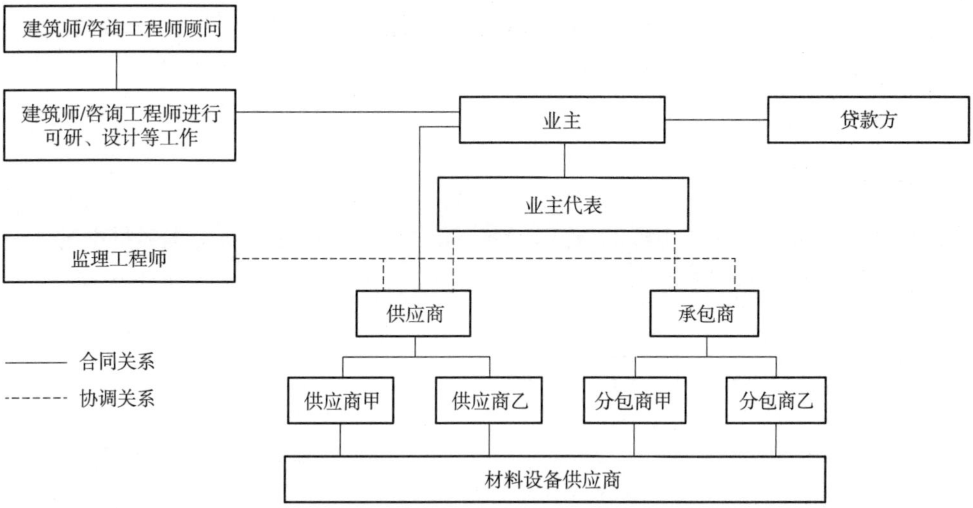

图 3—3　DBB 模式下项目参建单位的关系图

1. 传统 DBB 模式的优点

(1)该模式作为国际通用的典型模式，在项目管理模式的发展历程中时间最长。有关 DBB 模式的管理方法已经非常成熟，并且经过长期项目管理实践活动的检验和运用，工程管理人员熟悉程度高，一般专业人员对该模式的工作程序、方法都非常熟悉，工作效率相对较高。

(2)对于建设单位来说，可以独立自主地选择咨询服务人员、设计人员和监理人员，更多地参与工程项目管理，更容易对工程项目进行直接管理，满足自身对工程项目的要求。

(3)由于基本采用已经非常成熟的 FIDIC 标准合同文本，参建人员对合同条款相对熟悉，有利于各方进行合同管理和风险控制。

(4)在工程招投标环节，业主可以根据完善的设计图纸确定施工方案，编制预算，能够基本掌握该工程项目的投资。

2. 传统 DBB 模式的缺点

(1)项目从设计—招标—建造所需要的时间长，建设周期长且容易失控。

(2)对各个参建单位来说，虽然各阶段的工作相互衔接，但由于参与主体的转换，为了保证项目目标的顺利实现，需要做更多的管理和协调工作。

(3)业主前期介入早，投入精力多，许多不可控因素也必须由业主来考虑。另外合同管理工作量大，导致管理费用偏高，前期投入较大。

(4)工程项目总造价不易控制。由于各阶段的工作相互独立，容易产生目标不一致的现象。诸如设计图纸提交不及时或者漏项，都容易导致实施过程中出现较多的变更，新增相关费用或导致索赔事宜。

(5)容易造成各环节的脱节。如若设计图纸的“可施工性”较差，则可能影响项目持续性地推进。

(6)容易出现推诿扯皮现象。如出现质量事故时，设计单位、施工单位和建设单位出于自我免责考虑，可能会互推责任，需要业主根据实际情况来进行研判并承担因此导致的工期延误或者费用损失。

3. DBB 模式的适用范围

通过分析 DBB 模式的优缺点，不难看出 DBB 模式更适用于专业技术难度一般、对工期要求相对宽松的项目。虽然 DBB 模式对项目建设规模没有严格要求，但由于 DBB 模式下，建设单位一般采取组建项目部等管理机构来完成项目管理工作，因此前期投入较大，需要的管理费用也较多。因此从资源利用方面考虑，更多的适用于一些投资金额大的基建项目。

三、设计总承包模式

设计总承包是指业主通过招标的方式选择一家设计单位负责一项工程项目中的所有设计任务，该设计总承包单位可以自身承担全部设计任务，也可将一部分设计任务分包出去，如图 3—4 所示。

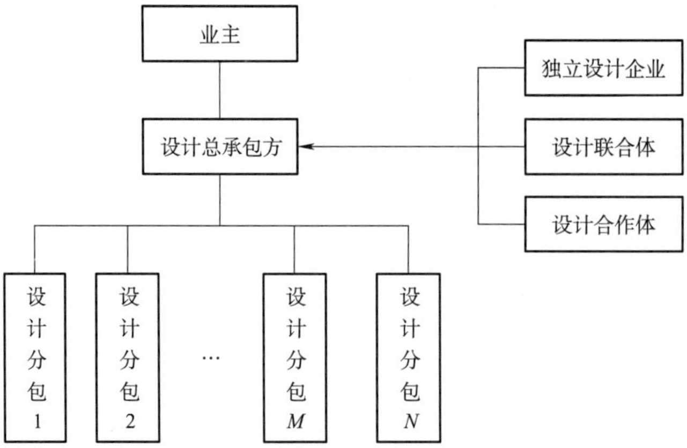

图 3—4　设计总承包模式

设计总承包可以是一家独立的设计企业，也可以是设计联合体或设计合作体。设计总承包方对所有的设计项目承担责任，有利于总体设计的优化和项目总体目标的实现，简化业主的设计协调工作。

四、施工总承包模式

业主通过招标方式选择一家施工单位承包工程项目的施工任务。该施工总承包单位可以独立地承担所有的施工任务，也可以将部分施工任务分包出去。施工总承包商可以是一家独立的施工企业，也可以是企业联合体或施工合作体，如图 3—5 所示。

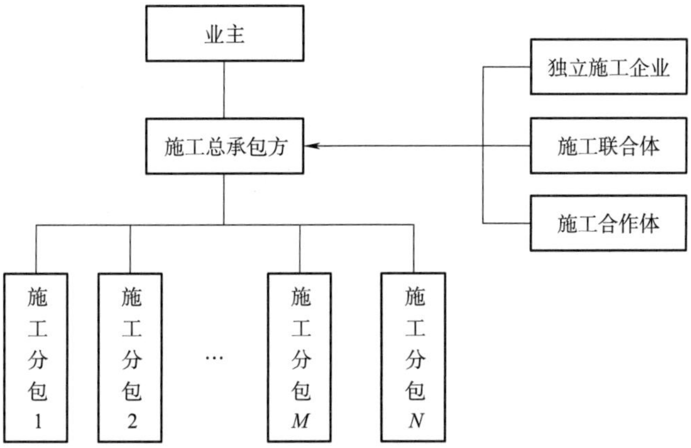

图 3—5　施工总承包模式

将工程项目的所有施工任务集成由施工总承包商负责，有利于施工项目的系统管理和项目总体目标的实现，可有效简化业主的施工协调工作。

3.1.2　工程总承包

自二十世纪八十年代国家建设部推行工程总承包试点以来，全国已有几百家建筑企业开展了工程总承包业务。多数大型建筑企业往往是从开始单一的施工分包、施工总承包逐步发展到采购—施工总承包、从设计—施工总承包到设计—采购—施工一体化总承包。随着我国加入 WTO 和经济建设的高速发展，工程总承包和项目管理逐步从较早尝试的化工、石油项目扩展应用到电力、冶金、机械等领域。比如中国冶金建设工程公司、中国石化建设工程公司等一批具有设计、采购、施工一体化的国有建筑公司通过开展项目总承包，已将单一功能的企业改造成以设计为主导，兼有咨询、设计、采购、施工管理、运营服务等多功能的国际工程公司。

工程总承包有多种模式：设计—采购—建设总承包模式(EPC)、交钥匙总承包模式、设计—建造总承包模式(DB)、设计—采购总承包模式(EP)、采购—施工总承包模式(PC)等。

一、设计—采购—施工总承包模式

EPC 模式(Engineering-Procurement-Construction)即设计—采购—建设模式。该模式中 Engineering，不仅包括设计阶段的工作，而且还包括项目的整体策划及具体实施组织工作。Procurement 的范围涵盖的不只是普通的建筑工程物资设备采购，还包括一些专业设备及材料采购。Construction 目前比较权威的翻译为“建设”，包括施工、安装、试运营和技术培训等内容。

由于 EPC 工程总承包组织实施方式符合工程建设项目的运行规律，与平行承包或传统的其他组织实施方式相比较，存在诸多的优点，表现出特殊的优越性，因此，其逐渐得到市场的认同。并且在发达国家 EPC 模式已经成为最主要的工程建设项目组织实施方式之一，在我国建设管理部门也正在积极培育和推广之中。

在国际工程项目承包实践中，工程建设项目的规模越来越大、技术复杂程度也越来越高，原来所采用的工程管理模式中各环节相互分离导致的弊端越来越突出。最令人头疼的就是设计与施工分离导致工期过长、设计变更频繁、责任界定不清而引起的诸多纠纷。面对风险不断扩大的趋势，建设单位迫切希望总承包商完成包括设计、建设等环节中的质量、投资、安全、进度控制等全部工作，在这样的背景下 EPC 模式应运而生。

与 DB 模式相比，EPC 模式下承包商所负责的范围进一步向建设工程的前期延伸。在 EPC 模式下，业主最主要的工作就是向承包商大致说明投资目的和相关要求，由承包商承担从项目策划、提出方案、设计、市场调查、设备物资采购安装，直至竣工移交等全部工作内容。EPC 模式的组织结构如图 3—6 所示。

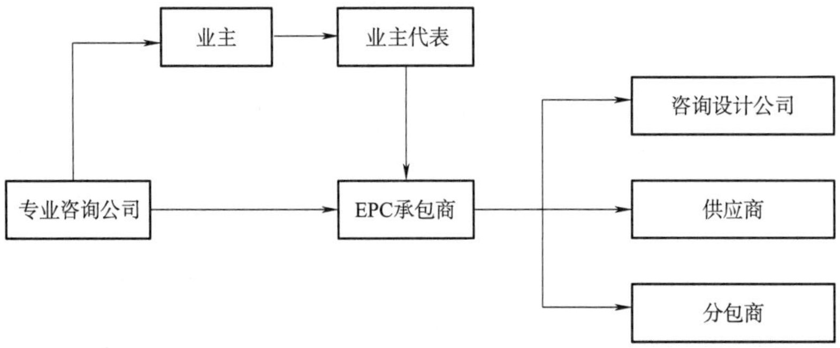

图 3—6　EPC 模式的结构模式

在越来越多的投资项目中，业主开始采用 EPC 总承包的建设方式。国外较早采用 EPC 模式的著名公司如 ABB、Bechtel、Fluor 和 Halliburton 等，在众多领域保持着行业领先水平，在工程建设领域提供了设备供应、设计、施工、采购、咨询等一系列服务。其中 ABB 公司是全球著名的电力和自动控制技术领域的制造商和 EPC 总承包商，其不断地调整、兼并及重组已使其成为以电力和自动控制技术为主、多元化经营的国际一流公司。Bechtel 公司通过向世界其他国家扩张来拓展业务范围，使其从最初以修建铁路起步的公司发展成现今横跨多个领域的国际一流工程公司。其中 Bechtel 采用 EPC 模式承建的美国胡佛水坝、英法海底隧道和香港新机场等已成为项目管理中的标志性工程。Fluor 公司作为全球最大的 EPC 总承包和技术服务公司之一，在全球五大洲几十个国家建立了网络办公室，遍布世界各地的雇员和专家能及时有效地为客户解决工程和技术难题。Halliburton 公司主要为客户提供能源和化工方面的综合性产品和服务，包括勘探开采、生产运营和基础设施建设。这些公司在工程总承包和项目管理方面的经验非常值得国内建筑企业借鉴学习。

1. EPC 模式的演变发展及其优越性

EPC 工程总承包模式主要历经了业主管理、专业机构管理和 EPC 总承包三个阶段。

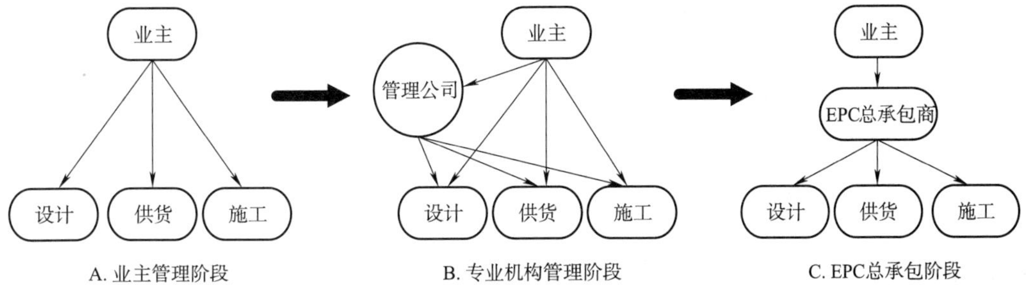

图 3—7　EPC 模式的演变过程

资料来源：李明明．2007. EPC 管理模式的研究与运用．哈尔滨工业大学硕士论文

从 A 阶段向 B 阶段过渡，克服了非专业机构组织实施项目的弊端，使工程建设项目的效益大幅提高。从 B 阶段向 C 阶段过渡，克服了设计、采购、建设相分离的弊端，实现 EPC 在一个主体管理下的内部协调，降低其运行成本，使工程建设项目的效益明显提高。不少业界人士认为 EPC 工程总承包将在工程建设市场中逐渐占有更多的份额。

EPC 工程总承包项目管理的优越性，表现在各个环节和要素中，见表 3—2。

表 3—2　项目组织实施方式优越性的对比

对比要素	模式 A	模式 B	模式 C
业主管理机构	庞大、人多	中等	小业主、大 PMC
项目管理专业化程度	低	高	高
EPC 的协调关系	分离、外部协调	分离、外部协调	系统、内部协调
设计的主导作用	难发挥	难发挥	能充分发挥
项目管理技术水平	低	高	高
项目管理经验积累	一次性	能积累	能积累、结合实际
进度控制	难于协调和控制	难于协调和控制	能实现深度交叉
费用控制	浪费环节多	浪费环节多	节省环节多
质量控制	各管各的质量	各管各的质量	全过程全方位控制质量
工程总成本	高	较高	低
投资效益	差	较差	大幅提高

2. EPC 项目管理模式要点分析

(1)重视合同管理。国内外众多的工程实践表明，EPC 模式适于也有利于加强项目实施中的合同管理。该模式将设计、采购和施工进行总承包，减少业主对相关单位的协调工作，但必须加强合同管理以强化对承包商的约束。国外采用 EPC 模式成熟的业主、供应商和施工方，都有一套严密的合同文本，清楚地划分各方的权利义务关系，这十分值得国内建筑管理部门和企业学习借鉴。我国目前采用的工程总承包合同是 2011 年试行，由住建部、国家工商行政管理总局联合制定的《建设项目工程总承包合同示范文本》。其针对我国当前阶段的工程施工特点制定，并且将我国现行的法律、法规融合其中，对 EPC 在我国工程管理领域的发展和应用起到很好的推动作用。但是由于经济的快速发展，信息化水平的不断提高以及工程的复杂性等外在因素的影响，使得其在特定的条款方面亟需修订并改正。且 2017 年 12 月底住建部发布的《房屋建筑和市政基础设施项目工程总承包管理办法》(征求意见稿),标志着我国正在修订工程总承包合同示范文本,研究制定工程总承包设计、采购、施工的分包合同示范文本,加快推进工程总承包。

此外,EPC 工程总承包中项目业主和承包商双方的责任和风险都很大,而当前我国在工程项目管理方面的法律法规还不够健全,因此必须强调在合同条件下启动项目。整个项目管理过程是履行合同义务的过程,通过项目管理实现合同规定的项目目标。如果 EPC 工程总承包项目管理不能坚持重视合同的原则,则会纠纷、障碍不断,甚至导致项目失败,使得业主和承包商都承受损失。忽视合同管理,还会对承包商的信誉造成不良影响。业主考察承包商的信誉,主要是考察承包商过去项目合同的执行情况和失败的原因。如果业主了解到承包商在过去有不重视合同管理的历史,承包商往往会失去竞争的机会。

(2)强调项目的综合管理。由项目管理协会(PMI)每三到五年修订一次的 PMBOK 从最初的 1996 版、2000 版、2004 版、2008 版、2012 版以及 2017 版均将项目整体管理列为一章,强调项目综合管理的重要性。项目综合管理的意义在于保证在设计、采购、施工等各方之间及项目管理各要素之间实现总体平衡,协调和控制各方和各要素之间的互动,以使项目顺利开展,有效地达到项目目标。综合管理的突出优势是在保证工程质量的前提下,通过系统优化尽量使工程各环节衔接紧密,相关事项科学运筹,不同工序合理安排,工程进度深度交叉,在保证 EPC 各阶段合理周期的前提下,降低工程费用,缩短工程建设总周期。如中海油(CNOOC)的部分海上风电和海洋油气开发项目,实施科学运筹和综合管理成效比较显著。通过系统规划和合理的进度交叉,包括关键长周期设备的提前采购,先陆地预制、后海上施工,边设计、边施工(分期分批交付设计文件图纸),按调试顺序组织业主和第三方验收等。科学的运筹规划和合理有效的进度交叉,可使工程建设总周期缩短近 30%。美国推广的快速跟进(Fast Track)法,即是进度深度交叉的实例。

进度深度交叉的关系如图 3—8 所示。

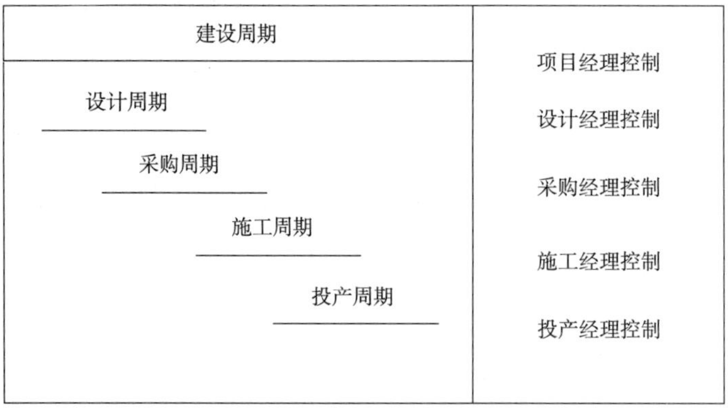

图 3—8 施工进度深度交叉图

(3)注重全过程成本控制。EPC 工程总承包着眼于全过程的费用控制,使得其比传统的管理模式中的工程造价要低得多。如图 3—9 所示的是 EPC 工程总承包与传统管理模式工程造价的比较,除管理费用比传统模式增加以外,其他费用都比传统模式低。虽然承包商管理费用有所增加,但采用 EPC 模式使工程其他方面的造价大幅降低,为业主换取可观的经济效益。

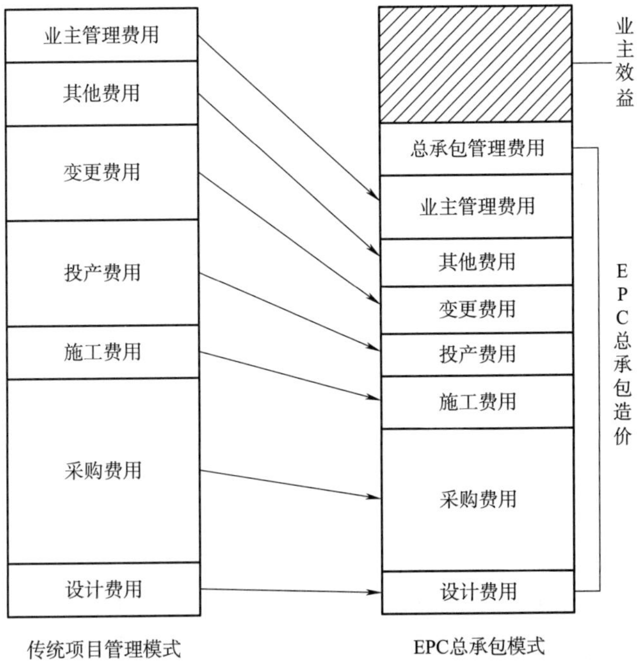

图 3—9　两种项目管理模式造价的对比

(4)强调局部服从整体,并致力于提升总体工程质量。与 EPC 总承包模式注重合同管理和注重各方协调相联系,该模式还十分重视协调项目中的局部以服从于整体。同时注重以严细的合同条款和综合管理控制整体的工程质量和工程进度。如通过施工单位参与设计,从可施工性等角度进行分析,进而帮助设计单位优化设计方案;如将采购部分地纳入设计程序,进而保证材料的质量及便于成本控制等。美国凯洛格公司在项目变更控制中有一条规定,在设计、采购、施工中,必须服从项目最终产品的质量。凡是发现影响安全和生产的问题,都必须作为强制性变更进行修改。这一点只有在 EPC 工程总承包项目管理模式下,才可以比较容易地解决。

与着眼于工程质量一样,EPC 工程总承包项目管理模式强调局部管控服从整体优化。该模式将建设项目看作一个系统工程,在项目实施过程中注重各子系统、各环节、各工序的协调,实现工程项目整体优化才是最终的目标。如过于强调 E、P、C 分别承包,设计、采购、施工各方各自关注局部的优化,则可能会出现各持己见、互不相让的现象,难以达到整体最优。EPC 工程总承包项目管理有一套机制和相应的措施着力克服和解决上述问题。

(5)注重综合协调有利于加强团队建设。EPC 模式最突出的特点是注重综合管理和设计、采购、施工等各方的系统协调。同时有一系列严密的合同加以约束,使各相关方易于在项目实施过程中形成全面沟通交流的协调机制。在这种规范的交流中易于实现各方人员的相互理解和换位思考,特别是有利于项目管理综合体的运行和管理团队建设,也有利于培养人才。

如图 3—10 所示,从业主开始着手工程项目规划到建设项目完工,每个阶段的主体有所不同。如业主、专业设计人员、工程技术人员以及承包商等,他们通常是由变化着的合伙人角色出现的。建设项目团队像其他每个工作团队一样,经历着各式各样的社会行为阶段。建设项目不同阶段的不同主体都会从自身利益的角度出发思考问题,研究对策,制定措施。其在反复地沟通、交流、协调中，各方人员最终会认识到，大家其实是一个利益共同体，项目完成的好，大家都有好处，项目如果失败，则多是受损失。这种共识引导大家朝着同一个大的目标努力，并且意识到这个目标的实现必须靠大家的团结合作。进而构建科学的组织架构、协调机制、合作模式、沟通方式等。类似的协调机制和共进激励机制一旦形成，组织的内生动力会自发地使管理团队更有效、更有动力、更有针对性地实现项目目标。

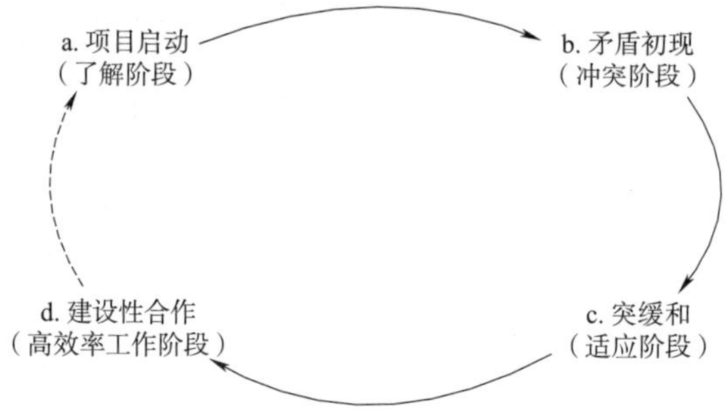

图 3—10　团队关系行为流程图

资料来源：(德) 哈特穆特·克莱因. 2010. 工程项目规划. 北京：中国建筑工业出版社

3. EPC 模式的优点

(1)利于发挥各主体的作用。由于设计、采购、施工等都由 EPC 承包商承担，因此能够充分发挥设计的主导作用和采购、施工方的主体作用，有利于工程项目建设方案的不断优化，提高设计的可施工性。同时克服设计、采购和施工相互制约导致的各类问题，有利于提高工程项目建设效率，获得较好的投资效益。

(2)利于加强管理和过程控制。按照责任划分，EPC 承包商对整个工程项目建设过程和各个环节负责，各方均属于第一责任人，权责关系明确，有利于加强管理和过程控制，也有利于较短的时间内对建设过程中发生的质量事故、安全事故等进行责任认定。

(3)利于业主对项目实施有效的管理。对建设单位来说，只需要对 EPC 承包商的工作进行监督和资料的审阅，并且能够较早确定工程造价，按照合同分阶段付款，减少建设单位管理人员的工作量，提高工作效率。

(4)利于业主对项目建设的事后控制。能够较早确定投资总额和建设周期，建设单位可以对 EPC 承包商采取过程控制和事后控制两种模式。享誉世界的奥运工程就是通过公开招投标，确定奥运场馆及相关基础设施的总承包单位。如北京城建集团为鸟巢的总承包单位，中建一局建设发展公司为水立方的总承包单位等。通过实施工程总承包，实现奥运场馆及相关基础设施设计与施工以及材料设备采购的一体化管理，保证在施工过程中能正确贯彻设计意图，克服设计、采购、施工相制约和脱节的矛盾，有利于整体统筹安排、缩短工期、节省投资、提高工程建设管理水平。同时由于实施工程总承包，减少业主方的组织协调和合同管理的工作量，分散业主方的风险。奥运工程中运用工程总承包模式是非常典型的成功案例，值得学习借鉴和推广。

4. EPC 模式的缺点

(1)业主对承包商的选择范围受到一定的限制。由于 EPC 模式下承包商所要承担的设计、采购和施工等专业化程度要求高，因此承担 EPC 项目的承包商数量有限，业主的选择范围相对较小。

(2)承包商承担的风险比较大。在该模式下即使是由“承包商不可预见且无法合理防范的自然力的作用”,导致的风险也全部由承包商承担。承包商丧失索赔权,增加承包商在工程实施过程中的风险。

(3)工程造价高。由于 EPC 模式下承包商承担的风险高,因此对利润等回报要求也较高,导致工程项目的造价较高。

5. EPC 模式的适用范围

一般来说,EPC 模式适于规模大、工期长、技术复杂的工程项目。EPC 模式于二十世纪八十年代首先在美国出现,特别适用于工厂、发电厂、石油开发和基础设施等建设工程项目。该模式将材料物资和工程设备的采购完全交由 EPC 承包商负责,也就是业主不需要在工程建设过程中承担“甲供料”,减少大量的琐碎事务,使业主能致力于工程质量、进度、投资等监管工作。EPC 模式由于其所采用的合同一般都是固定总价合同,通常情况下,业主不允许承包商对合同费用进行调整,因此,最后的工程总价往往也比其他模式要低。

二、DB 模式的优缺点及典型特点

DB 模式(Design-Build)就是由业主所选定的承包商来承担设计和施工的所有工作。承包商根据业主提出的建设标准,完成最终的工程项目建设任务。其中交钥匙工程模式(Turnkey Method)是 DB 模式下的特殊形式。交钥匙工程是指由承包商完成包括项目可行性研究、融资、土地征拆、设计及施工等全套服务,最终交付满足业主要求的工程项目,通俗地讲就是交工后转动“钥匙”就能够立即投入使用。DB 模式下项目各参建单位的关系如图 3—11 所示。

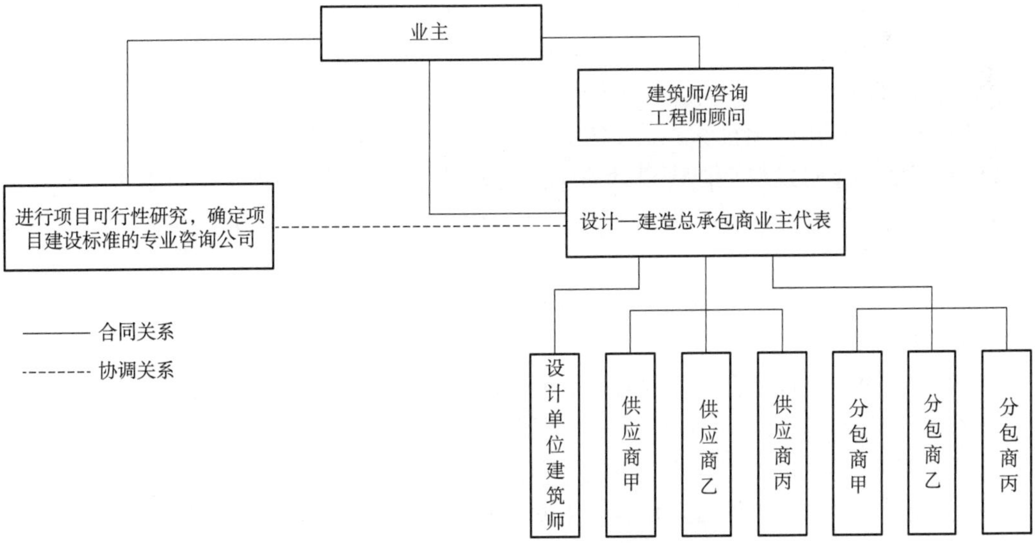

图 3—11　DB 模式下项目各参建单位的关系图

1. DB 模式的优点

(1)业主选择总承包商时,能够把设计方案的好坏作为评标环节的主要因素,确保高标准的工程设计质量,可为顺利完成项目建设奠定基础。

(2)由一个承包商负责整个项目的设计和建造任务，更有利于对设计和施工要求进行系统考虑，避免设计和施工存在的冲突和矛盾，提高设计的“可施工性”，减少由于设计失误或漏项引起的变更、新增投资及索赔等麻烦。

(3)业主与总承包商直接签订合同，沟通效率高，使得总承包商可以对业主的指令做出更快地反应。同时业主的合同管理简单，许多管理风险直接转移给总承包商，降低自身管理风险。

(4)总承包商可以根据现场实际情况，自主采用分阶段发包方式，统筹安排现场施工，尽可能地利用平行作业、交叉施工等，缩短建设周期，减少利息及价格上涨增加的费用，达到节约费用的目的。

(5)由于采用总承包模式，只要业主在施工过程中不对项目实施方案做实质性地修改，便容易控制造价。

(6)总承包商与业主建立“单点责任”，当出现设计缺陷或者施工质量事故等现象时，由于单点责任的约束，总承包商无法推卸责任，有利于保障业主的利益。

2. DB 模式的缺点

(1)业主不能自主选择设计人员，难以发挥业主相关管理人员的积极性和主动性，对总承包商的依赖性较强。

(2)由于对总承包商的要求较高，业主可选择的总承包商数量有限。

(3)可能存在总承包商由于水平或者总价承包的原因，导致设计和施工质量水平不高或者出现不均衡现象，最终影响投资效益。

3. DB 模式的典型特点

DB 模式的典型特点是设计—建造总承包商要统筹考虑设计和施工阶段的成本，并将其作为参加招投标的重要组成部分。DB 模式下投标和签订的合同中造价一般以总价合同为基础。该模式下，业主只需自行选择一家专业咨询公司完成项目可行性研究和确定建设标准及选择总承包商的工作内容，相对而言工作量较少。

4. DB 模式不适用的项目

DB 模式的基本出发点是促进设计与施工的早期结合，以便充分发挥设计和施工双方的优势，提高项目的经济性，因此 DB 模式的适用范围比较广。但是，在下列几种情况下不宜采用 DB 模式。

(1)纪念性建筑。由于这种项目优先考虑的不是造价和进度等经济因素，而是建筑造型艺术和工程细部处理等技术。

(2)新型建筑。这种项目一般都有较高的建筑要求，同时结构形式的选择和处理有许多不确定性因素。无论是设计者还是施工方都可能缺乏这方面的经验，如采用 DB 模式，对项目总承包商来说风险较大，也不符合建设单位的利益。

(3)设计工作量较少的项目。如有的大型土方工程也不适合采用 DB 模式。

3.2　关于委托项目管理模式的相关讨论

由业主委托专业机构如咨询公司或项目管理公司代表业主进行项目管理，就是委托项目管理方式，这是国际工程项目管理的新趋势。专业机构拥有丰富的项目管理经验，弥补了业主管理经验不足的弱点，有利于提高项目管理效率。委托项目管理的方式主要有：项目管理服务(PM)、一体化项目管理模式(PMT)和项目管理承包(PMC)。

3.2.1　PM 模式的优缺点和适用范围

PM 模式 (Project Management)是指工程项目管理企业按照合同约定，代表建设单位参与工程项目建设全过程或部分阶段的施工管理工作。具体工作内容包括：在决策阶段，编制可研报告并做可行性分析和项目策划；在实施阶段，为建设单位提供招标代理、设计、采购、施工管理和试运行(竣工验收)等相关服务，帮助建设单位完成工程项目的质量、安全、进度、费用、合同、信息等方面的管理和控制工作。该模式下，项目管理公司与建设单位以外的其他单位没有任何合同关系，仅仅与建设单位签订合同，协助建设单位与其他参建单位签订合同并监督实施。PM 模式的结构如图 3—12 所示。

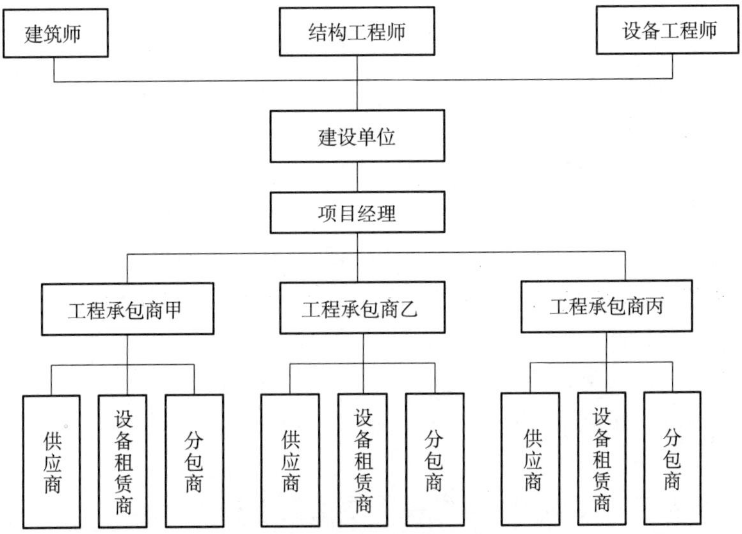

图 3—12　PM 模式的结构模式

1. PM 模式的优点

(1)PM 模式的咨询管理更为灵活。根据业主不同需要，可以从责任范围最小的“只对业主提供项目咨询服务，由业主自己管控整个工程”，到责任范围很大的“全程代理业主，对工程进行监督控制”。

(2)选用专业的项目管理公司，能够充分发挥其专业人才的技能、经验。在设计审查、质量控制、材料采购、进度管理和安全防范等方面，能够进行系统管理。

(3)项目管理公司通过利用现代信息技术等新手段，可实现各环节资源共享，避免出现返工现象和设计变更等问题，不仅降低工程投资，而且有利于控制工程施工进度。

2. PM 模式的适用范围

PM 模式最主要的特点是应用范围广。既可应用于大型复杂项目，也可应用于中小型项目；既可应用于项目建设的全过程，也可只应用于其中的某个阶段。一般来说，PM 模式更适合于工程项目投资大、建设单位内部项目管理体系不健全、且缺乏专业项目管理人才的单位。建设单位通过与专业项目管理公司合作对项目进行管理和控制，达到项目建设目标，避免非专业人员管理项目造成的经济损失。

3.2.2 PMC模式的优缺点及前景分析

PMC模式即项目管理承包(Project Management Contractor)模式。有的也称其为IMPT(Integrated Project Management Team一体化项目管理)。该模式是指项目管理承包商代表业主对工程项目进行全过程、全方位的项目管理。项目管理公司以专业化、系统化、集成化的管理理念与方法,对建设工程的整体规划、项目定义、工程招标、选择设计、采购、施工承包商等进行全面管理。这种模式既可以精简业主方的建设管理机构,也有利于项目系统化的技术支持和售后服务,同时还对业主融资等有重要意义。PMC实质就是业主机构的延伸。其与EPC的不同在于不直接参与项目的设计、采购、施工和试运营等具体工作,却可以受业主委托选择EPC承包商。PMC承包商对业主负责,代表业主执行项目总体规划和全过程监管,业主以"工时费用+利润+奖励"的方式对PMC承包商付酬。近年来,该模式已成为国际上特大型、工艺技术复杂或生产装置较多的项目流行的建设项目管理模式之一,其发展前景得到国际工程界的普遍认可。如中国石化与巴斯夫(BASF)合作的杨巴项目,中国石化与英国石油(BP)合作的赛科项目,中国海洋石油与壳牌(Shell)合资的南海石化项目等一批超大型工程项目均采用PMC模式,推动了该模式在国内工程建设领域的进一步实践与应用发展。

1. PMC模式的优点

在工程项目实施过程中,为实现PMC承包商对项目进行整体化管理,一般须搭建科学的组织架构和工作框架,如工作分解结构(WBS)、组织分解结构(OBS)、成本和责任分配矩阵(ORM)等。只有完善了职能和机构及工作关系,才有利于PMC模式优越性的发挥。

(1)该模式采用先进的工程项目管理技术,从设计、采购到施工全过程应用计算机集成系统等先进技术进行管理,最大限度地协调和控制项目设计和施工阶段的工作,减少冲突和设计变更。

(2)便于分阶段发包,使各环节之间衔接顺畅,有利于缩短工期。

(3)由于PMC承包商承担的风险较低,且多在合同中包含了节约投资方面的奖励措施,所以承包商会在保证建设目标实现的基础上充分地发挥其在项目管理过程中的积极性和能动性,为建设单位节约投资。此外,PMC管理采用业主参与的一体化管理模式,便于对项目实施管理、监督、检查和控制。

(4)有利于精简建设单位的项目管理机构。PMC模式下,建设单位的许多项目管理工作直接承包给PMC承包商,没有必要组建职能全面的项目部,这样有利于建设单位将更多精力放在宏观控制上。

2. PMC模式应用的限制因素

鉴于PMC模式高度专业化、系统化和集成化等特点,可以有效提高项目管理水平,有利于工程项目取得良好的经济效益,因之在国际上受到业界的普遍认可。入围ENR全球最大的225家国际承包商排行榜前10名的公司,超过一半的业务都是PMC业务。由于我国改革开放较晚,建筑市场发育不足,对项目管理的系统研究和实践起点较低。加之社会文化、管理理念、法律体制上的差异,PMC模式的应用受到了一些限制。如缺乏具备工程项目全面管理能力的承包商和专业化的项目管理人员,工程咨询业发展较晚,相关法律法规滞后,使得PMC的推广应用受到限制。我国相关行业和企业在部分工程项目上如石太高铁等按"小业主,大咨询”的思路进行了一些初浅的探索和尝试，已经初步具备了 PMC 模式的一些特点。但这还不够，当前应在 PMC 承包商承担管理责任方面加强探索。

3. PMC 模式的适用范围

PMC 模式本身也是一种工程总承包，主要适用于业主希望将大部分费用风险和工期风险转移给承包商，并且业主只对工程进行较少控制的工程。其对工程项目本身具体的适用情况如下。

(1)项目投资额大(一般超过 10 亿元)且专业技术相当复杂的项目。

(2)建设单位是由多个公司或者法人组成的联合体，甚至有政府参与。

(3)建设单位自身的资产负债能力无法为项目提供融资担保，需要国际信贷。

(4)建设单位缺乏专业的项目管理人员，靠自身的资源和经验难以完成的重大项目。

4. PMC 模式的发展前景

随着国际建筑市场的日益开放，国际合作越来越深入，区域合作成为开展项目建设的主流趋势。目前，许多建筑企业所要完成的项目规模日趋庞大，工艺装置等多而且非常复杂，对于建设单位来说完全没有必要为完成某一个项目而花费高额的费用招聘或培养专业人员，在这种背景下采用 PMC 模式成为解决上述问题的主要途径。

3.3 建筑管理模式优缺点与适用范围

CM 模式(Construction Management)即建设—管理模式，其源于美国。CM 模式就是在采用快速路径法，又称为阶段施工法时，从开始阶段就雇用具有施工经验的 CM 单位参与工程建设实施，以便为设计人员提供施工方面的建议，提高设计的“可施工性”。这种模式与我国二十世纪六七十年代部分建筑工程“边设计、边施工”的做法有些相像，但不完全相同。在该模式下，CM 公司为业主提供专业的项目管理服务，而承包商只负责工程建设或承担少量的工程设计，最终由业主做出决策并对工程项目负责。

3.3.1 CM 模式的几种形式

CM 模式有两种形式，第一种为代理型 CM 模式。在该种模式中，咨询工程师、CM 管理公司、主承包商与业主都是直接的合同关系。需要说明的是，CM 单位对设计单位没有指令权，只能向设计单位提出一些合理化建议，因而 CM 单位与设计单位之间是协调关系。

第二种为风险型建筑工程管理模式，即管理承包模式，简称 MC 模式。采用这种模式，MC 单位既提供管理服务又要向业主保证最大工程费用(GMP：Guaranteed Maximum Price)，以保证业主的投资控制。如果最后工程结算超过 GMP，则由 MC 公司赔偿；如低于 GMP，则节约的投资归业主所有，但由于 MC 公司额外承担保证施工成本的风险，因而能够得到奖励等额外的收入。

3.3.2 CM 模式的优点

(1)由于采取分阶段设计、招标和施工，大大缩短工程项目建设周期，使工程项目能够尽早投产，并且降低可能由于物价上涨等因素导致投资增加的风险。

(2)CM 经理的早期介入，能够充分发挥其施工经验和管理技能，将施工因素纳入设计工作中，增强设计的可施工性，避免发生设计与现场不符、设计与施工存在矛盾等问题。

(3)由于设计施工等环节的合理搭接，可有效缩短工期。

(4)业主通过 CM 管理单位能够把一部分管理风险转移出去。

3.3.3 CM 模式的缺点

(1)对 CM 经理的职业资质和信誉要求较高，业主可选对象非常少。

(2)由于采取阶段设计、招标和施工，导致业主在工程项目建设初期不能够掌握项目总造价。

(3)CM 模式中，CM 公司与业主和分包商签订了多方合同，这对业主控制目标不利。尤其对重大问题进行决策或业主对工程实施变更时，都需要 CM 公司的参与。因此 CM 模式下不仅业主的决策效率降低，而且对建设项目的控制力明显减弱。

3.3.4 CM 模式的适用范围

CM 模式一般适用于建设周期长、工期要求紧、投资规模大且技术复杂，缺少类似工程经验及很难准确估算造价的项目。针对一些规模小、工期短、技术简单及标准化设计的常规项目和小型项目就没必要选择 CM 模式。原纽约世贸中心和英国诺丁安地平线工厂就是采用 CM 模式的典型案例。我国也在二十世纪九十年代将 CM 模式应用到上海证券大厦工程项目和深圳国际会议中心工程项目上，并取得良好的效果。

3.4 工程代建制模式的特点与适用范围

项目“代建制”最早起源于美国建设—管理模式(CM)，是一种由项目出资人委托有相应资质的项目代建人对项目的可行性研究、勘察、设计、监理、施工等全过程进行管理，并按照建设项目工期和设计要求完成建设任务，直至项目竣工验收后交付使用的项目建设管理模式。代建制特别适合政府投资的工程项目。作为一种管理模式和管理制度，其工作性质是工程项目管理和咨询，单位性质是企业，赢利模式是收取代理费和咨询费，并从节约的投资中提成，风险是承担相应的管理和咨询风险。

代建制作为一项制度创新，打破了旧有的管理方式，使传统的“投资、建设、管理、使用”四位一体的管理体系转变为“各环节彼此分离又互相制约”的模式。“代建制”的推行，对于政府投资项目保证工程质量、提高投资效益、遏制腐败现象、创造公平竞争的市场环境具有重要的意义和作用。

3.4.1 工程项目代建制的具体模式

对政府投资项目实行“代建制”，是国际上通行的做法，美国等西方国家已经尝试了上百年时间，但在我国这种模式推广应用较晚。厦门市 1993 年开始试行把市级财政性投资、融资社会事业建设项目委托给一些有实力的专业工程单位。这可以看作是我国代建制的雏形。我国从 1999 年开始，在上海试点市政项目的“代建制”。同时，福建、安徽、重庆等地也先后通过招标或直接委托等方式，将一些基础设施和社会公益性的政府投资项目委托给有实力的专业化公司代建，项目施工完成后移交给使用单位。2002 年以后，北京、浙江、深圳、成都等地也开始

“代建制”的试点工作。2004年7月颁布的《国务院关于投资体制改革的决定》明确提出，在政府投资项目中要推行“代建制”管理。随后多数省、市、区都出台适合本地情况的项目代建制管理规范文件，部分试点城市已经取得初步经验，并相继推出市场化代建、政府集中代建等不同的运作模式。

我国政府投资项目代建制大体经历试点探索阶段（2004年7月之前）、快速推广阶段（2004年7月～2006年12月）、稳步发展阶段（2007年1月～2008年12月），逐步完善阶段（2009年至今）。在代建制的不同发展阶段涌现出不同的代建制模式，见表3—3。

表3—3　政府投资项目代建制模式

划分标准	代建制模式		
代建单位的性质	集中代建模式		
	公司代建	代建单位的确定方式	政府指定代建公司模式
			项目管理公司竞争模式
代建内容	全过程代建模式		
	两阶段代建模式		
代建合同约定的责任主体	双方主体合同模式	责任对象	委托代建合同模式
			指定代建合同模式
	三方合同主体模式		
典型地区	深圳模式、北京模式、上海模式		

一、以代建单位的性质划分的系列代建模式

按照代建单位的不同性质，代建模式可分为“集中代建”和“公司代建”。公司代建模式按照代建单位的确定方式不同，又可分为“政府指定代建公司模式”和“项目管理公司竞争代建模式”。

1. 集中代建模式

集中代建模式，是指政府设立一个非营利性的常设机构，如珠海市建管中心和深圳的工务局，作为业主代表政府对所有的政府性投资项目进行集中代建的项目管理模式。这种模式具有明显的特点和优势：一是代表政府履行业主职能，其机构和管理人员相对稳定，有利于落实工程质量终身责任制；二是工作人员专业化水平较高，为政府投资项目的科学管理提供了人才保障；三是有利于增强建筑企业的自律意识；四是有利于加强对政府投资项目的监管；五是有利于统一调配资源，节省政府投资成本。如长江三峡水利枢纽工程项目，代建公司难以协调中央与地方或不同省市之间利益分配和征地补偿等问题，因此需要组建专门事业法人，采取集中代建模式，获取政府的有力支持。

2. 政府指定代建公司模式

政府指定代建公司模式是指由政府指定的项目管理公司对特定项目实行代理建设，实行企业化经营管理。其优点是政府意愿可以较好地实现；缺点是代建单位具有垄断性质，容易与使用单位串通，造成概算的不科学。另外由于缺乏竞争，管理力度和水平难以得到提高。

3. 项目管理公司竞争代建模式

项目管理公司竞争代建模式是指政府设立准入条件，符合条件的项目管理公司均可参与项目代建的竞争，并最终由政府通过招投标择优选定。竞争代建模式的实施条件是政策法规比较完善，政府部门和代建公司具有较丰富的经验，代建市场相对成熟，代建项目来源稳定等。该模式的优点是引入竞争机制，避免直接委托可能发生的权力寻租，并可降低投资。但政府主管部门必须具有较强的经济、法律、技术水平，方可与专业公司进行代建谈判事宜，并避免代建公司的索赔和追加投资。

二、以代建内容划分的代建模式

根据代建内容不同，可将代建制分为全过程代建模式和分阶段代建模式。

1. 全过程代建模式

全过程代建模式是指代建单位负责项目可行性研究、勘探、设计、施工等全过程管理，直至竣工验收交付使用的项目管理模式。全过程代建有利于代建单位发挥专业优势，实现项目总投资的控制。同时能够简化投资者、使用单位和代建三方的协调关系，有利于前后期的衔接。该模式对政府投资主管部门和监管部门要求较高，特别是在审批项目建议书及制定代建招标文件时，相关管理人员对项目应有一个明确的功能分析和投资控制目标。否则容易造成代建单位人为地在项目前期增加项目投资，有时还会出现三方主体间的扯皮现象。

2. 分阶段代建模式

所谓分阶段代建模式是指按项目建设周期，将项目分为前期和实施两个阶段或多个阶段。即项目建设前期代建和项目实施代建或多个环节代建，分别交由代建单位的项目管理模式。在项目实施的前期，从立项到初设阶段，项目使用单位是主体，具有决策权。而在建设实施阶段，代建单位具有管理权，行使项目建设的职责，而使用单位主要行使监管职责。这种模式更有利于使用单位根据自身的需求，确定合理的建设规模。但由于代建单位只能参与后期管理，与设计阶段的分离使其降低投资成本的余地较小。尤其是对于政府投资项目的一些前期工作，如征地、拆迁、移民等，具有很强的政策性，社会影响往往很大，通常需要有关政府部门的直接参与和支持。由代建公司负责组织实施这类前期工作难度非常大，这类项目适合采用分阶段代建模式。

三、以代建合同约定的责任主体为划分标准的代建模式

根据代建合同约定的责任主体不同，可将代建制分为双方合同主体模式和三方代建合同模式。其中“双方合同主体模式”根据责任对象不同还可分为向投资人负责的“委托代建合同模式”和向使用单位负责的“指定代建合同模式”。

1. 委托代建合同模式

委托代建合同模式是指政府主管部门下设具有法人资格的项目业主，由其与代建单位签订代建合同，使用单位不是合同的当事人。上海、广州、海南的代建制试点采用这种模式。这种模式可有效防止公共工程招标中的腐败行为，有利于对公共工程建设的专业化管理。但政府投资主管部门作为建设单位“包揽”项目工程建设，不符合投资体制改革的方向。使用单位不是合同当事人，难以充分发挥其积极性和监管职能。

2. 指定代建合同模式

指定代建合同模式是由政府主管部门通过招投标等方式选取代建单位，由代建单位和使

用单位签订委托代建合同。重庆、宁波、厦门和贵州代建制试点采用这种模式。这种模式由于投资和资金的管理权仍然掌握在使用单位手中，实际上未对现行投资体制进行根本性改革，而政府投资主管部门在选定代建单位后，难以实现有效地监督。

3. 三方代建合同模式

三方代建合同模式则是指政府主管部门、招投标确定的代建单位和使用单位三方签订项目委托代建合同。北京、浙江、云南、宁夏以及奥运项目均采用该类模式。这种模式易发挥三方积极性，相互制约。但地方发改部门作为投资主管部门，不适宜参与代建合同签署。而且发改部门的主要职责是进行政策制定与宏观管理，不宜作为合同主体牵涉进日常操作性事务中去。

四、以典型地区为划分标准的代建模式

实行工程项目代建制对我国来说还算一个新事物，各地都在尝试和探索中。有的已经形成相对稳定有效的模式，有的仍在探索中。许多学者认为，深圳模式、北京模式和上海模式最为典型。

1. 深圳模式

深圳模式作为典型的政府专业机构管理模式，其成立的深圳市建筑工务署为直属市政府管理的事业单位，负责政府投资项目的统一管理工作。深圳市南坪快速路一期、横坪一级公路、东部沿海高速公路莲塘至盐田段、358 省道惠庙线公路至黄江段公路二期扩建工程等多个交通项目实施了项目管理公司代建制试点。由于深圳的市场成熟度较高，代建制推广普及和建设成效相对突出。仅深圳市福田区自 2017 年 6 月以来，将一批学校、医院等 19 个民生项目实行委托代建，总投资达 75.9 亿元。

2. 北京模式

北京模式是典型的市场化代建模式。北京市发展与改革委员会通过招投标确定代建单位，并与代建单位、使用单位签订三方代建合同。北京市先后选择了回龙观医院项目、北京市残疾人职业培训中心和体育训练中心、北京市疾病预防控制中心以及若干公路项目实施代建制。

3. 上海模式

上海模式为政府指定专业代建公司进行代建。其实施的代建制为三级管理模式，即“政府—政府所属投资公司—工程管理公司”。上海市在市政、水务、环卫、交通等系统实施代建制，选定 11 家单位作为首批承担政府投资项目的工程管理公司。

3.4.2　工程项目代建制模式的优势分析

代建制实施至今，虽然其实施过程中尚存在缺陷，但是在投资规模、工期进度、质量安全控制等方面均呈现出明显效果，部分地解决了我国政府投资项目中存在的“三超”问题，因而具有推广和应用价值。

与传统的政府投资项目管理体制相比，代建制具有如下显著优势。

一是工程造价得到有效控制。在代建制模式下，由于发挥市场竞争的作用，通过招标或竞争性谈判，明显降低项目的预算支出。如北京市回龙观医院工程，施工图预算时超出概算 400 万元，后经反复研究讨论，最终在保证工期、保证工程质量的前提下，消化了 400 万元的超出款。这种由建设方自行想办法解决超出款的现象，在以往政府投资工程中是很少见的。另外

还有江苏省淮安市“市农机综合楼工程”，仅设计费用一项就节约了资金近 20 万元，工程建设费用由预算价 2 157.35 万元降为中标价 1 831.96 万元，节省资金 325.39 万元；“市政府办公楼维修工程”建设费用由控制价 228.47 万元降为中标价 187.06 万元(主要材料为暂定价)，节省资金 41.41 万元。

二是工程质量得到充分保证。由具有丰富项目管理经验的代建单位作为项目建设管理主体，有效地避免了政府临时成立机构代建项目造成人员专业化程度不高和管理不到位的局面，从建设主体的素质层面保障工程质量。而代建单位、政府、使用单位三者通过合同约束各自行为，实行建管分离，相互制约，相互监督，又从建设过程的层面保障工程质量。

三是腐败现象得到明显遏制。不公开、不透明甚至暗箱操作是诱发工程领域各种腐败现象的重要因素。实行代建制后，使用单位不再介入项目前期服务、建设施工及材料设备采购等招标活动，代建单位按照合同约定在透明的环境下进行招标，程序公开、操作透明，有利于减少腐败现象。

四是有利于政府职能转变。实行代建制可有效改变投资管理部门重投资审批、轻投资管理的状况，对促进政府投资管理部门转变职能，加强投资管理、提高政府投资效益具有重要意义。

3.4.3　不同项目代建模式的适用范围

政府性投资项目实施代建制是投融资体制改革的必然趋势。代建制作为一种新型的项目管理模式，最终应通过逐步培育形成充分竞争的代建市场。引导鼓励具有建设工程项目管理经验的企业参与政府投资项目的建设管理，以实现政府投资效益的最大化。而选择合理的代建模式，对于充分发挥代建单位作用，推动代建制的实施，拓展代建市场，均具有非常重要的意义。

工程项目代建制作为一种适于政府投资的项目管理模式，各地仍在探索过程中。在这种模式成长的初期，对于简单、技术难度小的代建项目，各种代建模式均可采用。但对规模大、工程复杂、技术难度高的项目，单凭政府部门的力量难以完成，对专业化工程中介服务的需求较强，则更适合采用公司代建模式。此外，由于在公司代建模式下，政府不用成立专门的代建机构，只需少量专业人员从事代建项目的谈判、审批与监督工作。同时，根据我国的中长期发展规划可以预见，各地政府投资项目仍将保持一定的建设规模，采用代建制的项目也会越来越多。在这种情况下，既可以采用政府集中代建模式，对代建项目进行统一管理，获得规模效益，也可以采用公司代建模式，选择社会化的代建公司，提高项目的专业化管理水平和运作效率。

在考虑代建范围时，应根据实际情况考虑采用全过程代建还是分阶段代建。对于前期工程比较简单、征迁难度小的项目，尽可能推广全过程代建。而对于前期工程比较复杂，征迁难度大的项目，则只能采用分阶段代建模式，以减少建设单位与代建单位之间的扯皮现象。浙江省温岭市王伯敏艺术馆采用政府指定代建公司的方式，代建阶段为工程建设期代建(即分阶段代建)，代建合同由发改局、建设单位、代建单位三方签订，实施效果良好。另外，在中央政府推广 PPP 模式的背景下，政府投资项目的管理模式只宜在融资模式限定的范围内选择，这将在另外的章节专门讨论。

3.5　不同融资模式下项目管理模式的特点与适用范围

项目管理模式与项目融资模式有着紧密的关系。在有些情况下，项目融资模式一旦确定，项目管理模式也就大致确定了。在计划经济时代,单靠政府的财政力量支撑工程项目建设,融资模式受到很大的局限。改革开放后,灵活的项目融资于二十世纪八十年代中期被广泛应用于我国的电厂、高速公路等基础设施领域,其中以 BOT 模式运作的项目居多。1988 年投入使用的深圳沙角 B 电厂是我国最早带有有限追索性质的 BOT 项目。1995 年广西来宾 B 电厂作为第一个规范化 BOT 试点项目成功之后,四川成都自来水厂和北京第十水厂等项目也采用了 BOT 模式,标志着我国通过市场机制实施项目融资逐渐规范并有了一定的发展。

融资模式有许多种类,BT 模式作为 BOT 模式的一种演变,也逐渐成为政府公共工程投融资的主要模式。如佛山和顺德的部分公路工程、天津津滨轻轨工程、北京地铁奥运支线、南京地铁 2 号线一期工程以及深圳地铁 5 号线工程等先后采用 BT 建设模式。

步入二十一世纪以后,我国的经济依然保持持续、稳定、快速发展,基础设施对经济发展的瓶颈限制再次凸显。单靠政府的财政力量无法满足国家基础设施建设所需的巨额投资,给民营资本以 PPP 模式参与基础设施建设提供良好的契机。

3.5.1　BOT 模式

BOT 模式(Build—Operate—Transfer)即建造—运营—移交模式。其指项目发起人(主要是民营企业、外商或者国企)根据项目所在地区政府为其授权的特许权协议,成立专门的项目管理公司,在承担一定风险的前提下,利用项目的期望收益或现金流量、资产和合同权益来融资的活动。BOT 模式的运作模式如图 3—14 所示。

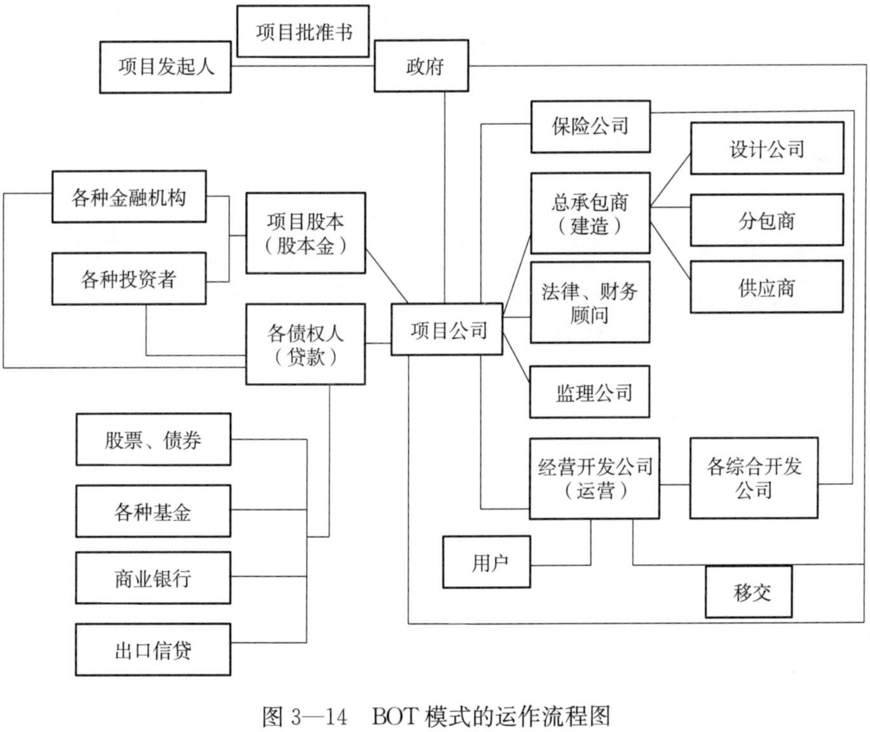

图 3—14　BOT 模式的运作流程图

1. BOT 模式的优点

BOT 模式作为一种项目融资方式,其优点非常明显。首先对政府来说,BOT 模式拓宽了资金来源渠道。在项目融资过程中采用 BOT 模式可以减少政府财政支出，加快基础设施建设，并且将融资、设计、建造和经营过程中由政府承担的诸如周期长、投资大等风险转移给项目公司，降低项目管理风险。其次对项目公司来说，采用 BOT 模式可以充分利用政府的授权协议，顺利完成融资，并且按照合同中的回报收回投入资金，实现“小投资做大项目”的目的。另外对于放贷方来说，由于该模式下项目各参与方都会对项目建设投资和收益进行论证，一般说来会相对准确、严谨并充分，提高项目实施的可行性。连通英法的英吉利海峡海底隧道、澳大利亚悉尼港口隧道、泰国曼谷的高架铁路、土耳其博斯普鲁斯海峡第二大桥等，都是利用 BOT 融资和建设模式成功运作的典型。

2. BOT 模式的缺点

(1)对于政府部门和项目公司来说，采用 BOT 模式的关键是在前期对投资工程项目要有充分了解，经双方谈判和磋商并达成一致后方能开始实施。其经历时间长，双方精力投入较大，费用比较高。

(2)对于项目发起单位来说，由于项目融资成本较高，融资周期长，因此收益不确定性增加。台湾高铁运营后的困境与当时采用 BOT 模式论证不足直接相关。

(3)对于政府来说，采用 BOT 模式将会承担一定的政治经济风险，有时是外汇风险，容易发生税收流失的现象。此外项目在特许期内，政府对项目没有控制权，并且融资成本高使得投入运营后使用成本也较高，容易引起使用者的不满。最典型的例子就是国内有些地方高速公路收费站过多、收费时间过长等问题。

3. BOT 模式的适用范围

BOT 模式适用于一些投资大、建设周期长和可以运营获利的基础设施项目。它主要应用于一些国家的交通运输、资源开发、基础设施和公共服务性或生产性基础设施建设。如采矿业、电厂、通信、公路、铁路、机场及港口等。除此之外也被应用于文体设施、医院、政府和监狱等公共基础设施。在发达国家和地区采用 BOT 模式完成的工程项目如英吉利海峡海底隧道工程，运营方经营特许权长达 55 年，且政府承诺在 38 年内不再建设第二座海底隧道。尽管政府不做任何融资担保，仍吸引来自 209 家国际商业银行贷款 83 亿美元。国内成功采用 BOT 模式的工程项目包括香港东区海底隧道项目、沙角 B 电厂、广深高速公路、国家体育场、国家游泳中心、海南东线高速、黄浦江延安东路隧道复线工程、三亚凤凰机场、北京地铁奥运支线等。

3.5.2　BT 模式

BT 模式由 BOT 模式演变而来，早在 1993 年菲律宾政府就将 BT 模式定义为“依据合同条款，项目承建方拟定的某项基础设施或发展设施的筹资建设，待项目建成完工后，立即将项目转给政府机构或有关政府单位。政府机构或相关政府单位向项目承建方支付该项目的建设投资，同时附加合理比率的回报额。”该模式运用在菲律宾诺瓦塔斯火电厂项目并取得成功。BT 模式有点类似于垫资承包，指政府授权的经营单位经法定程序选择拟建的基础设施或公用事业项目的投资人，并由投资人组建 BT 项目公司进行融资和建设。与 BOT 模式相比，BT 模式省去项目公司的运营环节。

财政部《关于推广运用政府和社会资本合作模式有关问题的通知》(财金〔2014〕76 号)的发布，标志着地方性存量债务的解决方案有了明确的方向和途径，与建设部“鼓励有投融资能力的工程总承包企业，对具备条件的工程项目，根据业主的要求，按照 BT、BOT 等方式组织实施相对应的配套建设。"这对 BT、BOT 等 PPP 模式的运用提供充分的政策依据。

1. BT 模式的组织形式

作为 BOT 模式的衍生类型，BT 模式的组织形式与 BOT 模式基本相同。由于减少了运营环节，且投资回收期较短，因此组织形式比 BOT 模式更为简单。如图 3—15 所示。

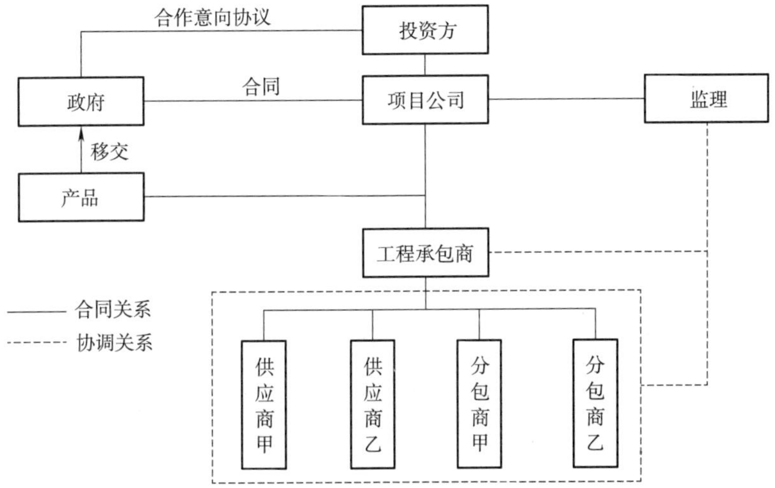

图 3—15　BT 融资建造模式的组织形式

2. BT 模式与 BOT 模式的联系与区别

BT 模式来源于 BOT 模式，是 BOT 模式的衍生模式，但又不同于 BOT 模式。两者的区别是：第一，BT 模式中只涉及融资建设与转让两个环节，而 BOT 模式中具有经营环节。第二，由于在经营环节上的差异，使得适用于这两种模式的项目类型不同。因此，在政府投资的公共基础设施项目中，在项目建成后具有运营功能且能够盈利的项目，可以采用 BOT 模式，如高速公路项目。BT 模式的适用范围更大，BOT 模式的适用范围相对较窄。第三，对于建筑施工企业来说，BT 模式更能发挥其自身资源优势和施工管理优势，可以规避 BOT 项目中不擅长的运营风险。第四，BT 模式的投资回收期较短，见效较快，而 BOT 项目要在漫长的经营期之后才能进行移交，前期建设资金回收缓慢。

3. BT 模式适用的政策法规及相关讨论

BT 模式属于新生事物，虽然产生时间较短，却历经曲折。1996 年 6 月建设部、国家计委、财政部联合发布《关于严禁带资承包工程和垫资施工的通知》，其明确指出禁止带资承包、垫资施工的行为。2006 年 1 月建设部联合国家发改委、财政部以及中国人民银行共同发布《关于严禁政府投资项目使用带资承包方式进行建设的通知》。此通知发布以后，建筑界就 BT 模式是否符合法律法规、是否具有广泛的操作性等问题展开深入讨论。有些观点将 BT 模式界定为带资承包的范畴，予以严令禁止。但是在此之后，随着国家投融资体制改革的不断深化，各地方政府对 BT 模式进行积极探索和创新，立足于实际情况，多方面论证 BT 模式的合法性，认可 BT 模式的可操作性。

BT 项目由于法律关系复杂，BT 发起人须承担项目监管、前期手续、回购资金拨付、外部环境维护、接收项目等风险。而 BT 承办人承担着回购、融资、建设管理等风险。因此在 BT

项目建设中，应通过严格的合同方式或双方约定，建立适用于项目建设的协商机制，使之能够最大限度地减少分歧和纠纷，提高融资和建设效率及效益。并以此降低建设管理成本，提升BT项目的建设管理水平，节约投资，确保项目工期及建设质量，实现BT项目主要利益相关者的共赢。

3.5.3 关于PPP模式的讨论

PPP模式的起源可以追溯至十八世纪欧洲的收费公路建设计划，但其在现代意义上的形成和发展，主要归功于英国的新公共管理运动中，以引入私人部门积极参与为核心内容的公共服务供给的市场化改革。二十世纪七十年代，英美等国家为解决经济萧条情况下财政资金不足问题，积极引入私人部门参与公共项目建设运营，同时将PPP模式运用于公共设施领域，并为规范、推进该模式出台一系列的政策，促进公私合作伙伴关系的发展。八十年代中期，部分中等发达国家出现债务危机，为推动经济继续发展，1984年，土耳其提出BOT(建造—运营—移交)的概念并用该方式建设阿科伊核电厂，随后其他发展中国家纷纷效仿。随后与PPP模式相关的特许经营、运营和维护以及租赁合约等形式都得到应用，其中以BOT特许经营模式的应用最为广泛。在新公共管理运动将私人部门引入公共服务领域的基础上，1992年，时任英国财政大臣拉蒙特提出的私人融资计划(Private Financing Initiative，PFI)成为公共服务领域引入市场化竞争后进一步推动政府与私营部门合作的重要模式，并于1997年在全社会公共基础设施领域全面推广。二十世纪七十年代至今，不少国家在城市和区域重大公共基础设施领域陆续尝试PPP模式。PPP模式逐渐成为国际市场上实施多主体合作的一项重要项目运作模式。

PPP模式(Private—Public—Partnership)即公私合作伙伴关系，是政府部门与私人部门双方基于契约建立的一种合作关系，旨在充分利用公共和市场资源进行公共产品投资、建设、运营与维护，以及提供公共服务满足社会需求。PPP模式将市场机制引入公共项目建设，使公共基础设施投资主体多元化，实现公私部门优势互补，优化了资源配置。这些特点与国家公共项目管理改革的初衷一致。采取这种融资模式的实质是政府通过给予民营企业长期的特许经营权和收益权，来换取基础设施的加快建设及有效运营。北京市地铁4号线项目在实施中，为了吸引社会投资，将其中预期盈利部分分离出来，通过PPP模式进行特许经营，融资取得成功。类似的项目还包括北京市卢沟桥污水处理厂项目一期工程、北京市高安屯生活垃圾焚烧厂等。PPP模式的具体操作方式如图3—16所示。

一、PPP模式的内涵

PPP模式的内涵主要包括以下4个方面。

(1)PPP是一种新型的项目融资模式。PPP融资是以项目为主体的融资活动，是项目融资的一种实现形式。实施依据是项目的预期收益及政府扶持的力度，而不是以项目投资人或发起人的资信来安排融资。项目经营的直接收益和通过政府扶持所转化的效益是偿还贷款的资金来源，项目公司的资产和政府给予的有限承诺是贷款的安全保障。

(2)PPP融资模式可以使更多的民营资本参与到项目中，以提高效率，降低风险。这也正是现行项目融资模式所鼓励的。政府的公共部门与民营企业以特许权协议为基础进行全程合作，双方共同对项目运行的整个周期负责。PPP融资模式的操作规则使民营企业能够参与到

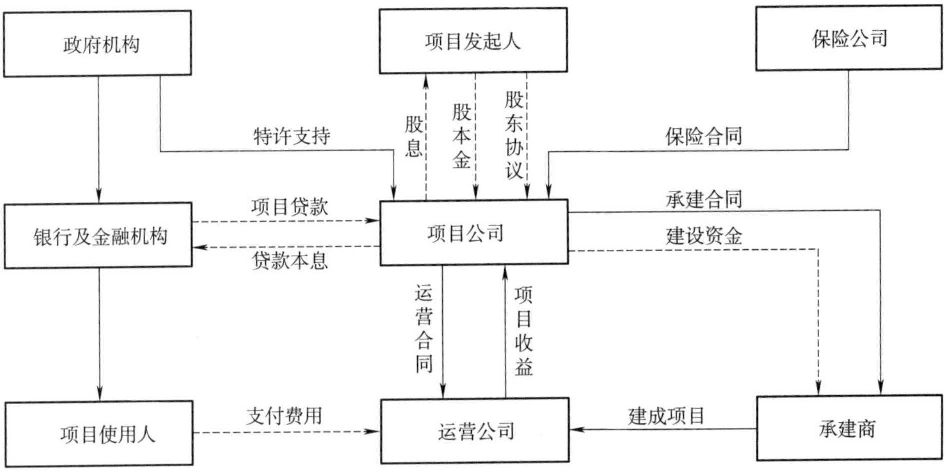

图 3—16　PPP 融资模式

城市轨道交通等基础设施项目的确认、设计和可行性研究等前期工作中来，这不仅降低民营企业的投资风险，而且能将民营企业的管理方法与技术引入到项目中来，还能有效地实现对项目建设与运行的控制，从而有利于降低项目建设投资的风险，较好地保障国家与民营企业各方的利益。这对缩短项目建设周期，降低项目运作成本甚至资产负债率都有值得肯定的现实意义。

(3)PPP 模式可以在一定程度上保证民营资本“有利可图”。私营部门的投资目标是寻求既能够还贷又有投资回报的项目，无利可图的基础设施项目是吸引不到民营资本投入的。而采取 PPP 模式，政府可以给予私人投资者相应的政策扶持作为补偿，如税收优惠、贷款担保、给予民营企业沿线土地优先开发权等。通过实施这些政策可提高民营资本投资城市轨道交通等基础设施项目的积极性。

(4)PPP 模式在减轻政府初期建设投资负担和风险的前提下，可有效提高城市公共服务质量。在 PPP 模式下，公共部门和民营企业共同参与城市公共基础设施的建设和运营。由民营企业负责项目融资，有可能增加项目的资本金数量，进而降低资产负债率。这不但能节省政府的投资，还可以将项目的一部分风险转移给民营企业，从而减轻政府的风险。同时双方可以制定互利共赢的长期目标，更好地为社会和公众提供服务。

二、PPP 模式的特点

PPP 模式有诸多优点：

(1)公共部门和私人企业在初始阶段就共同参与论证，有利于尽早确定项目融资可行性，缩短前期工作周期，节省政府投资。

(2)可以在项目初期实现风险分配，同时由于政府分担一部分风险，使风险分配更合理，减少了承建商与投资商风险，从而降低了融资难度。

(3)参与项目融资的私人企业在项目前期就参与进来，有利于私人企业一开始就引入先进技术和管理经验。

(4)公共部门和私人企业共同参与建设和运营，双方可以形成互利互惠的长期目标，更好地为公众服务。

(5)对项目参与各方整合并组成战略联盟，对协调各方不同的利益目标能起到关键作用。

(6)政府拥有一定的控制权。

PPP 模式也存在一些缺点：

(1)对于政府来说，如何确定合作公司是一个难题，而且在合作中要负有一定的责任，增加了政府的风险。

(2)组织形式比较复杂，增加了管理和协调方面的难度。

(3)如何设定项目的回报率成为一个颇有争议的问题。

(4)操作不当有可能给政府带来长期隐患。

PPP 管理模式的运行具有三个重要特征：伙伴关系、利益共享和风险分担。

一是伙伴关系。伙伴关系是 PPP 模式实施的首要特征。它强调各个参与方平等协商的关系和机制，这是 PPP 项目的基础所在。伙伴关系必须遵从法治环境下的“契约精神”，建立具有法律意义的契约伙伴关系，即政府和非政府的市场主体以平等民事主体的身份协商订立法律协议，双方的履约责任和权益受到相关法律、法规的确认和保护。

二是利益共享。利益共享是 PPP 项目的基本特征。PPP 项目一般具有很强的公益性，同时也具有较高的垄断性(特许经营特征)。PPP 项目中政府和非政府的市场主体应当在合作协议中确立科学合理的利润调节机制，确保社会资本按照协议规定的方式取得合理的投资回报，避免项目运营中可能出现的问题造成社会资本无法收回投资回报或者使得政府违约。PPP 项目应以“风险共担、利益共享、合理利润”为基准优化利益调节机制，充分考虑到各相关方和公众利益，一般不宜用涨价方式进行利益调整，需要政府综合考虑以其他方式(如补助方式)做出必要替代。

三是风险分担。伙伴关系不仅意味着利益共享，还意味着风险分担。PPP 模式实施中着重考虑的是双方风险的最优应对方案和风险最佳分担方案，尽可能做到每一种风险都能由最善于应对该风险的合作方承担，进而达到项目整体风险的最小化。一般说来，项目设计、融资、建设、运营、维护等商业风险原则上应由社会资本承担，政策、法律和最低需求风险等最好由政府承担。

三、PPP 模式的风险分担与防控

以 PPP 模式推进基础设施建设，可以有效减小公共财政负担，优化财政支出配置，引进先进的技术和管理经验。但是 PPP 模式并不是万能的，尤其需要进行完善的机制设计，其中合理公平的风险分担机制是 PPP 项目成功的关键因素。在具体实施中，应关注以下几点。

1. 政府监管重点及风险分担领域

对于政府而言，在基础设施建设领域中引入私营资本，并不意味着政府可以将所有的风险全部转移给私营部门。在 PPP 项目中，政府需对项目进行严密的论证，在实施过程中进行有效的监管。政府监管核心在于定义对项目的输入(支持和担保等)和输出(产量、价格、质量、服务、环保等)要求，并据此在整个项目实施期间内执行监管。同时，政府必须确保竞标中的有效竞争，提供项目公司忠于特许权协议的激励，并能够在特许经营期间惩罚投资者的机会主义行为(包括以参与 PPP 项目为门槛，主要目的是在施工阶段获得足够回报的短期投资行为)。总的来说，政府相比私营部门对政治风险、法律变更风险、国有化风险等更有控制能力，因此这些风险应该由政府来承担。

2. 私营投资者风险防控的路径和方式

与政府相比，私营投资者对项目的融资、建设和经营等相关风险更有控制能力，因之一般会在特许权协议中将这些风险以条文形式转移给私营投资者。鉴于投资者承担了较大的风险，因此在选择合作伙伴时需非常慎重。不仅要考虑能中标，更要考虑中标后的项目公司在特许期内有足够的运营能力，确保实现预期收益，尤其要保证项目发起人的利益。同时，一定要客观评估政府对项目的支持程度，尽量保证项目在某一区域内的垄断性，切勿过分乐观预测，高估市场前景，低估市场竞争风险、价格风险和需求风险。另外，要制定严格谨慎的融资方案和财务预算，认真对待高杠杆融资背后的潜在危险，确保项目的正常经营和稳定的收入。

3. 金融机构的风险防控

PPP模式是一种典型的项目融资，由项目的稳定收入作为全部融资基础，还款保证应仅限于项目资产以及项目合同协议规定的其他利益。因此，金融机构在PPP项目中应该承担的主要风险包括融资成本增加、成本超支、项目公司破产、通货膨胀、利率风险等。在实施过程中，金融机构要积极参与项目决策，并为政府和企业提供必要的咨询服务，增强对项目盈利能力和潜在风险的认识，深化对融资可行性的理解和项目的支持，制定适当的项目融资评价标准。

四、PPP模式在我国的发展实践和未来走向

近年来，PPP模式在国内发展迅速，但也出现一些问题，当前应采取适当措施加以规范。

1. 从政策层面看，有关PPP模式发展的政策不断完善

近几年随着我国PPP模式发展进程的加快，相关政策不断完善。2010年5月，《国务院关于鼓励和引导民间投资健康发展的若干意见》(国发〔2010〕13号)，鼓励并引导民间资本进入基础设施、市政公用事业、政策性住房建设、社会事业、金融服务、商贸流通、国防科技工业等领域。同时鼓励和引导民间资本重组联合并参与国有企业改革，推动民营企业加强自主创新和转型升级。2013年11月，党的十八届三中全会提出"允许社会资本通过特许经营等方式参与城市基础设施投资和运营"。2014年9月，财政部发布《关于推广运用政府和社会资本合作模式有关问题的通知》(财金〔2014〕76号)，拓宽城镇化建设融资渠道，促进政府职能加快转变，完善财政投入及管理方式。2014年国务院《政府工作报告》提出，制定非公有制企业进入特许经营领域具体办法。2015年国务院《政府工作报告》提出，在基础设施、公用事业等领域，积极推广政府和社会资本合作模式。2016年国务院《政府工作报告》提出，完善政府和社会资本合作模式，用好1 800亿元引导基金，依法严格履行合同，充分激发社会资本参与热情。新一轮PPP投资呈现不断扩张的趋势。

一是制度更加完善，管理更加规范透明，PPP投资环境更加良好。近年来，特许经营立法已进入全国人大的三年立法计划，国家发改委、财政部分别就特许经营开展立法调研，并取得阶段性进展。实际上，两部门的立法没有本质上的不同，只是立法切口的大小不同。PPP的立法范围和难度更大一些，到底以哪一部法律名称出台，最后要看全国人大立法机构、国务院法制部门的协调结果。但可以肯定的是，既然PPP(特许经营)已进入了人大的立法计划，"十三五"出台的可能性较大，这将会进一步引导和规范PPP项目发展，使其全生命周期管理的过程更加透明，PPP市场的投资规则更加公开、公平。

二是PPP投资范围更加广泛。过去国内特许经营项目主要集中在有收费机制的高速公路、供水、供热、污水处理、垃圾处理等市政基础设施领域，运作模式和管理制度相对较为成熟。

随着居民生活水平提高，对文化、体育、养老、医疗等公共服务提出更高需求，客观上需要引进社会资本加快相关设施投资建设。“十三五”规划建议明确公共服务供给的改革方向，即能由政府和社会资本合作提供的，广泛吸引社会资本参与。相信未来政府会推出包括博物馆、体育馆、医院、学校等在内的社会领域项目，用 PPP 模式投资建设和运营。

三是金融支持举措更加接地气，PPP 投资退出渠道更加丰富。PPP 项目与传统政府融资平台项目的投融资方式不同，除了政策性金融机构要加大支持力度外，商业银行的贷款审核方式、贷款条件需率先改革。同时，需要丰富和完善 PPP 投资的退出渠道。比如可设立 PPP 资产交易平台，降低社会资本的并购成本，提高其市场化配置资源的效率。

四是政府监管能力将大大提高，PPP 投资行为更加理性和规范。推广 PPP 模式，不仅仅是解决融资问题，更重要的是要倒逼政府加快职能转变，加强事中事后监管。自 2016 年以来，国内有上千个项目签约落地和开工建设，“十三五”期间将有大量 PPP 项目建成运营。这迫切需要强化政府对相关设施运营监管力度，否则社会资本逐利的本性，将可能在提供公共服务的过程中过分地降低成本而导致服务质量的降低。因此，政府需要加强自身的监管能力建设，引导和规范社会资本的投资行为，促进理性投资和良性运营管理。

五是政企双方履约能力将更加受到重视，PPP 投资的诚信体系更加完善。目前，财政部已经建立 PPP 项目的大数据库，拟对 PPP 项目进行全生命周期管理，这在客观上有利于促进政企双方尽可能地履约。同时，国家发改委也在大力推进全社会诚信体系建设，并建立全国公共信用信息交换平台。PPP 项目如果出现违约信息，这些信息也将会纳入到此平台中，将会影响政府、社会资本的信用评级，进而影响其后续发展。因此，公共信息交换平台的建设完善和相关信用数据产品的应用，也会大大激发政企双方的履约动力。

2. 从未来社会发展趋势分析 PPP 模式投资的重点领域

新华网发布的“十三五”期间我国要上的 100 个大项目，有不少可以用 PPP 模式来推进。其中铁路领域投资需求达 3 万亿元，高速公路领域投资需求 2.3 万亿元，城市轨道交通领域投资需求可达 2.1 万亿元。另外，海绵城市、地下管廊等现代市政设施领域，投资需求高达 3.5 万亿元，生态环保领域投资需求也将高达数万亿元。

3. PPP 投资的难点和政策建议

当前，PPP 模式推行中遇到最大的难题是地方政府财政可接受的项目融资成本、周期及担保方式等与金融机构所要求的不相匹配。从长远来看，金融机构有必要结合基础设施市场的实际情况，调整现行的金融监管要求，设计出适合基础设施项目的金融产品、融资方案，促进行业持续健康发展。在此过程中，作为市场参与主体的建筑企业，应积极发挥中间纽带作用，充分利用自身资信优势以及作为项目实施主体的专业优势，不断深化与金融机构的合作。同时，建筑企业应抓住当前金融牌照监管逐步放开的趋势，积极建立并发展壮大自身的金融平台，整合自身资金、资信资源，促进企业发展。

适应这一发展趋势需要尽快出台 PPP（特许经营）的法律法规，修订铁路法、公路法等行业管理法律法规，以适应 PPP 的发展需要。尤其要对 PPP 项目的建设和运营服务制定更高的标准。即便如此实施可能导致项目投资费用提高也应该坚持，否则后期改造费用可能更高。同时政府要全面提高监管能力，确保企业按照更高、更新的标准建设和运营。另外还要设计和探索更多的投资退出渠道。具备条件的地方政府可以设立 PPP 资产交易中心，方便社会资本的投资退出。同时也可以通过市场化的机制约束社会资本严格履约，提高建设运营质量。

3.5.4 PFI 模式

PFI 模式作为 PPP 模式的一种表现形式，最早起源于英国，被称为私人融资模式（Private Finance Initiative）。指私人部门主动向政府申请参与公共基础设施建设，改变传统项目中全部由政府负责的方式。

PFI 模式的优点是可有效吸引社会资本投资基础设施建设，同时引入竞争机制提高投资效益和基础设施建设的效率，由政府部门和私人部门适当分配风险。PFI 模式的缺点是信用评级和相关法律制度不完善，使政府部门在确定私人合作公司时存在较大难度；还有就是项目的经营收益分配、政府补贴等要与私人协商，可能存在利益纠纷。另外，PFI 模式的前期费用较高。

PFI 适用于学校、医院、监狱等公共基础项目。在英国还被用于国防训练项目、政府部门的设备改造项目、政府的公共住房开发项目和城市的重建项目等。PFI 模式在我国的典型范例是上海轨道交通项目，其由申通集团负责项目规划投资，按项目法人制运作。项目公司向商业银行寻求长期项目融资（占 65%），期限为 10～21 年。建成后交由地铁建设有限公司、地铁运营公司、现代轨道交通公司承担运营。这种模式鼓励社会资本的参与，减轻政府的财政压力，促进城市的基础设施建设。同时建立新的建设、运营方式，调动社会资本参与基础设施建设的积极性。

3.5.5 ABS 模式

资产支持证券化或资产证券化模式（Asset-Backed-Securitization）指以项目所拥有的资产为基础，以项目资产可以带来的预期收益为保证，通过在国际资本市场发行高级债券来募集资金的一种证券化融资方式。其实质是将基于基础设施或资产的现金流收入与原始权益人完全剥离，过户给特设信托机构（Special Purpose Vehicle，即 SPV），SPV 通过金融担保、保险及超额抵押等方式取得较高的信用评级，然后以债券的方式发售给资本市场的投资者，融取项目建设所需资金，并以设施的未来收入流作为投资者收益的保证。此外，以资产的证券化模式进行 BT 项目运作，可以推进主营业务扩张，降低融资成本，转移债权关系，改善现金流量和促进管理提升。浦东建设 BT 项目资产支持收益专项资产管理计划和江苏吴中集团 BT 项目应收款资产支持受益凭证都是早期 BT 项目再融资的典型。

ABS 模式的优点：一是可以大幅降低融资成本；二是可以减轻、分散投资风险；三是能够在不投资的情况下控制资产，避免项目被投资者控制，保证运营利润不会大幅外流；四是政府无须为项目的投资回报和外汇平衡问题做出承诺及安排，不必为吸引资金而承诺在项目经营期内确定固定收费标准，并可有效避免外汇市场风险；五是通过 SPV 发行高级债券募集资金，这种负债不反映在原始权益人自身的资产负债表上，从而避免原始权益人资产质量的限制，在实现资产负债表外融资的同时也改进资产管理，提高资本比率；另外，这种模式采用的是规范化的国际融资运作模式，发行利用灵活便利。ABS 模式的缺点是由于项目的经营决策权仍归原始权益人，在融资的同时无法引进国外先进的技术和管理，不利于项目建设及经营效率的提高。

该模式适合于投资规模大、周期长、资金回报慢的城市基础设施项目，如电信、电力、供水、排污、环保、大型工业项目、资源开发型项目等领域的基本建设、维护、更新改造扩建等。

ABS 融资模式的典型范例是三亚地产投资券。三亚地产投资券的成功发行，除了因为投资者对投资券有较好的收益预期外，在很大程度上也得益于三亚市政府自始至终地大力支持。通过发行三亚地产投资券,三亚市开发建设总公司不仅实现证券化房地产销售收入,使得筹资开发资金的目的顺利实现,而且当地的中小投资者也获得一次难得的投资机会,实现双赢和多赢。

3.6 工程项目管理的新模式

伴随着经济的长足发展,市场发育程度的提升和协同共享理念影响力的增强,在建筑领域逐步衍生出一些以伙伴协议为基础的合作管理新模式。这些新模式尽管还没有完全成熟,但已显示出其独特的优势和价值。

3.6.1 Partnering 模式

这种模式最早起源于美国等发达国家企业间的自发行为,是企业间多领域合作的一种方式。随后部分学者对其产生过程、机理和特点进行梳理和研究并加以完善,扩展应用到部分政府部门和军工系统,后来得到美国建筑业协会的认可。

一、Partnering 模式的兴起

二十世纪八十年代以来,建设项目管理领域更加注重人性化的因素,比如顾客的满意度、管理的柔性、信息集成和组织绩效评价等,并提出一些项目管理的新概念、新方法和新模式,这其中包括 Partnering 模式。

二十世纪九十年代以后,发达国家的企业越来越多地采用 Partnering 这种企业间的合作方式。美国学者 Douglas D. Gransberg 等统计 400 多个项目,总投资额将近 21 亿美元,发现其中半数是在 Partnering 协议之下进行的。1984 年,壳牌(Shell)石油公司与 SIP 工程公司签订被美国建筑业协会(CII)认可的第一个真正的 Partnering 协议;1988 年,美国陆军工程公司(US Army Corps of Engineers)开始采用 Partnering 模式并取得成功;1992 年,美国陆军工程公司进一步规定在其所有新建设工程中都要采用 Partnering 模式,从而大大促进 Partnering 模式的发展。到二十世纪九十年代中后期,Partnering 模式的应用已逐渐扩大到英国、澳大利亚、新加坡等国家和我国香港地区,并且出现专门提供 Partnering 模式服务的咨询公司。目前我国也在部分采用 Partnering 模式,其成功运用的案例有上海浦东国际机场。

Partnering 模式指工程项目参建单位在相互信任、资源共享的基础上共同签订一种短期或长期的 Partnering 协议,在充分权衡各方利益的基础上确定一个共同的工程项目建设目标,通过合作实现风险和费用共担,确保各参建单位共同目标和利益的实现。根据项目周期的不同可分为单项的 Partnering 模式和长期的 Partnering 模式。后者作为前者关系的发展延伸,通过发挥最初的联盟关系,实现各方的利益和成长。Partnering 模式主要应用于大型、超大型工程项目和分期建设项目。其组织结构如图 3—17 所示。

二、Partnering 模式的基本流程

Partnering 模式应用于不同的项目和组织中,虽然具体操作流程会依据实际情况而各有特色,但其理论基础和核心程序是基本一致的。李旻在博士论文《我国建筑业实施 Partnering 模式的合作策略选择与管理机制问题研究》中,通过对国内外文献中的相关理论和案例的研究理解,提出 Partnering 模式较为通用的工作流程如图 3—18 所示。

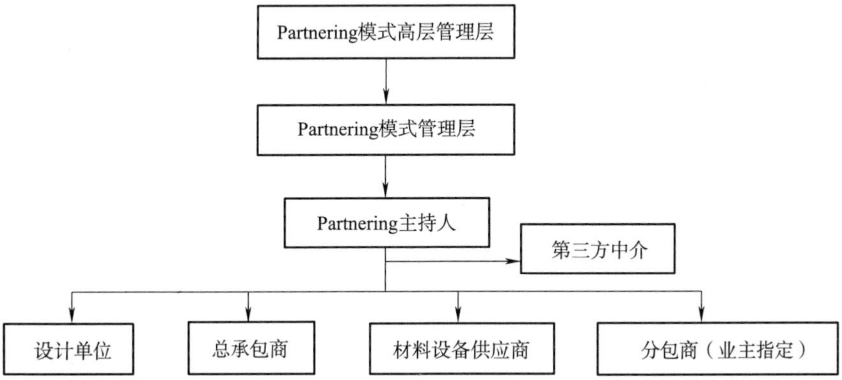

图 3—17　Partnering 模式组织结构图

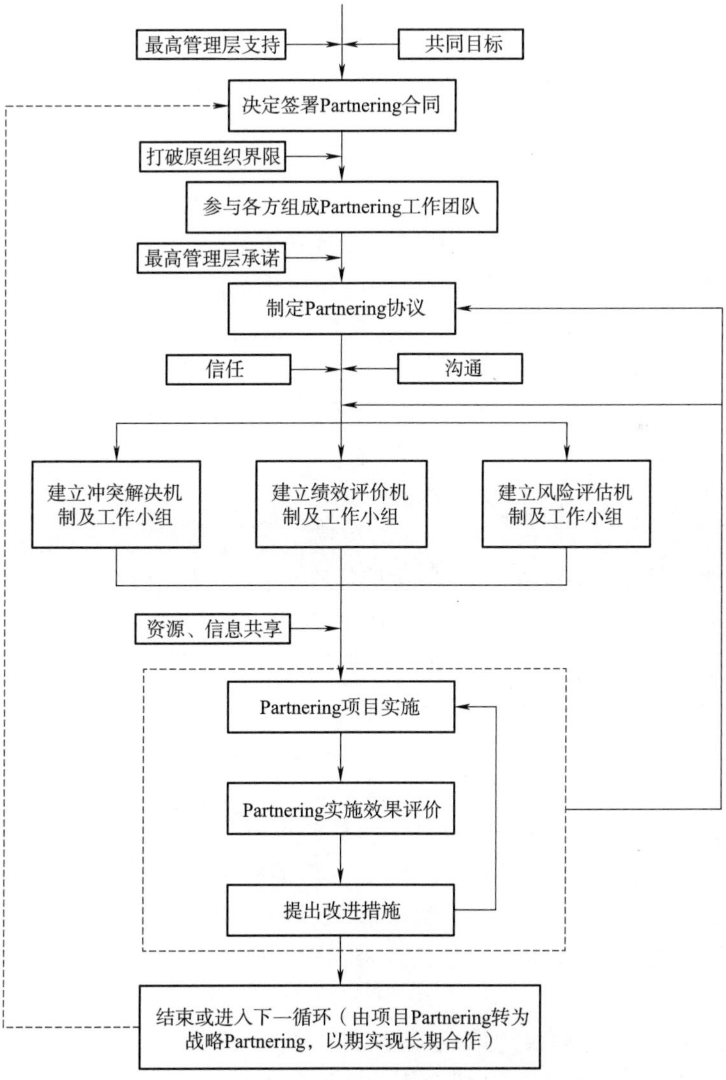

图 3—18　Partnering 模式的工作流程图

在图3—18中，实线的循环箭头内所包含的小循环，是工程实施的一般流程，也是处理突发事件和争端的一种解决方案，还是合作双方不断发现问题、对问题提出预警和解决问题的系统机制。虚线循环箭头内所包含的大循环，则表示已由项目合作模式升级为战略合作模式，合作各参与方成功实现长期合作的过程，是一种较为稳定、相对持久的合作模式。在这种模式下，工程参与各方会更加注重企业声誉和社会效益，更加注重企业的中、长期发展。

该模式实施的主要流程有以下几个环节。首先，由各合作企业的高层领导者对项目从经济效益和社会效益等全方位进行充分评估和论证，判定该项目是否适合实施Partnering模式。评估的重点是对项目拟合作方的资源进行综合分析，最好是能够实现优势互补。其次就是在共同目标达成共识后，聘请一位第三方且富有Partnering管理经验的专家担任咨询顾问，同时成立工作团队。工作团队由各合作企业指派高层管理者组成，可下设若干工作小组，各小组分头负责项目规划、风险评估、绩效评价等事宜。咨询顾问召集并协调工作团队的相关事务，但不被赋予实质性的裁决权，主要是在平等、协作和相互尊重的基础上充分沟通，研究制定Partnering协议。协议的内容主要是合作期间各方的行动准则、实施合同管理的规范、各工作小组的职责、任务、合作原则、合作程序、团队精神、工作目标、评价机制、奖励体系和问题处理原则、方法等。

另外，工作团队应定期召开工作会议，及时讨论项目实施中的各种问题，提出解决方案，并由各工作小组具体实施。需要注意的是Partnering工作会议与工程例会不同。工程例会通常用来解决工程中遇到的技术、进度和组织等问题，而Partnering工作会议则是解决与实施相关的合作、协议、沟通和协调等问题。这些问题往往在工程合同中尚无明确规定，属于合同以外的空白领域。工作会议由第三方主持人与工作团队协商进行，工程例会则一般由相关工作小组负责召集。根据工程的规模，可以将工作小组划分为不同的层次，但在Partnering的管理模式中，为了提高办事效率、保持团队活力，不提倡设立过于复杂的组织层次，一般的Partnering工作团队设置两至三层组织机构，成员控制在五十人之内为宜。

三、Partnering管理模式的特征

Partnering体现柔性化的管理思想，通过信任机制、合作机制、协调机制、沟通机制和激励机制实现Partnering合作组织的共同目标。Miles认为，信息共享、沟通和问题的及时解决是Partnering关系的重要基础。在Partnering模式中，建立伙伴关系的各方必须是完全自愿，而非出于任何原因的强迫。这种模式的出发点是实现建设工程的共同目标以使参与各方都能获益。协议各方只有在认识上统一才能在行动上采取合作和信任的态度，才能愿意共同分担风险和有关费用，共同解决问题和争议。

其次，Partnering的顺利实施需要高层管理者的积极参与。合作企业间建立良好的伙伴关系，需要在合作理念方面有新的突破。这要克服将工程参与方视为竞争对手的过时观念，适度打破传统的组织界限，由建设工程各方高层管理者参与组成工作小组。各参与方要结成协同共进的伙伴，分担风险，共享资源，包括信息资源等。高层管理者的认同和支持是合作成功的关键因素。

另外，Partnering合作是协议约束而不是合同约束。Partnering协议与工程合同是两个完全不同的文件。在各相关参与方达成合作共识后启动工程项目，工程合同签订后，建设工程参与各方经过讨论协商后才会签署Partnering协议。该协议并不改变参与各方在有关合同规

定范围内的权利和义务关系，对有关合同规定的内容要切实履行。伙伴协议主要确定参与各方在建设工程上的共同目标、任务分工和行为规范，是工作小组的纲领性文件。Partnering 协议的内容也不是一成不变，当有新的参与者加入时或某些参与者对协议的某些内容有意见时，都可以召开会议讨论对协议内容进行修改。

还有，Partnering 模式强调资源共享，注重信息的开放性。信息作为一种重要资源受到项目参与各方的高度关注，必须公开。同时，参与各方要保持及时地沟通，在相互信任的基础上，保证工程的设计资料、投资、进度、质量等信息能被参与各方及时、便利地获取。这不仅能推进合作，保证建设工程目标得到有效控制，而且能减少许多重复性的工作，降低成本。

四、Partnering 模式的优缺点

Partnering 模式的优点是各参与方都会针对项目需要选择优秀、经验丰富的专业人员参与团队建设。以伙伴协议的形式突破传统的组织界限，业主直接与设计、承包商、供货商等参与方成为伙伴关系，通过资源共享，提高信息沟通的效率，减少相关重复工作，有利于压缩建设周期，提高投资效益。另外，工作小组持续对工作进度、质量等不断进行评价，解决工程中出现的问题，并对风险进行严格控制，从而实现各方利益的最大化。

Partnering 模式的缺点是对参建单位团队配合和信任度要求较高，且没有其他利益或资产保障，只依靠信任有时会导致合作风险。其次是容易受到管理人员工作理念和各自利益的影响，尤其是高层管理人员；另外，Partnering 模式注重用战略的眼光看问题，意在寻求建立一种长期的合作关系，但这种长期固定合作有时会失去活力和创新精神。由于 Partnering 模式出现的时间还不长，到目前为止还没有标准、统一的 Partnering 协议格式。且 Partnering 协议也不是法律意义上的合同，缺乏约束力。更重要的是与国内现行的《中华人民共和国招投标法》等相关法律法规中有关招标的规定不完全一致。

Partnering 模式在我国推广应用还有一系列的问题需要克服。其中，最大的困难在于相关法律法规的制约。Partnering 模式作为一种国际上先进的工程项目管理模式，与我国现行法律法规存在一些抵触之处。比如 Partnering 模式可以通过议标的形式直接选择项目承包商，这与我国《中华人民共和国建筑法》和《中华人民共和国招投标法》相关条款存在矛盾。在 Partnering 模式中，监理被双方组成的监督管理小组取代，没有独立于承包商和业主的监理，这与国家目前强制推行的项目监理制有冲突。此外，还与项目参与单位管理者的思想观念、企业文化等密切相关。Partnering 模式是建立在相互信任的基础上，而我国现行做法和法规政策是在假设对立基础上设计和实施。由于以上问题的存在，决定了在我国工程建设领域推行 Partnering 模式有一定难度，是一项长期和艰巨的任务。

五、Partnering 模式的适用范围和边界条件

Partnering 模式主要适用于建设单位有长期投资计划的工程项目，不宜采用分开招标或邀请招标的工程项目，不确定因素较多的工程项目以及国际金融组织贷款的工程项目。由于该模式下许多项目可以不招标，因此在当前国内约束机制不健全的情况下，该模式在国内的推广使用还存在一些障碍。

Partnering 模式有其独特的优势，其应用有其自身特殊的边界条件。我国现行的建筑法规都是从市场主体完全竞争的角度设计的，这确实有一定的好处，也有利于遏制腐败。但从另

外的角度看，市场主体之间并不完全是竞争关系，还有竞争合作关系。建立在完全竞争基础上的现有法规条文难以将竞合关系纳入其现实体系，这需要将建筑管理实践探索、融资模式与项目管理模式探索、建筑法规修订完善方面的探索结合起来，努力使之在市场应用中发挥积极的作用。从表 3—4 的对比可以看出，Partnering 模式有其独特的优势，而且这种优势会随着市场发育的成熟过程逐步扩大。市场经济是法制经济，还是道德经济，规范市场行为需要法律法规，更需要道德规范，相信 Partnering 会随着市场经济的发展逐步扩展应用范围和领域。

表 3—4 Partnering 模式与传统模式的对比

序号	传统项目管理模式	Partnering 管理模式
1	每一方都有自己的目标，着眼于自身的利益最大化	强调共同的目标，彼此都向共同的目标努力
2	怀疑和不信任，每一方都担心其他参与方的动机	彼此充分信任，融洽的工作氛围
3	单个工程项目合作期限	长期的合作承诺
4	传统的法律合同	传统的法律合同加上非合同性的合伙式管理协议
5	沟通被限制在一定的范围内	坦诚、有效、开诚布公的沟通
6	资源的共享受到限制，公司的重要信息保密	可以获取参与各方组织的资源，达到资源共享
7	通常限定在项目级别的人员上	整个企业的参与，从企业的最高执行者到项目组的每一个成员
8	对立的关系和自我保护是一种常态	消除或尽可能减少敌对关系
9	索赔和诉讼比较常见	索赔和诉讼明显减少
10	加强三大控制，确保利润目标	不断提高和改进，超越目标，提高项目参与方的利益
11	由于担心赔偿等原因对项目评价的客观性受到了限制	实现自身的价值，对项目绩效能客观、公正地评价

3.6.2 PC 模式

当规模巨大、技术复杂的大型工程项目实施时，为了更好地对项目建设进程进行科学调度和控制，往往会给业主总负责人聘请专门的咨询机构或咨询小组，以便于对项目的控制。这就是 PC 模式的雏形。PC 模式(Project Controlling)于二十世纪九十年代中期在德国由 Peter Greiner 博士首次提出，并将其成功地应用于德国统一后的铁路改造和慕尼黑新国际机场等大型建设工程。我国也在二十世纪九十年代后期由同济大学工程管理研究所将该模式应用于厦门国际会展中心。经过近年来的理论研究和实践探索，PC 模式逐渐被建筑工程界所认可和接受，其应用范围也在逐渐扩大。

一、PC 模式的应用特点

PC 模式是为满足大型建设工程业主的高层管理人员决策需要而产生的。在大型建设工程的实施中，即使业主委托建设项目管理咨询单位进行全过程、全方位的项目管理，但重大问题仍需业主自己决策。例如，当进度目标与投资目标发生矛盾时或质量目标与投资目标发生矛盾时，要做出正确的决策对业主来说是相当困难的。另一方面，某些大型和特大型工程建设(如我国长江三峡工程、德国的统一铁路改造工程等)往往是由多个颇具规模和复杂性的单项工程和单位工程组成，业主通常是委托多个各具专业优势的项目管理咨询单位分别对不同的工程进行项目管理，而不可能仅仅委托一家项目管理咨询单位对整个建设工程进行全面的项目管理。在这种情况下，如果不同的单项工程之间出现矛盾，业主很难做出正确决策。

业主管理项目建设,首先要有准确、详细的信息,使业主对工程实施情况有一个正确、清晰而全面的了解;其次要对工程实施情况和有关矛盾及其原因有正确、客观的分析(包括偏差分析);另外还要有多个技术经济分析且比较成熟的决策方案供业主选择。能够实现这一目标的方案是为业主总负责人聘请专业的咨询公司或咨询小组,通过对整个工程各方面的相关信息进行收集、筛选、分析,进而为业主提供决策支持。

二、PC 模式的类型

根据建设工程的特点和业主方组织结构的具体情况,PC 模式可以分为单平面 PC 模式和多平面 PC 模式两种类型。单平面 PC 模式是指当业主方只有一个管理平面时(独立的、功能齐全的管理机构),一般只设置一个 PC 机构,称为单平面 PC 模式。其组织结构如图 3—19 所示。单平面 PC 模式的组织关系简单,PC 方的任务明确,仅向项目总负责人(泛指与项目总负责人所管理机构)提供决策支持服务。为此 PC 方首先要掌握整个项目的相关信息,并确定项目总负责人对信息的需求。同时在项目实施过程中,收集、分析和处理信息,并把信息处理结果提供给项目总负责人,以使其掌握项目总体进展情况和趋势,并做出正确的决策。

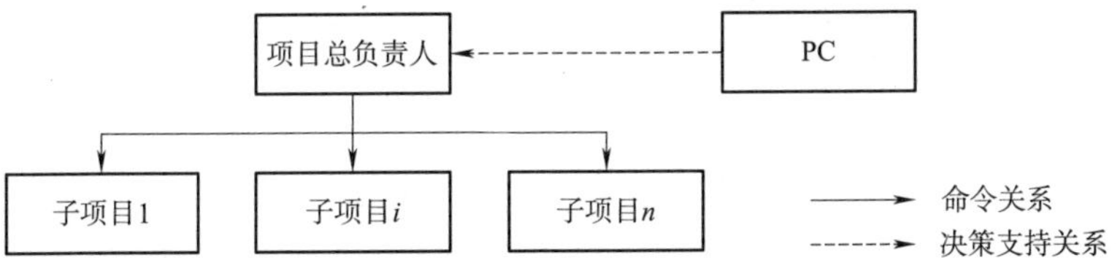

图 3—19　单平面 PC 组织结构

多平面 PC 模式是指当项目规模大到业主方必须设置多个平行机构时,PC 方也可以相应地设置多个管理平面,如图 3—20 所示。多平面 PC 模式的组织关系较为复杂,PC 方的组织需要采用集中控制和分散控制相结合的方式。即针对业主项目总负责人(或总管理平面)设置总 PC 机构,同时针对业主各子项目负责人(或子项目管理平面)设置相应的分 PC 机构。在多平面 PC 模式中,总 PC 机构服务于业主项目总负责人,同时对整个项目的信息收集、分类、梳理、分析并检查分 PC 机构的工作。而分 PC 机构则服务于业主的各子项目负责人,且按照总 PC 机构所确定的信息规划来进行信息处理。该模式的核心就是以工程信息流处理的结果指导和控制工程的物质流。

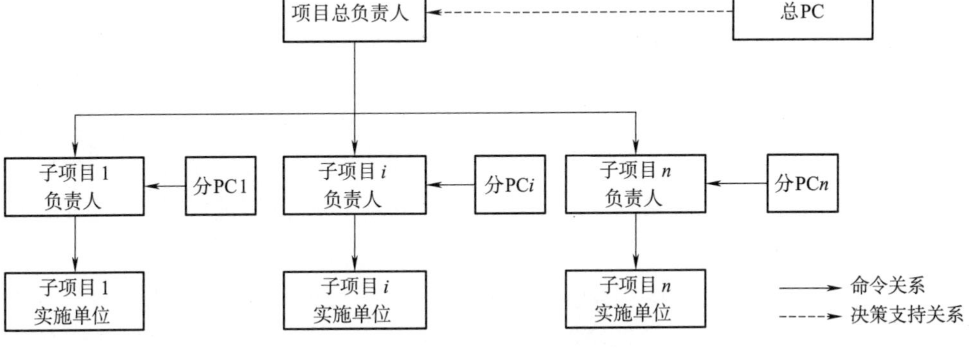

图 3—20　多平面 PC 组织结构

三、PC 模式与 CM 模式的比较

PC 模式是由 CM 模式发展而来,因此二者具有一些共同点。首先是工作属性相同,都属于工程咨询服务;其次是控制目标相同,都是控制项目的投资、进度和质量等;另外是控制原理相同,都是实施动态控制,采用主动控制与被动控制相结合的方式,并尽可能采用主动控制方式。

PC 模式与 CM 模式的不同之处主要表现在以下几方面。一是两者的服务对象不同。CM 模式下咨询单位既可以为业主服务,也可能为设计单位和施工单位服务;而 PC 模式下咨询单位只为业主服务,不存在为设计单位和施工单位服务的情况。

二是两者的地位不同。在都是为业主服务的前提下,建设项目管理咨询单位是在业主的直接领导下,具体负责项目建设过程的管理工作,且业主可在合同规定的范围内向建设项目管理咨询单位在该项目上的具体工作人员下达指令;而 PC 咨询单位直接向业主的决策层负责,业主不向 PC 咨询单位在该项目上的具体工作人员下达指令。

三是两者的服务内容不尽相同。建设项目管理咨询单位可以为业主提供施工阶段的服务,也可以为业主提供其他阶段乃至工程建设全过程的服务。而 PC 咨询单位一般不为业主提供施工阶段的服务,而是为业主提供项目实施全过程的服务,甚至还可能提供项目策划阶段的服务。

四是两者的工作职责不同。建设项目管理咨询单位围绕项目的目标控制有许多具体工作。如设计和施工文件的审查,分部分项工程乃至工序的质量检查和验收,各施工单位施工进度的协调,工程结算索赔报告的审查与签署等;而 PC 咨询单位不参与项目具体的实施过程和管理工作,其核心工作是信息处理,即收集信息、分析信息和信息整合。简言之,建设项目管理咨询单位侧重于负责组织和管理项目物质流的活动,而 PC 咨询单位只负责组织和管理项目信息流的活动。

五是两者的权力不同。建设项目管理咨询单位具体负责项目建设过程的管理工作,直接面对设计单位、施工单位以及材料和设备供应单位,因而对这些单位具有相应的权力。如下达开工令、暂停施工令、工程变更令等指令权,对已实施工程的验收权,对工程结算和索赔报告的审核与签署权,对分包商的审批权等;而 PC 咨询单位不直接面对这些单位,对这些单位没有任何指令权和其他管理方面的权力。

四、应用 PC 模式需注意的问题

在应用 PC 模式时需注意以下几个认识上和实践中的问题。

一是 PC 模式一般适用于大型和特大型建设工程。因为在这些工程实施过程中,即使委托多个项目管理咨询单位分别进行全过程、全方位的项目管理,业主仍然有纷繁复杂的管理工作。当涉及重大问题需要决策而业主又没有把握时,迫切需要高水平的 PC 咨询单位为其提供决策支持服务。而对于中小型建设工程来说,常规的建设项目管理服务已经可以满足业主的需求,不必再采用 PC 模式。

二是 PC 模式一般是与其他模式并用。由于 PC 模式一般适用于大型和特大型建设工程,而这些建设工程往往同时采用多种不同的组织管理模式。PC 模式对其他模式没有任何“选择性”和“排他性”。另外,在采用 PC 模式时,仅在业主与 PC 咨询单位之间签订有关协议,该

协议不涉及建设工程的其他参与方。

三是 PC 模式不能取代建设项目管理。PC 咨询单位与建设项目管理机构所提供的服务都是业主所需要的，不存在相互替代、孰优孰劣的问题，也不存在领导与被领导的关系。实际上，应用 PC 模式能否取得预期的效果，在很大程度上取决于业主是否得到高水平的建设项目管理服务。相对于特定的建设工程，建设项目管理咨询单位的水平越高，业主项目管理的工作就越少，面对的决策压力就越小，从而 PC 咨询单位的工作越简单，效果就越好。

四是 PC 咨询单位需要建设工程各参与方的配合。信息是 PC 咨询单位的工作对象和基础，而建设工程的有关信息均来源于参与各方。因此为了能向业主决策层提供有效、高水平的决策支持，必须保证信息的及时性、准确性和全面性。

3.6.3　NC 模式

NC 模式（Novation Contract Pattern），又称更替型合同模式，是工程建设单位在实践中探索优化相关环节而尝试并推出的一种新型工程项目管理模式，再由相关学者加以总结提炼并推广，可以看成是传统的 DBB 模式与 DB 模式的有机结合。实施过程是业主在项目的起始阶段，委托某一设计咨询公司进行设计，当阶段性工作达到全部设计要求的 30%～80%时，业主开始进行招标来选择项目承包商。中标的承包商与业主签约并承担全部未完成的设计和施工工作，且由承包商与原设计咨询单位签订合同，由原设计咨询公司作为承包商的设计分包人，在承包商的指导下完成后一部分的设计。由于是两种模式的优化组合，因此 NC 模式有一些独特的优点：一是便于对工程各环节的系统控制。在保证业主对整个项目总体要求的前提下，可实现设计和施工阶段的有效衔接，合理交叉，以保持项目设计工作的整体连贯性。二是利于设计方和施工方的深度合作。在施工设计阶段，由施工经验丰富的总承包商协同咨询单位做好设计工作，利于吸收承包商的施工经验，可使设计更符合施工现场的条件，加快施工进度，保证施工质量，减少设计变更。三是便于工程各阶段和工程相关方的合作与衔接。建设工程后一阶段的设计建造由项目总承包商负责，使业主减少了这一阶段的风险，同时也容易进行合同管理。

3.6.4　WDD-B 模式

工程项目管理模式创新的路径往往来源于工程单位在实践中的各种探索，包括各个环节的科学安排及方案优化。WDD-B（Working Drawing Design-Build，以下简称“WDD-B”）模式实质就是在传统的 DB 模式基础上，将施工图设计交由施工方负责的一种尝试。这种探索由于适应建筑业和社会发展的总体趋势，因此形成稳定的模式，并在业界产生重要影响。

一、WDD-B 模式的典型特点

按照我国原来的基本建设管理体制，设计单位不仅需要完成方案设计和技术设计，还需要完成工程项目的施工图设计。设计单位在设计过程中为了保证安全，一般会设置过大的安全系数，造成资源的不必要浪费和成本增加。而从国际惯例来看，一般设计单位只负责项目的初步设计或扩大初步设计，并在此基础上编制设计概算，而施工图设计多由施工单位完成。这样施工图设计进入施工单位技术竞争的范畴。由施工单位编制施工图设计，可以更好地利用其丰富的施工经验和管理水平，有利于施工进度的加快和成本的降低，也有利于国内惯例与国际

惯例的接轨。国际惯例与国内惯例的区别如图 3—21 所示。

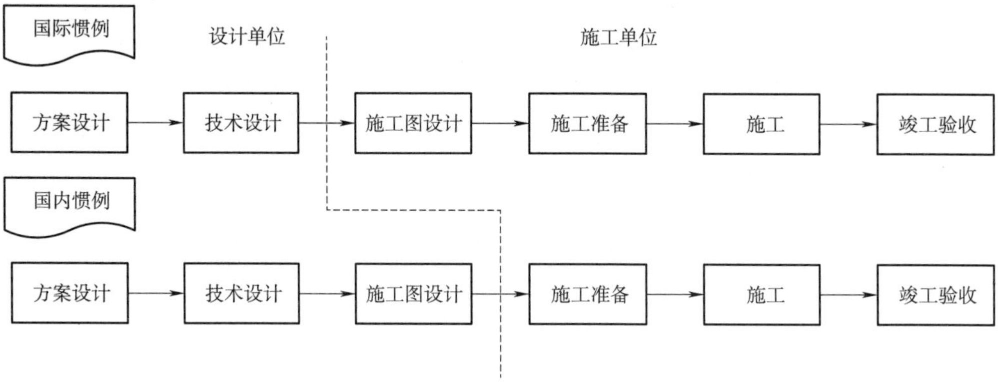

图 3—21 国际惯例与国内惯例的区别

根据 2005 年 7 月 12 日，建设部、发改委、财政部、劳动与社会保障部、商务部和国资委联合发布的《关于加快建筑业改革与发展的若干意见》中提出要“推进施工图设计与方案设计相分离”。2017 年 2 月 24 日，《国务院办公厅关于促进建筑业持续健康发展的意见》中“深化‘放管服’改革，完善监管体制机制”等要求，国内相关行业和企业及监管部门应加大这方面改革的力度。

推进施工图设计与方案设计相分离，将施工图设计纳入施工技术竞争的范畴，不仅在理论上具有充分的科学性，而且在实践操作上没有大的技术障碍，只需在政策法规方面适当做点微调即可适时推广。将原来由设计单位编制的施工图设计交由施工单位编制，使施工图设计与施工阶段紧密结合，是建筑业发展的必然趋势。这种被称为 WDD-B 模式，必将对工程项目管理模式的探索、深化和建筑业的发展产生积极的影响。

二、WDD-B 模式的适用条件

从上述对 WDD-B 模式特点的分析中可以看出，WDD-B 模式的推广并不存在技术上的障碍，其适用范围很广。从技术上仅仅是要求施工单位必须具备施工图设计能力，而这对一般施工企业来说是比较容易做到的，这种模式也有利于施工企业的成长。其次 WDD-B 模式的应用需得到发包方的认可，这一点只要政策法规方面做适当调整或解释，不存在任何困难。因为这对发包方也是有利的，并能从另外的途径促进施工企业提高施工图设计能力。最后 WDD-B 模式顺利开展和普及仅仅需要的是调整相关的配套政策，这也不存在太大的障碍，只需相关部门更新观念即可实现。

三、WDD-B 模式与其他模式的对比分析

在 WDD-B 模式下，工程项目的施工图设计与之前的设计相分离，之前的设计由设计单位或具有相应资质的其他单位完成，施工图设计由施工单位完成。在施工图设计阶段，施工单位可以根据自身的特点，用丰富的施工管理经验和先进的施工技术指导施工图设计的完成，相对于由设计单位完成施工图设计而言，更有利于节约资源、降低成本、提高工程施工进度。

PMC 模式同 WDD-B 模式一样，也体现了初步设计与施工图设计相分离的原则。不同之

处在于 PMC 模式下的初步设计是由 PMC 承包商完成。在初步设计完成后，招标选择施工承包商，由施工单位负责完成施工图设计和具体的施工工作。虽然 WDD-B 模式强调的是设计的后半部分—施工图设计，而 PMC 模式强调的是设计的前半部分—初步设计，但这两种模式反映的原理和内涵相同，且并行不悖，相互促进，可以在同一个项目中使用。

NC 模式的初步设计和施工图设计均是由同一个设计咨询单位完成。初步设计在招标前进行，施工图设计在招标后进行，两者合理交叉又有效衔接。施工图设计在施工经验丰富的施工单位的协同配合下进行，有利于施工图设计更加符合现场的施工条件，从而减少设计变更和索赔。但相比而言，施工单位自己完成施工图设计具有更明显的优势，因此在工程项目的设计阶段或对于设计较复杂的项目选择 WDD-B 模式更佳。

案例三：BOT 模式的创新启示和借鉴应用价值

近些年来，BOT 这种融资与建设模式在部分国家得到广泛应用。尤其在一些基础设施领域取得相当的成功，受到国际社会的广泛关注。当前我国运用 BOT 模式实施基础设施建设在各地都比较常见，有些项目运作得很成功。

一、BOT 模式创新的几点启示

由政府特许私人公司投资建设并运营公共事业项目，在国际上已有数百年的历史。十九世纪英国领港公司允许私人公司投资建设海上灯塔，并在特许期内负责运营收费，特许期过后再移交给政府。这种尝试在世界上许多国家不同的领域都有先例，我国二十世纪初的石太铁路建设也是用的这种模式。但作为一种典型和成熟的工程项目融资与建设模式，直到 1984 年才由当时的土耳其政府总理脱·奥扎尔正式提出。土耳其因此成为第一个将具有现代意义的 BOT 模式用于基础设施项目开发的国家。二十世纪七十年代后期，在奥扎尔总理领导下，土耳其计划采用 BOT 模式建设阿科伊核电厂。规划目标是由承包方和土耳其政府下属的电力管理局组成一家合资企业，负责筹资、建设、运营核电厂，期限十五年。在特许期内，电管局以固定价格从电厂购买电力，15 年特许期到后移交土耳其政府。由土耳其政府与该项目主要投标人加拿大原子能公司和原西德发电站联合股份公司进行持续几年的谈判，因各方未能就利益分配和风险分担达成协议，该项目最终未能付诸实施。一方面，土耳其政府坚持按照 BOT 方式，政府不应为该合资企业的外部债务提供主权偿还担保，为购买最低数量电力提供担保或为项目发起方和放款方所要求的汇率或可兑换性提供担保。另一方面，原西德和加拿大出口信贷担保机构也不愿为发起方建议的投资或所设想的出口信贷作担保，项目因之夭折。

虽然阿科伊核电厂项目没能付诸实施，包括土耳其政府希望用 BOT 模式开发其他的项目，如计划在博斯普鲁斯海峡建一条 1.6 英里长的隧道、连接伊斯坦布尔和安卡拉的高速铁路等当时都没有成功，但这种新颖设计和融资方式的创新及运营期权的规划都极具启示意义。尤其是其学术价值和超前思路影响了国际建筑界和管理学界。由之相关方面的理论研究和实践探索在全世界陆续兴起，对项目管理模式和融资模式的创新产生了深远影响。

二、BOT 模式实施中的关键点

BOT 模式最突出的优点和实施中的关键点，是实现政府公共设施建设规划与私人资本的有效结合。其对政府的好处是既达成执政目标又解决资金不足的问题。对私人企业的好处是扩展投资领域,实现资本增值且风险较小。比雷季克工程是土耳其第一个以BOT模式筹措资金的大工程。其基本流程首先是政府邀请私人投资者以预期的收益投资水电工程,私人企业以自有资本或银行贷款投资于工程建设。投资意向确定后,私人投资者成立一个公司负责建设该工程,主持收费运行并维护电站设施一段时间(本工程中为15年)。运营期间用售电收入偿还工程贷款,15年运营期满后电厂移交给土耳其电力公司。土耳其政府安排征用土地、相关其他公用设施重新移置和移民安置。

BOT模式实施中的另一关键点是以科学的规范设计和合同约定,明确政府、投资主体、项目相关方的权、责、利关系,以精细的制度安排构建并促成项目相关方良好的互动关系和运行机制。如在本项目实施中,比雷季克公司负责安排:工程资金;大坝及水电站设计、施工和投入运行;负责运营收费和维护电站15年。陆续签订的合同有能源及自然资源部与比雷季克公司签订的执行合同;比雷季克公司与比雷季克施工集团签订的施工合同;比雷季克公司与比雷季克施工集团签订的运行合同;比雷季克公司与运行人签订的运行合同;与TEAS签订的售电协议;与DSI签订的水资源利用协议。

BOT模式实施中还有很重要的一点,就是组建强有力的施工集团和运营联合体,以确保项目顺利实施和成功运营,最终实现建设目标和投资效益。在本项目中,比雷季克公司首先与比雷季克施工集团签订施工合同,其施工集团由下列组织组成:负责土木工程的土木工程联营体;负责提供和安装电机设备的HEM集团;内部设计者Verbundplan GmbH;独立的咨询机构Coyne et Bellier;作为MENR. Lahmeyer国际公司代表的独立咨询机构Coyne et Bellier负责检查设计和监理工作。1996年4月4日(所谓的生效日)开始施工。

按执行合同,从"生效日"开始直至15年运行期结束,是比雷季克公司自治期。自治期满后,比雷季克投资集团的股份将转给MENR或由它指定的机构。在运行期间,比雷季克公司根据售电协议卖电给TEAS(国营电力公司),Verbundplan是运行人。工程属于总价、交钥匙合同,总投资约11.95亿美元。从电站商业运行之日起到自治期结束,TEAS根据复核过的月计划,必须以固定价出售所有比雷季克公司的电,电价包括所有预计成本和下个半年期的费用(基本关税价)。

三、BOT模式的推广应用价值及前景

随着土耳其经济持续、健康地发展,有大量前景良好的投资项目陆续吸引国内外资本参与BOT项目融资。诸如,土耳其在机场建设、运营方面广泛采取BOT方式,土耳其AKFEN公司以BOT方式承建在安卡拉、伊兹密尔等城市的机场,在运营阶段取得良好的效益。该公司以此为契机,以BOT模式在非洲、中东等地区建设、运营了一系列机场等基础设施项目,取得较高的投资回报率。国际经济学家普遍认为,尽管基础设施项目盈利能力相对较低,但其具有稳定而持续的用户,且与国计民生息息相关,相对较少受经济周期性变化的影响,一般不会出现市场疲软。同时,由于基础设施利用率较高,平均成本低于其他类型的项目,因而其吸引力更大。这对于当今世界庞大的流动资本而言,稳定、持续的经济增长所带来的对基础设施的巨大需求,以及基础设施项目的较高投资回报率还是很有吸引力的。

BOT模式由于具有明显优势受到建筑界和投资者的高度认可,因之也发展出BT、BOOT模式等许多变种,应用范围也逐步扩展到基础设施之外的一些领域。BOT模式在我国发展也

很快，自从 1995 年广西来宾 B 电厂以 BOT 模式试点成功后，国内众多公路工程、市政工程等相继采用 BOT 或 BT 模式实施运行。近年来，随着政府推动 PPP 融资模式扩展应用领域，BOT 模式有了更加广泛的应用。另外，随着信息技术、通信技术的融合及物联网的发展，基于共享理念的一些新业态得以形成并迅速发展，其中有些也参考借鉴 BOT 模式。部分私人投资者还在地方政府的支持下，以 BOT 模式为基础探索新的融资模式、新应用领域的核心业态。由之带来经济体制改革的深化和法制建设的完善，亦在随动性调整和健全过程中。

第 4 章　适合我国项目管理模式及其组合优化的讨论

当代建设工程项目具有一个非常显著的特点，就是规模越来越大。如由中国石化工程建设公司承包管理的南海乙烯工程，在初级 WBS(Work Breakdown Structure，工作分解结构)中分解的工作包即可达 6 000 余项。面对如此巨大的工作量，采用传统的任何单一管理模式都很难顺利实现项目建设目标。另外，我国具有现代意义的工程项目管理仅仅经历了几十年的时间，且工程项目高度复杂化、智能化，这对项目管理提出了更高的要求。目前在国内，还无任何一家公司可以达到全部自主进行项目管理的能力。因此，联合多个实体共同对国内和国际工程项目实施管理就成为一种较为理想的方案。在前一章对一些具体的项目管理模式及实施情况做出梳理分析后，本章重点对适应不同特点和类型项目的管理模式及其组合优化进行讨论。

4.1　影响建筑工程项目管理模式选取的因素

我国学者在关于影响工程项目管理模式选择的因素方面做了很多研究，但系统化程度比较低。面对我国建筑行业日益错综复杂的形势和建筑工程项目大型化、复杂化、智能化的要求，在选择工程项目管理模式时，要综合考虑工程项目自身特点、参与各方的背景以及外部环境等，从而选择出最适宜的模式。本节在总结前人研究成果的基础上，将工程项目管理模式选取的主要影响因素分为四个方面：工程项目目标、工程项目特点、外部环境支持、业主自身能力和偏好。

4.1.1　工程项目目标

由于起步较低且受经济发展程度的影响，我国工程项目建设管理水平与发达国家相比还存在一定的差距。突出表现在质量、安全、成本和工期控制等方面还存在一些缺陷，常常需要追加投资或赶工期，这就会不同程度地影响工程质量。特别是当前建筑业质量管理水平还比较低，存在不少施工质量问题，严重的甚至还造成人员伤亡。因此，在工程项目建设管理中，如何以科学的方法和适当的模式做好对质量、工期、安全、环保和成本几大目标的控制和协调，在确保安全和质量的前提下，实现低成本和短工期，就显得十分重要。由于不同项目管理模式有其不同的特点和与其对应的组织机构，对质量、工期和成本的控制程度有较大差异，因此需根据工程项目的具体特点和要求，选择合适的项目管理模式。

4.1.2　工程项目特点

现代建设工程项目呈现大型化、复杂化、智能化和快速化的趋势，具有规模巨大、体系复杂、技术要求高、项目范围确定难等特征。因此项目管理模式的选择必须与项目的实际情况相匹配，根据特定工程项目的规模、复杂程度、范围清晰度和不确定性等来选择合适的项目管理模式。如针对工程项目的大型化和超大型化，可以选择 PC 模式与其他项目管理模式并存的系统性安排；针对工程项目的智能化部分，可以利用 BT 模式下部分分包的形式。总之要针对项目实施的复杂程度和项目管理的目标要求进行有效协调与控制，以实现项目目标。

4.1.3　外部环境影响

外部环境影响主要指政府和市场等给予工程项目管理模式生存和扩展的合法性认可和接受的可能性程度。尽管近些年来发展较快，但总体上我国工程项目管理水平与国际先进水平还存在一定的差距。对国外先进的工程项目管理模式，应根据我国法规政策和建筑业市场现状逐步引进，故我国政策法规的支持度是影响工程项目管理模式顺利引进和实施的主要因素之一。另外，各种项目管理模式扩大应用领域和范围，也需要优秀承包商的推介或项目管理咨询机构的支持。任何一种特定的项目管理模式进入市场，与建筑市场上潜在的承包商和工程监理等咨询机构可供选择的数量、规模、资质、管理特性、业务范围等密切相关。此外，项目管理的效率在一定程度上依赖于实施过程中信息的传输和管理，所以信息化程度也会对工程项目管理模式的选择产生影响。因此，当前应着力提高政策法规的支持度，强化承包商和咨询机构的业务能力及整个社会的信息化程度，优化先进项目管理模式推广应用的社会环境条件。

4.1.4　业主能力及偏好

业主在选择或者优化现存模式时，首先应综合考虑自身的情况，如经济保障、技术管理和风险处理能力等。这里的风险可能来自选择不当导致与现存模式之间的冲突，造成资源浪费，也可能带来内部动荡和与外部合作单位的不愉快等。当业主自身能力较强时，就可以选择参与度高的模式，更加有效地实现对工程质量、工期和投资的控制。反之，则应寻求第三方的帮助，从而取得较为理想的技术经济效果。项目管理模式的选择与融资模式有关，也与业主的建设规划目标及合同形式有关。合同是项目参与各方的行为标准，不仅关系到管理模式的选择，也关系到项目成本、质量和竣工时间控制等问题。建筑市场一般存在三类合同方式，即总价合同、单价合同和成本加酬金合同。不同的合同对项目的定义深度不同，不同的定义深度与项目管理模式的匹配度不同。此外，业主对设计方案的控制欲望、对价值工程的研究热情和对风险的态度也会影响工程项目管理模式的选择。尽管业主对项目管理模式的选择更多地取决于管理模式自身的适用性，但业主的个性偏好在其中也会产生较大的影响。业主的风险偏好可分为风险追求、风险中立和风险厌恶等。风险偏好不同也会导致工程管理模式的选取出现较大差异。

综合上述分析，可将工程建设项目管理模式选择的影响因素归结为两类：项目内部的因素和项目外部的因素，如图 4—1 所示。另外，对于不同的具体项目而言，业主可能有特别的要求（如对工期要求苛刻等），项目可能处于特殊的历史或政治经济环境之中（如经济危机时期、政局不稳定等），这些影响因素在进行模式选择时也可以作为重要的评价指标。

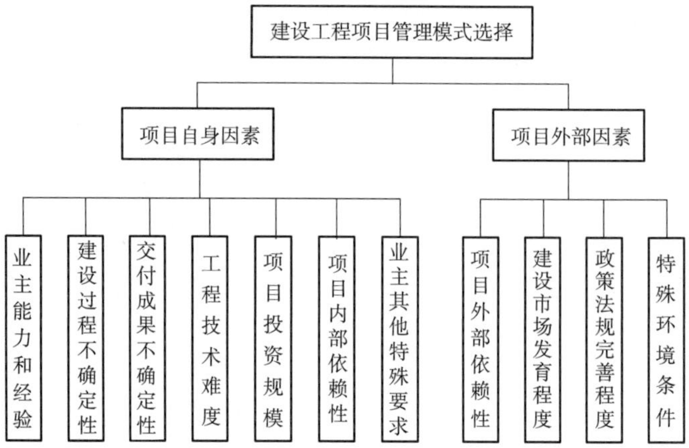

图 4—1　工程建设项目管理模式选择影响因素

4.2　我国建筑工程常用项目管理模式的比较分析

伴随着经济全球化和项目管理国际化进程的加快，我国的项目管理模式也发生了深刻的变化。特别是近些年来国内一些大型建筑企业涉外经营业绩成长迅速，相继承揽到合同额超过数十亿美元的大型项目，广泛采用 PMC 和 EPC 等先进模式，标志着我国工程建设项目管理正在由传统施工管理向现代工程项目管理转变。本节通过运用案例分析的方法在对比各类模式的基础上，提出以国际通行的项目管理知识体系为基本参照，以我国建筑企业的工程项目管理实践为基础，以 2017 年 5 月 4 日发布，2018 年 1 月 1 日起开始实施的《建设工程项目管理规范》为准则，探索和建立具有中国特色的工程项目管理框架体系。

4.2.1　我国传统项目管理模式和 EPC 模式对比分析

各种项目管理模式都有其自身的特点、适宜条件和适用范围。不同模式之间进行比较分析不一定完全客观，但通过系统综合比较还是能发现一些问题和有待改进之处。

一、国内某铁路项目采用 DBB 模式遇到的诸多麻烦

国内某公司于 2008 年 8 月正式实施某段铁路复线建设工程，线路全长 40.17 正线公里。该段线路于 2009 年 12 月正式运营。在项目实施过程中项目管理人员克服征拆协调以及工作量大等种种困难，使该工程最后的铺架标段较合同工期提前 1 个多月完工。从施工质量、进度、安全和投资方面来看，该工程实现了施工质量好、进度快、节约投资等目标，并且成为整个集团公司节约投资最多的建设项目。但是该项目采用的是 DBB 模式，且建设单位为了完成项目建设任务，专门成立了仅有一个工程部门的项目部进行现场管理。在项目管理过程中，许多问题需要公司工程部、财务部等相关部门参加。因此在整个项目建设过程中从项目立项到竣工验收，建设单位参与程度明显增大，其参与初步设计、施工图纸审查、技术交底、施工协调等各环节工作。尤其是当现场施工出现问题时，施工单位和设计单位相互推卸责任，并且双方缺乏有效沟通，经常出现影响工程进度的现象。每当遇到这样的情况，建设单位人员需要花费很多精力来处理出现的问题并开展协调工作。在现场管理环节，建设工程存在很多甲供料（如钢

筋、钢轨、道岔、道砟等)情况。为了完成甲供料管理,尽管项目部专门设置材料物资管理岗位,安排专人全面负责甲供料的采购计划、领用、计价等工作,但是在工程结算环节仍然出现材料物资签认资料不完善等问题。比如甲供料部分供货缺少施工单位签收,导致结算环节物资管理混乱,给结算及审计人员梳理材料物资领用、使用情况增加了不小的困难。由于上述存在的种种问题,该项目截至 2014 年底尚未完成工程结算审计工作,严重影响财务竣工决算审计进度,部分工程尾款及其他费用都未能完成财务计量,导致无法完成项目后评价等工作。因此对于建设单位来说,增加该项目资金和人员投入,无形中增加了项目建设成本。对于施工单位来说,完工 5 年尚未取得所有工程费用使得施工单位盈利水平下降,甚至出现亏本情况。

二、EPC 模式下布迈丁国际机场成功建设的经验和启示

胡阿里—布迈丁国际机场位于阿尔及利亚首都阿尔及尔,并作为首都阿尔及尔的标志性建筑,也是阿尔及尔与世界各国紧密联系的便捷桥梁与纽带。项目采用 FIDIC 合同下的 EPC 模式。中建总公司中标后,考虑到该项目对管理人员综合管理能力的特殊要求和国内项目管理人员对国外规范理解不深;缺乏国际工程项目管理经验;工程设备材料采购复杂等因素。中建总公司专门聘请了德国 HOCHTIEF 公司作为项目顾问,类似于 PC 方,协助项目进行分包采购、设计协调及境外材料设备的采购工作,并按照 EPC 项目管理模式组建管理机构。HOCHTIEF 作为顾问公司对项目管理全面参与,具体承担项目设计、协调管理、分包采购、境外采购等业务,对工程项目的顺利实施发挥了重要作用。

中建总公司按照实际项目管理需要对职能部门的设置进行创新,取消"技术部",对所保留的项目总工程师职责进行重新定位。其主要负责设计指导和协调、设备材料选择和确认、施工指导和组织协调、重大施工方案决策和审核、项目进度控制与协调和质量计划控制等。其管理范围基本涵盖了设计、采购、技术、计划、成本、质量、工程安全等全部业务,相当于国际承包商在项目上设置的项目控制部经理。与此同时还按照国际惯例设立虚拟的 OPC(OLE for Process Control, 用于过程控制的 OLE)部门,对项目管理的全过程提供咨询和技术支持,确保项目的顺利实施。中建总公司通过细致策划、严格管理、认真实施,顺利地实现预定目标,为中国企业赢得很好的社会效益和经济效益。建设过程中,阿尔及利亚总统三次到候机楼现场视察并为机场竣工剪彩。

中建总公司在该项目的履约中,较好地积累了成功运行 EPC 模式的项目管理经验。尤其是在资源匮乏的北非地区引进欧洲分包商参与 EPC 项目,并且利用国内低成本的劳动力资源按劳务分包的方式,与欧洲分包商的设计、采购、分包相结合,培养了 EPC 工程总承包管理的实践型人才,建立了部分欧洲采购平台和分包采购资源,为在类似地区承接 EPC 工程以及国际机场的建设提供了良好的借鉴和参照。

在 EPC 模式下,通过将设计、采购和施工进行总承包,可以有效减少建设单位对设计、施工单位的协调工作,大大减少材料物资管理工作以及甲供料的采购、领用、核算等工作,随之相应地减少项目管理过程中形成的管理资料,提高工作效率,节约人力资源成本。对于施工单位来说,增加其主动性,能够相对充分地发挥施工单位的自主协调能力。同时对建设项目施工质量、进度等做出合理安排,避免出现物资采购数量不合理、采购进度与施工进度不一致、采购质量不能满足施工现场要求等问题,有利于提高施工质量,加快施工进度,从而节约工程投资。

综合分析上述项目,可以看出采用传统的 DBB 模式,容易造成设计、物资采购及施工等环

节相互脱节。加之许多建设单位缺少真正懂得项目管理的人员，不仅增加了建设单位的工作难度，而且容易造成管理资料不完善，影响结算及审计进度。在当前的市场经济环境下，各种资源能够实现充分共享，物资采购和运输也更加方便快捷，在政策上也允许几家法人单位组成联合体参与投标。因此，国内的工程项目完全可以推广使用 EPC 模式，在借鉴国外先进管理经验的基础上，为国内建筑企业创造成长的机会，为“走出去”战略全面实施提供有力的支持。

从当前国际工程项目发展趋势来看，规模大、工期长、专业性强等成为其主要特点，并且建设单位对成本控制越来越重视。如果依旧沿用成立项目部等管理机构完成工程项目建设任务，其成本更高。因此对于建设单位来说更希望由专业的管理公司代替项目部管理，这样有利于建设单位精简机构，减少管理费用。为了进一步提高项目的投资效益，建设单位更希望由一个总承包商对工程进行全过程、集成化的管理。在这样的发展需求之下，专业化的工程管理公司展现出其强大的生命力。EPC 模式已经成为国际工程项目管理的主流模式，该模式在中国也有着良好的发展前景。

三、国内建筑工程项目采用 EPC 模式的再思考

EPC 模式的成功实施，充分利用 E 的环节，较好地整合 P 和 C 的优势。国内习惯于将其翻译为设计、采购、施工总承包或工程项目总承包，应该说比较充分地体现了其基本内涵和优势。在对工程成本影响最大的设计阶段，系统地完成材料、设备选型和施工工艺、施工机械设备的选择，并将其融入各项设计工作中，有利于提高工程投资效益。同时将设计工作融入 P 和 C 的各个环节之中，从而在确保建筑功能、建设质量的前提下，可实现高效率、低成本、绿色环保地完成建造任务，最终达成业主、承建商(包括分包、分供商等各方)和谐共赢的目标。

长期以来，中国有庞大的设计队伍和施工队伍，分别承担着 E 和 C 的工作，但 E 和 C 却鲜有衔接，近些年已有明显改善。尤其是以往在设计阶段，施工单位几乎没有话语权，只有在建设过程中，如果出现施工无法进行或者材料难以获得的情况时，才会商请设计人员变更设计，因此不能有效地在设计阶段发挥 C 的优势。至于 P，尽管中国有很多材料、设备供应商，但真正组建采购平台的企业却不是太多。有的即便组建了，其运行效果也只是简单地满足 C 的实体材料(机具、设备)需求，并没有显现出对 E 的支撑作用。

因此，在中国建筑业推广实施 EPC，既需要政策的完善配套和引导，还需要市场培育。无论是设计咨询还是施工单位，都要从传统运行方式向 EPC 模式转变，包括诸多本身就设有设计院的超大型施工企业。当前最重要的还不是企业内组织设置和机构功能齐全的问题，而是建设理念、经营理念、生产组织方式、资源整合方式等与国际惯例对接的问题。而采购平台的建设，基本上需要从零做起。包括已经设有专门物资集团的巨型工程公司，而且要素和核心是按 EPC 模式系统运作，而不是按传统的套路设计、施工、物资采购单位各干各的。只有将设计咨询平台和采购平台搭建好，并与施工能力强大的企业系统协调起来，中国承建商迈进国际建筑市场时，才能真正在 EPC 项目中发挥出应有的优势。

4.2.2　常见项目管理模式适用性分析

不同类型的建设工程适于不同的项目管理模式。不同的模式各有其适用领域和范围。科学合理的建设管理，其内容之一就是为工程项目找到合适的管理模式。

一、不同项目管理模式的特征比较

对于常见的工程项目管理模式，如DBB模式、DB模式、CM模式、PMC模式在不同特征方面的比较，见表4—1。

表4—1 常见的几种工程项目管理模式的特征比较

特征	DBB模式	DB模式	CM模式	PMC模式
业主是否需要在项目初期提出准确要求	否	是	否	否
承包商的选择范围	中	有限	大	大
对选择专业承包人的影响	有限	无	好	无
责任的分散程度	中	有限	大	小
对项目建议不断完善的能力	一般	有限	好	好
工程项目成本确定的时间	中	早	晚	早
对成本控制的监督	好	差	好	好
确定设计大纲时是否可以获得第三方的帮助	是	否	是	否
对设计过程的管理	好	差	好	好
采用标准合同文本的可行性	是	是	否	是
施工单位进场的速度	慢	快	快	较快
施工方参与设计的过程	中	好	好	不好
施工过程中变更的灵活性	一般	有限	好	有限
对施工材料和工艺质量的监督	中	中	好	中
对承包商有效管理的激励	强	强	很小	强
承包商对工程款的占用机会	有	有	否	有
争议产生的可能性	中	高	小	较小

从表4—1的分析可以看出，没有哪一种模式对工程项目建设过程中所有的环节都是合适的。往往是一种模式适于建设过程中的某一个或几个环节，而在其他环节则是用另外的模式更有优势。科学合理的项目建设管理，关键就在于选择适于项目性质和特点的管理模式。或者是在一些环节选某种模式，而在另外的环节选择其他适用的模式。

二、几种项目管理模式的适用合同类型及其优缺点比较

不同项目管理模式适用的合同类型及优缺点比较见表4—2。

表4—2 不同项目管理模式适用的合同类型

项目管理模式	适用合同类型	优缺点比较
传统模式	固定总价合同或单价合同	合同条款很成熟，且为大家所共同接受，可直接采用标准合同，有利于合同管理，但项目前期投入高，项目变更时容易引起较多索赔

续上表

项目管理模式	适用合同类型	优缺点比较
CM 模式	成本加酬金合同	可获得较高质量的工程成果交付，但业主对项目成本有较清楚精确的估算，业主承担全部的风险
EPC 模式	总价合同	业主的风险较少，发生索赔的机会也较少，但是因较多转移风险，业主可能要支付更多的费用
PMC 模式	固定总价合同或单价合同＋酬金	业主的风险较少，发生索赔的机会也较少
BOT 模式		根据融资模式的不同，合同形式视具体情况而定

从表 4—2 的分析可以看出，特定的工程项目总会有适于其实施的项目管理模式。特定的管理模式亦有适用的合同类型。随着现代工程向大型化、复杂化、智能化方向发展，在创新项目管理模式的同时，与其相对应的合同文本亦需要不断创新。

4.2.3　从不同业务视角对项目管理模式的比较分析

不同类型的工程项目，业主参与程度有差异，各种限制性约束也有很大的不同。考虑到不同的业务视角侧重点亦有所不同，在选择项目管理模式时，应综合考虑各方面的因素做出决定。

一、基于业主参与程度的对比分析

在传统的项目管理模式中，特别是在项目规模不大的情况下，各个环节都有专门的工程师进行管理协调，业主只需向聘请的专业工程师了解，就能掌握整个工程的进展情况。整个工程项目的管理也基本上由业主聘请的建筑师承担，因此业主没有必要直接介入工程建设的具体环节中。DB 模式中没有专业的项目管理人员，业主需要同承包商共同合作，对项目进行管理。这就使得 DB 模式中，业主的任务量相对较大，工程管理参与度也比较高。CM 模式中，业主负责与大多数承包商直接签订合同，没有总承包商对其工程进行负责。尽管 CM 单位协助业主对工程进行施工管理，但业主必须适当参与到施工活动中，与 CM 经理共同协调工程施工。PMC 模式中，作为业主或业主代表的延伸，PMC 承包商负责项目的全局化管理，只有在与业主充分合作的前提下，项目才能顺利完成。所以，业主也要不同程度地参与项目的建设管理。BOT 模式的业主一般是政府部门，在前期谈判和磋商中往往花费的精力比较多，一旦达成协议，剩下的工作就很少了。EPC 模式中，业主只需向承包商表达清楚投资意图与要求，业主几乎不用太多干预项目。

Partnering 模式的实施打破了传统管理模式的惯例，这种模式需要建立一个互相信任、沟通与交流的平台。而这个平台的建立必须依靠业主及相关参建单位，包括施工单位在内的所有成员共同努力才能健康运行。其中，业主要花费较大的精力去组织研究，成立工作小组推进相关工作。所以，这一模式的建立和实施需要依靠业主与所有参建成员花费一定的精力，努力达成共识后才能实施。

二、基于工程进度控制的管理模式对比分析

传统的项目管理模式下项目周期比较长，业主需待项目成功立项后才进行设计，而在设计期间准备好施工招标文件，待设计完成之后便开始进行招标工作，随后才能开展施工建造。这类模式最突出的特点是强调工程项目的实施必须按照设计—招标—建造的顺序进行，只有一个阶段结束后另一个阶段才能开始。这种模式容易出现的问题是，设计与施工容易出现“脱节”现象。由于设计与施工分开，没有像有些模式一样得到很好的衔接，往往容易使设计方案

的某些部分或环节不科学，无谓地增加工作量或者工序安排不合理，增加施工中的难度，从而影响到施工的顺利推进。这无形之中也使工程进度受到影响。另外工程项目一般都要经过规划、设计、施工三个环节之后才移交给业主，项目周期长。

DB 模式与传统的管理模式不同，由于采用的是设计与施工由一个承包商来负责，从而避免设计与施工的矛盾。再加上这一管理模式属于阶段发包，从而决定项目建设可提早进行，在节约建设管理费用的同时，也大大缩短工程的工期，从而在工程进度控制方面占有一定的优势。

CM 模式中 CM 项目经理负责对设计施工整个过程管理。要求 CM 经理不但懂设计又要懂施工，在进行工程设计时便充分考虑施工的特点，从而在施工过程中发生变更的事项会大幅度减少。与此同时，在 CM 模式管理下，工程设计与施工得到有效搭接，可明显缩短从工程项目立项、规划、设计、施工到交付业主使用的建设周期，运作得好可以使工程进度得到很大的提高。

PMC 模式下业主的管理基本上交给了 PMC 管理承包商，而 PMC 承包商都是有实力的专业管理承包队伍。尽管 PMC 承包商不参与具体的设计与施工，只对其过程进行管理，但丰富的管理经验在很大程度上减轻业主对施工进度的担忧。业主在选择 PMC 承包商时，能否选出真正具备雄厚实力的 PMC 承包管理单位，这对业主来说才是一个较大的风险。

在 BOT 与 EPC 管理模式下，合同一旦确立工程进度也就基本确定。即便在工程进行中的某些阶段，承包商没有按时完成给定的任务量，但在保证质量的前提下，只要能在合同规定期限内完成总体任务，对于业主来说也是可以接受的。因为业主已将其中的风险转移给承包商，业主所重点关注的便是质量和竣工验收。至于工程施工中的工程进度等问题，一般不会招致大的风险。这类模式实质相当于 BOT 承包商广义上的资本经营。BOT 项目公司可根据市场情况，通过招标为项目设计、施工、运营选择不同的承包商，还可以选择一家 EPC 总承包商。国内建筑市场上出现的 BOT＋EPC，实际上就是在 BOT 的框架下，投资人联合体将其中的设计—采购—施工交给自己旗下公司实施，也有的交给有总承包能力的其他公司。

Partnering 管理模式是建立于功能相异的利益主体，在相互信任和精诚合作基础上形成的伙伴协议模式。互惠互利、形成共识、信息共享、沟通协调是其合作基础和协作原则。尽管其协议不同于合同，没有法律效力，但共同目标、信念和合作精神在很大程度上弥补了这方面的不足。利益共同体的相关方一旦建立相互信任的合作平台，通过工作小组相互配合、及时沟通，可在很大程度上避免争议和诉讼的产生。同时以谅解与合作的方式，共同解决建设工程实施过程中出现的问题，共同分担工程风险和有关费用。这一方面可以保证各参与方目标和利益的实现，进而减少因各种纠纷导致工程延误等问题，又可使工程进度得到保证。根据美国建筑业协会调查显示，采用 Partnering 模式进行项目管理时，项目的总工期与计划相比平均缩短 7%左右。由于该模式下部分项目可以不招标，与国内建筑法规有些矛盾，特别是在约束机制不健全的情况下，推广应用尚有一定的困难。

三、基于成本控制的管理模式对比分析

在传统管理模式中往往是项目前期投入较大，且规划、设计与施工各个环节的衔接也较难控制，从而很容易引起较多的变更与索赔，导致工程成本费用增加。同时，传统管理模式工期长的缺点无形中加大设备租赁及人工管理等一系列成本的投入，而这些在工程实施中是难以

预料的,很容易导致业主在工程成本控制上超出预计投资。尽管项目管理人员对传统管理模式和管理方法熟悉,易于选择合适的咨询、设计、监理和施工单位,会部分地节省投资。同时,参与建设的各方均对施工工序相对熟悉,工程管理也使用标准的合同文本,这给合同及风险管理提供便利,并在一定程度上为工程节约投资成本。但综合起来,传统模式还是弊大于利。

DB 模式采取的是业主与一家设计施工总承包商签订以总价为基础的合同。由其对整个项目负责,这就有效地避免设计与施工的矛盾。另外该模式为阶段发包的管理方式,建设项目可提早投产,缩短工程工期,可在一定程度上节约建设管理费用,也为成本控制提供便利。

CM 模式的优点是便于业主发挥 CM 经理的管理水平,进而节省成本、缩短工期。一般情况下,CM 经理的专业管理能较好地避免施工与设计的脱节,减少纠纷与索赔等费用。作为业主专门聘请的 CM 经理,一般都对设计和施工比较精通,能对工程进度与成本实施有效的控制。CM 模式的缺点是由于该模式一般采用分项招标方式,从而导致招标费用较高。在工程实践中,是否采用 CM 模式,关键是能否找到合格称职的 CM 经理。如有合适人选可以考虑,如无合适人选,则应慎用 CM 模式。

一般说来,采用 PMC 模式管理的项目投资都很大。业主一方面可以借助 PMC 承包商的良好信誉获得融资或贷款,这在很大程度上给业主的资金周转提供便利。同时专业的管理能力及全程的项目管理服务也能为业主带来一定的费用节省空间。PMC 管理模式采用业主参与型的一体化管理方式,业主在项目管理中有很大的发言权,这对确保双方的利益提供了体制和制度上的保证。这种模式更适合于项目投资大、建设单位专业管理人员少且专业性强、技术相对复杂的工程项目。

BOT 模式采用的是通过授予投资商特许期的运营权,减去了政府筹资带来的诸多问题。这种模式要求项目发起人必须具备很强的经济实力,而且资格预审及招标程序也相对比较复杂。同时还要具备一定的运营能力,以便在特许经营期内收回投资。BOT 模式下的项目运营和交付期一般很长,变数多,不少工程项目在运营一段时间后与早期合同中预设的情况差异较大,导致一些纠纷和麻烦。随着我国经济实力的逐步提升和建筑业的发展,这种管理模式也将会发生变化。

EPC 模式采用的是总价承包合同方式。由于合同执行严格,业主和承包商的权责相对清楚,利于发挥各主体的作用,提高建设效率。该模式下的建设项目便于业主进行过程管理和过程控制,风险相对较小,但选择承包商难度较大,对承包商各方面要求较高。该模式适于工程规模大、工期长、技术复杂和比较特殊的行业。有些工程项目为了满足特殊生产工艺流程的需要,部分设备需通过专业队伍的设计、制造及安装才能达到工艺要求。这种情况下的 EPC 总承包商可以将相关事项通过分包合同,把自身在主合同下对业主的相应权利、利益、义务和风险转移给分包商。FIDIC 条款对分包合同内容有详细规范的要求。不论是一般分包商还是指定分包商,总承包商对其均有管理和监督的职责。分包商过失造成的损失,总承包商也要承担连带责任。因此在 EPC 模式下,总承包商的相关人员对分包商的工作要随时检查,保证其进度、质量等均符合要求,确保各方权益。

Partnering 模式的实质是建设项目各参与方结成一个联盟团队,共同合作完成工程项目。该模式的核心是工程项目各参与方在相互信任的基础上结成伙伴关系,以共同协调的行动追求各方利益的实现。在工程成本控制方面,采用 Partnering 管理模式有利于节约投资。Partnering 管理模式下的各参与方多是功能互补的公司,结成联合体有利于实现其扬长避短,同时更加关注长期合作和长远利益。联合体特别注重合作机制的探索和实施流程的优化，定期的研讨会或工作会形成制度，信息共享能达到相当高的程度。为了实现共同目标，各方不仅从自身，还会从其他合作方的角度考虑问题。如咨询方会从价值工程角度出发，最大限度地从经济性和施工工艺简易性等角度出发进行总体规划；设计方会主动优化设计方案，以最大限度地减小工程建设成本；项目的材料供应方会主动提供优质优价的材料；施工承包商会主动采用新技术、新工艺以提高劳动生产率。显然，这种模式受市场发育程度的影响较大，同时对相关市场主体诚信要求较高。对于市场机制不太完善和对市场主体约束机制不健全的经济体，这种模式会受到较大的局限。

4.2.4　关于项目管理模式选择与创新的讨论

在工程建设实践中，需要根据项目的特点选择适宜的管理模式。这既不能照搬照抄，也不能墨守成规，只能根据实际情况借鉴应用并不断创新。在选择项目管理模式时，应该深入分析项目实施的内外环境、投资规模、潜在风险等关键因素。同时也要考虑工艺技术的复杂程度、工程公司技术水平、项目的启动时间等因素。项目管理模式的创新，必须随社会经济的发展、设计施工技术水平的提升、管理技术和管理手段的系统完善相机而动，在工程管理实践中不断探索和尝试，在动态调整中不断完善。

一、进一步完善配套的建筑法律法规

目前，国内建筑行业对国外先进项目管理模式，在引进、借鉴方面下了不少功夫，有的取得了良好的效果。结合中国的实际，进行改革和创新还需在工程实践中深入探索。同时也需要从建筑管理法律法规适度调整方面着力。当前国内的一些工程项目有的适于 EPC 模式，有的适于 PMC 模式，还有的运用 Partnering 模式更有优势。但因建筑法律法规的修订滞后于工程实践的发展，有的在具体运用中受到限制。如 PMC 模式用于国内的工程项目管理尚缺乏配套的法律法规。通常情况下是依据合同法为基础而签订的服务合同，而没有针对性的法律文件，对于项目管理类的服务质量和水平也缺少客观的评价依据。

二、妥善处理好业主与合作方的矛盾

虽然在工程项目上都强调“合作共赢”，但各方的利益有时是直接对立的，矛盾也是客观存在的：业主总是试图以最小的投资换取可观的回报，承包商或服务商希望投入小、利润大。这种矛盾，在 EPC 总承包模式中，表现的格外突出。EPC 总承包商在设备、材料的采购中，往往是只要满足标准规范的要求，而不会过多地考虑今后的运行和维护成本；业主则基于项目全生命周期成本的考虑，而倾向于选择档次更高的优质产品。因此，在总承包合同谈判以及项目实施过程中，业主和总承包商往往会在设备材料的采购上发生冲突和矛盾。目前，国内的工程项目上，无论采用何种管理模式，业主都不会舍弃该方面的控制权，而是要通过供货商名单范围的确定等实现预期目的。

在实践中，客观的还存在着不同项目管理体系和运作平台的矛盾。例如，业主归属于甲集团公司，在管理体系上执行的是甲集团公司的标准、制度、规定和办法等，而 EPC 总承包商归属于乙集团公司，在该项目上要执行什么样的管理体系就可能会出现冲突。尤为突出的是在供货商和施工分包商的选择上，若业主推荐的在甲集团公司资源库里的分包单位，没有在总承

包商所属集团公司的资源库中，在运作中就会出现很多矛盾。

同时，在实践中业主过多地参与项目实施过程中具体事务的决策和控制，的确会影响到EPC总承包商决策的及时性和准确性，会限制总承包模式优势的发挥。总承包商往往不想让业主干预或参与到其管理过程中，但业主始终要强调在项目上的领导权和主动权，两者之间不可避免的出现矛盾。在出现进度延误等情形时，总承包商经常会从业主的参与、审查等方面寻找索赔的依据。因此双方需要在合同签订、项目管理制度等文件中明确各方的权利、责任和义务。2018年1月1日开始实施《建设项目工程总承包管理规范》后，相应的一些情形将会得到很大改观。

三、促进项目管理模式的灵活创新

在项目管理模式的选择上，应强调灵活应用并不断创新。例如，在项目管理层选择IPMT模式的前提下，既可以选择项目管理咨询服务公司参与到项目管理中，也可以选择专家型人才提供支持与服务；管理服务的工作内容，也可以根据业主自身能力而委托合作方从事不同的工作内容。而项目执行层的管理模式应是多样化，在EPC总承包模式中，既可以采用固定总价的合同方式，又可以采用单价合同、预算合同等形式，还可以选择“固定酬金＋激励机制”的合同方式等。总承包商的工作范围，也可以按照实际情况划分阶段进行总承包。

4.3　PMC模式在我国的应用及制约因素

4.3.1　PMC模式外部环境的优化

经过40多年的改革和探索，我国通过引进和借鉴国外先进的工程项目管理理论和实践经验，对项目管理模式进行广泛探索和应用。尤其是改革开放以后，我国先后颁布许多有利于推广EPC和PMC模式的文件，有效地推进EPC和PMC模式在国内建筑领域的广泛应用，为我国建筑企业参与国际市场提供了有力的推动。国家颁布实施的办法、指导意见表4—3。

表4—3　国家颁布实施的办法、指导意见明细表

颁布时间	办法、指导意见名称	内容摘要
1984年9月	《国务院关于改革建筑业和基本建设管理体制若干问题的暂行规定》	各部门、各地区都要组建若干个具有法人地位、独立经营、自负盈亏的工程承包公司，并使之逐步成为组织项目建设的主要形式。“工程承包公司对项目建设的可行性研究、勘察设计、设备选购、材料订货、工程施工、生产准备直到竣工投产实行全过程的总承包或部分承包”
1984年11月	《关于工程设计改革的几点意见》	承包公司可以从项目的可行性研究开始直到建成试车投产的建设全过程实行总承包，也可以实行单项承包
1984年11月	《工程承包公司暂行办法》	对工程承包公司的主要任务更加明确，即在国家计划的指导下，根据建设项目主管部门或建设单位的委托，对建设项目的可研、勘察设计、材料设备采购、工程施工和竣工投产，实行全过程承包或部分承包，并对各分包任务进行协调管理和监督
1987年4月	《关于设计单位进行工程建设总承包试点有关问题的通知》	批准广东建设承包公司(广东省建筑设计院)、中国武汉化工工程公司等12家设计单位为总承包试点单位

续上表

颁布时间	办法、指导意见名称	内容摘要
1989 年 4 月	《关于扩大设计单位进行工程总承包试点及有关问题的补充通知》	批准北京钢铁设计研究总院等 31 家工程建设总承包试点单位
1992 年 11 月	《设计单位进行工程总承包资格管理的有关规定》	先后有 560 家设计单位取得了甲级工程总承包资质，2 000 多家设计单位取得了乙级工程总承包资质
1999 年 8 月	《关于推进大型工程设计单位创建国际型工程公司的指导意见》	提出了勘察设计单位改企转制并向国际通行的工程公司、工程咨询设计公司、设计事务所、岩土工程公司转化的指导意见
2000 年 4 月	《关于大力发展对外承包工程的意见》	明确要求国内承包公司要开发占领国际工程市场，要站在全局的、政治的高度，要作为贯彻落实中央"走出去"开放战略的重要措施切实抓出成效
2003 年 2 月	《关于培育发展工程总承包和工程项目管理企业的指导意见》	明确指出工程总承包和工程项目管理是国际通行的工程建设项目组织实施方式；是勘察、设计、施工、监理企业调整经营结构，增强综合实力，加快与国际工程承包和管理方式接轨，适应社会主义市场经济发展和加入世界贸易组织后新形势的必然要求；是贯彻党的十六大关于"走出去"的发展战略，积极开拓国际承包市场，提高我国企业国际竞争力的有效途径
2009 年 10 月	《工程建设领域突出问题专项治理工作实施方案》	在招投标方面，要着重解决规避招标、虚假招标、围标、串标、评标不公等突出问题，促进招投标活动公开、公平、公正。在项目建设和质量管理方面，要着重解决转包、违法分包、偷工减料、监管不严等问题
2011 年 11 月	《中华人民共和国招标投标法实施条例》	解决招标投标领域突出问题、促进公平竞争、预防和惩治腐败的一项重要举措
2013 年 7 月	《建设工程施工合同(示范文本)》	在 1999 年版的合同基础上增加了 8 项新规定，同时完善了合同结构体系以及合同价格类型。2013 版合同更加注重对发包人、承包人市场行为的引导、规范和权益平衡
2014 年 7 月	《关于推进建筑业发展和改革的若干意见》	发展目标是：简政放权，开放市场，坚持放管并重，消除市场壁垒，构建统一开放、竞争有序、诚信守法、监管有力的全国建筑市场体系；创新和改进政府对建筑市场、质量安全的监督管理机制，加强事中事后监管，强化市场和现场联动，落实各方主体责任，确保工程质量安全；转变建筑业发展方式，推进建筑产业现代化，促进建筑业健康协调可持续发展
2015 年 1 月	《建筑业企业资质管理规定》	与旧标准相比，施工总承包资质的考核指标有增减，但标准适当提高
2017 年 2 月	《国务院办公厅关于促进建筑业持续健康发展的意见》	总体要求：深化建筑业简政放权改革、完善工程建设组织模式、加强工程质量安全管理、优化建筑市场环境、提高从业人员素质、推进建筑产业现代化和加快建筑业企业"走出去"
2017 年 5 月	《建设项目工程总承包管理规范》	对具备工程总承包资格的各设计、施工单位进行总承包项目管理提出了新的要求，是提升我国工程总承包管理水平，促进建设项目工程总承包管理规范化，推进建设项目工程总承包管理与国际接轨的重要依据
2017 年 9 月	《建设工程施工合同(示范文本)》	2017 版示范文本对工程质保金、缺陷责任期等条款进行了修订，不会对建筑市场造成大的影响
2018 年 4 月	《国务院关于废止和修改部分行政法规的决定》	《招标投标法实施条例》的修订中明确取消了中央投资项目招标代理机构资格认定等 16 项行政审批项目，以进一步激发市场活力和社会创造力

4.3.2 PMC 模式的构建

PMC 总承包模式结构特点分析：

从组织结构上看，PMC 模式相较于前文所述的模式而言要简单得多。可以说，它只涉及三个主要方面，业主、项目管理承包商、项目建设承包商。业主指发起并拥有项目所有权的法人，项目管理承包商和项目建设承包商则分别承担工程项目的管理和建设工作。在实际项目实施过程中，这三者之间的关系是相对灵活的，可以视项目的具体情况而定。如表 4—4 及图 4—2 所示。

表 4—4　PMC 模式相关方的关系表

	业主与项目管理承包商关系	业主与项目建设承包商关系	项目管理承包商与项目建设承包商关系	相关风险承担
模式 1	合同	协调	合同	由项目管理承包商承担
模式 2	合同	协调	合同	由项目管理承包商和业主共同承担
模式 3	合同	合同	协调	三者共同承担

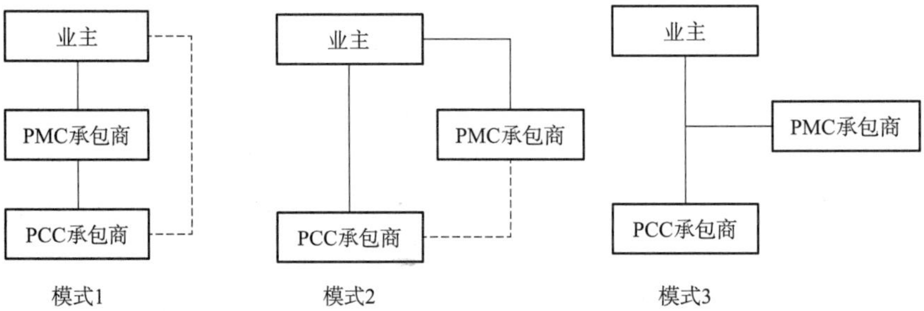

图 4—2　PMC 模式相关方的关系图

在实际应用中，采用何种模式要根据项目的特点来进行选择。选择一个工程公司或项目管理公司独立作为工程项目管理承包商，业主不直接参加项目管理是一种形式。如寰球公司承担的越南海防 DAP(Delivered At Place)项目，负责完成初步设计、项目定义、EPC 合同设计及招标，并管理承包商，此外，还需承担一定的融资风险。由一个以上工程公司或项目管理公司联合组成项目管理承包商为另一种形式。这种形式业主不直接参加项目管理。如壳牌南海石化项目，PMC 完成基础设计、项目定义、安排合同设计与招标，负责管理施工承包商。由一个或一个以上工程公司或项目管理公司与业主联合组成一体化项目管理团队（IPMT），也是一种常用形式。如扬子—巴斯夫石化项目，IPMT 负责完成基础设计、项目定义、安排招标，并管理承包商。

4.3.3 制约 PMC 模式在国内推行的主要问题及解决方案

由于受管理体制的影响，过去国内的工程设计和建设施工分别由设计院和施工单位承担，设计资质和施工资质基本上是分离的，可以说处于两个不同的领域。近些年来这种状况已有所改观，但基本格局还是两者分离。这就使得 PMC 模式在国内应用时必然会遇到一些问题。近些年来随着建筑市场的逐步扩大和建筑管理体制的完善及走向国际的需要，建筑企业的构成模式也进行了调整。如将设计院和施工企业整合到一起上市组成规模巨大的股份有限公司，使之具备了设计、咨询、监理、施工等总承包资质和能力，增强了在国际市场上的竞争力。但股份公司之下的集团公司仍缺乏设计、咨询、监理能力，需要强化企业的综合能力建设，并采取一些特殊措施优化解决方案。

一、国内建筑企业应进一步强化设计能力

PMC 承包商对设计和施工两方面的能力要求都比较高，建筑企业应适应这一特点，强化设计能力。在 PMC 管理模式中，项目被分成前期和实施两个阶段。由于国内的建筑企业已经适应了过去的分阶段分包模式，在设计和施工方面技术力量不均衡或者两个阶段的衔接不畅，非常容易出现设计或施工方面的问题。而经过系统整合后的特大型建筑企业如中国中铁、中国铁建等，就可以避免出现类似的问题。而股份公司旗下的集团公司这方面的力量还不够强，部分集团公司已通过兼并小型设计院的方式提高这方面的能力，但层次仍然较低。在现实的工程建设中，往往是总公司出面协调，由设计院或咨询公司与施工企业等集团公司组成联合体，共同承担特定的工程项目，部分地解决了这一问题。

二、规范管理，防止层层转包

PMC 模式要求在分包与转包过程中实行科学化和规范化的管理。由于其他方面的原因，一些参与建设施工的中标单位不具备设计和施工资质，这些承包商会将一部分施工任务转交给具有施工资质的单位进行施工。像这种多层次的转包，本身就存在着非常大的风险。这虽然不是 PMC 模式本身的原因，但却影响着 PMC 模式潜能的发挥，部分地影响到 PMC 模式的推行。随着建筑市场的逐步成熟、建筑法规的不断完善以及反腐败的不断深入，这种现象在大幅减少，PMC 模式发挥作用的条件正在形成。

三、急需培养全面专业的项目管理人员

PMC 承包商对项目管理人员要求较高。在传统模式下，国内的项目管理人员主要承担某个阶段的管理任务，其管理能力不够全面。如懂设计的不懂施工，懂施工的不懂设计、监理和咨询等，缺乏宏观视野，无法满足现场施工管理工作。因此专业人员匮乏成为制约国内 PMC 承包商发展的重要因素。随着承担国际工程项目的增多，有经验的项目经理队伍在逐步扩大，这一问题亦在解决之中。

四、国内建筑市场应逐步拓展 PMC 模式应用范围

由于 PMC 模式属于一种新型的管理模式，国内建设单位对该模式的认识还不够深入，不愿意选择 PMC 承包商，而是习惯于沿用传统的项目部等方式实现对项目的管理工作。也有部分建设单位愿意采用 PMC 模式，但支付给 PMC 承包商的费用过低，导致对 PMC 承包商的吸引力不足。随着国内建筑市场的开放和对工程质量、标准的不断提高，建设单位的观念和认识也在改变。相信随着国内建筑企业参与国际工程项目的增多和国外公司对国内项目的承揽及建设，PMC 模式的应用范围会逐步扩大。

4.4　PMC＋Partnering 新型组合模式

在工程实践中项目管理模式的探索，往往是从模式改进和组合开始的，将 PMC 与 Partnering 模式进行组合，就是一种新的尝试。

4.4.1　PMC＋Partnering 新型组合模式的提出

根据第三章中有关 PMC 模式与 Partnering 模式的分析，若业主与 PMC 承包商采用 Partnering 模式建立战略同盟关系，就可以实现业主和承包商的相互信任和长期合作，从而达到互惠互利的目的。这种组合模式从宏观到微观都能实现较好地结合，既节约投资又利于缩短工期，还能节省交易费用。这种组合可使业主和项目各参与方实现共同的利益目标，应是一种有良好应用前景的项目管理模式。

4.4.2　PMC＋Partnering 与其他模式的对比分析

PMC＋Partnering 组合模式与传统模式相比较，虽然均是对项目进行管理，但却有着明显的不同。项目组合管理模式减少了以往各种管理模式中的一些矛盾和对立的关系，使得协调管理工作更加人性化。同时组合模式更能发挥各利益相关方和工作人员的潜能，产生一般的管理方式所达不到的效果。表 4—5 将组合模式与传统模式进行了比较。

表 4—5　PMC＋Partnering 组合模式与传统模式的比较

比较对象	传统模式	组合模式
目标	按照预定的投资、进度和质量目标完成项目	将项目参与方的目标融为一个整体，考虑业主及参与各方的利益，尽可能同时满足甚至超越业主的预定目标，着眼于不断地提高和改进项目管理
相互关系	业主担心自己的利益损失，采用闭口合同，承包商会觉得无利可图而设法索赔	开诚布公地沟通，着眼于问题的解决
实施期限	项目合同设定的期限	可以是一个项目，也可以是多个项目的长期持续合作
评价衡量系统	周期性的进度、投资、质量检查和控制	通过目标评估系统，对项目的目标包括投资、进度、质量、安全等各方面进行周期性的评估
信任性	建立在完成项目的基础上	建立在彼此着眼于共同的目标，不隐瞒任何事实的基础上
回报	根据项目好坏，承包商会得到一些奖励或再接到项目	认为项目产生的结果很自然地被彼此共享，各自实现自身的价值
合同	传统的法律合同	传统的法律合同加非合同性的伙伴式管理模式及相应的协议

4.4.3　PMC＋Partnering 新型组合模式的适用范围

这种组合模式适于业主长期有投资活动的工程项目。如商业连锁工程项目、大型房地产开发项目和大型基础设施建设项目等。由于有长期而连续的工程项目，有利于增加业主和工程总承包商之间的信任和了解，为两者之间的长期合作奠定基础。业主和 PMC 总承包商可以签订长期的 Partnering 协议，能够产生更佳的合作效果。

其次,这种组合模式非常适于不宜公开招标和邀请招标的工程项目。如军事工程、涉及国家机密或国家安全的工程、工期特别紧迫的工程等。这些工程的投资一般不连续,但依然可以保持业主和 PMC 承包商双方良好的合作关系,以期在其他项目上的再次合作。因此,既适用于一个单体的工程项目,也可以签订长期的合作协议。

再次,不确定因素较多的复杂工程项目也适于这种组合模式。若工程项目的技术复杂、不确定因素多,在一般的工程项目管理模式下,往往会产生较多的争议和索赔,容易导致业主和承包商之间关系紧张,以致影响整个项目目标的实现。采用 PMC＋Partnering 组合模式,能够有效地减少争议和索赔,避免仲裁诉讼,从而更好地实现项目各参与方的共同利益。

另外,组合模式还适于国际金融组织贷款的工程项目。尽管这类工程项目需采用国际性公开招标,但因一些国际知名的承包商在 PMC 模式和 Partnering 模式的使用上具有丰富的实践经验,在实际运作中名义上是单次性的招投标,但因工程参与方往往有着良好的协作历史,而实质上是按伙伴关系运作。事实上国际市场上的部分著名承包商更乐于运用 PMC＋Partnering 组合模式,并能顺利地运作,从而可以有效地减少争议和索赔,较好地实现工程项目的目标。

在有些特殊领域或有特定关系的行业非常适于 PMC＋Partnering 组合模式。有些领域承包商与业主是历史和天然关联的行业。如铁道、水电、冶金等行业,可以优先考虑采用 PMC＋Partnering 组合模式。再如居住小区、大型商业建筑、大型公共建筑等民用建筑,群体工业建筑、大型工业单体建筑、发电厂和炼油厂等工业建筑,道路、桥梁、地铁、水坝等市政建筑等项目,都可以广泛地使用 PMC＋Partnering 组合项目管理模式。

4.4.4　PMC＋Partnering 新型组合模式的应用价值

在 PMC＋Partnering 组合模式下,项目的业主和 PMC 承包商是一个利益共同体,具有共同的目标,对项目的投资、质量和进度控制有着共同的责任。这种模式可采用项目目标周期性的评价系统,对项目目标进行动态监控,产生偏差能够及时纠正,有利于项目的目标控制和过程控制。

在投资控制方面,采用 PMC＋Partnering 组合模式能明显节省项目的总投资。项目各参与方以实现共同利益为目标,在保证质量的前提下,都会采用成熟的技术和低成本的设计、施工方法,减少矛盾冲突和扯皮,各参与方的工作效率较高。另外由于相关方提前介入项目,且沟通交流顺畅,避免了一些不必要的重复设计,施工单位能积极地采用新技术、新方法、新材料和新手段来提高投资效益。同时,业主和 PMC 承包商之间实现资源共享,减少不必要的人员,也有效地节约项目投资。

在进度控制方面,采用组合模式使项目的总工期与传统模式相比会明显缩短。由于业主和 PMC 总承包商是战略伙伴关系,双方的沟通会非常畅通,并且业主的决策及时,材料设备供货也更加有计划,争议和纠纷也较少,这些因素对项目的进度控制有积极的影响。

在质量控制方面,采用 PMC＋Partnering 组合模式有利于整个工程项目质量的提高。由于业主与 PMC 总承包商注重长期的合作,总承包商在设计环节就会注意加强对项目的质量控制。同时总承包商也会加强供货质量和施工质量的管理,以提高整个工程的质量,实现与业主的长期合作。另外 PMC＋Partnering 组合项目管理模式有利于调动项目各参与方积极性,便于对项目实施目标和过程控制,有利于为各参与方带来经济效益。

在成本控制方面,减少了索赔和反索赔中的诸多麻烦。传统的项目管理模式使得有些承包商通过压低报价的方式来竞标,有时中标价甚至低于成本价。出现这种情况后只能在中标后采用索赔的方式来弥补亏空,这种做法造成业主和承包商互不信任,在索赔与反索赔中耗费了大量的人力物力,对工程项目的目标控制非常不利,也会降低业主和承包商的经济效益。采用 PMC+Partnering 组合项目管理模式,业主和承包商通过 Partnering 协议结成战略伙伴关系,可以通过双方认可的争议处理系统来有效解决争议和纠纷。同时,业主和承包商相互信赖,着眼于长期的合作,也可以避免许多不必要的争议和索赔,有利于项目各参与方以最小的代价取得最大的利益。因此,PMC+Partnering 项目管理模式对于一些由于不确定因素较多容易产生争议和索赔的项目来说是一个非常明智的选择。

在降低风险方面,利于加强风险管理。在 PMC+Partnering 项目管理模式下,业主和总承包商之间是“一荣俱荣,一损俱损”的伙伴关系,双方不存在谁主动与谁被动的问题。总承包商在设计环节,就会积极降低技术风险;由于战略同盟关系的存在,总承包商在获得合理利润的情况下,也会积极地帮助业主降低造价、减少业主的投资风险;由于伙伴关系的存在,总承包商避免了业主拖欠工程款的风险;在长期合作的基础上,业主会为总承包商提供长期稳定的工程任务来源,为总承包商避免了等待工程、人员设备闲置的风险。

4.4.5 组合模式在建筑工程应用中存在的问题及对策

项目管理组合模式属于在原有模式基础上的创新,更多地来源于实践探索。这种探索是随工程实践不断深化和渐进的,而建筑政策法规,虽然也是在建筑实践经验梳理、归纳、提炼基础上科学规范的条理化,但其要求有一定的稳定性。这势必会造成一些问题和冲突,就像其他所有解决问题的思路一样,这些矛盾需要在实践中逐步解决。

一、法律法规方面的问题

采用 PMC+Partnering 项目管理模式,必须执行现有建筑市场的规则。但从现行建筑法律和法规看来,PMC+Partnering 组合模式会有一些不符合规定之处。如按规定除了一些不能招标的项目或低于限制目标的项目,所有项目都应当进行招标。如果采用 PMC+Partnering 的管理模式则无须招投标。解决这种矛盾和冲突,应加强理论研究和实践探索,进一步完善组合模式,尽可能使之适于当前的法规。同时考虑到新模式的成长趋势和建筑业的发展取向,也可适当地修改法规,使之有助于新模式的成长,从而实现良性互动和健康发展。2017 年 2 月 24 日国务院办公厅《关于促进建筑业持续健康发展的意见》中明确指出“加快修订《工程建设项目招标范围和规模标准规定》,缩小并严格界定必须进行招标的工程项目范围,放宽有关规范标准,防止工程建设项目实行招标‘一刀切’”。有了这一重要政策的支持,相信未来 PMC+Partnering 组合模式会得到更多的应用。

以 PMC+Partnering 模式实施项目管理,还需在优化合同文本方面做出相当的努力。这种模式签署的不是一般的总承包和单纯的项目管理合同。承包商和业主在签署项目管理合同的同时,还需签署一份非合同条款,即 Partnering 项目管理协议。这种基于诚信原则的联盟协议不具法律效力,在相关政策方面国内也没有明确规定。对此,建筑部门最好能推出一系列适于我国市场情况的规范协议。

另外根据现行法律、法规,必须要在规定数额之上进行项目的管理监督。然而,PMC+

Partnering 项目管理模式是基于诚信为本的，PMC 总承包商与业主之间是完全信任的关系。在这种情况下，业主不用监理，有效节省了投资。但这与国家推行的监理制度有矛盾之处。解决这一问题的方式，可以考虑在业主与承包商签署 Partnering 协议的同时，再与承包商内的监理部门或公司签署一个监理合同。这样做虽然有些不伦不类，但严格来说符合我国现行法律规定。

二、以理念创新促进理论研究与实践探索相结合

PMC 和 Partnering 模式作为在发达国家兴起并得到广泛应用的新模式，引入我国时间很短。不论是实践应用还是理论研究都很不深入，推广起来也存在一些障碍，当前迫切需要对其进行深入的研究。同时需要调整建筑管理理念和项目管理理念，深刻认识到成熟的市场经济体中，市场主体并不完全是竞争关系，有些可能是竞合关系，有的可能是共生关系。这就需要对 PMC＋Partnering 项目管理模式应用的边界条件、法制环境以及该组合模式的精髓、形成过程、优势、劣势等进行深入研究。同时还需要对 PMC 模式、Partnering 模式及两者组合模式在发达国家建筑市场上的应用情况进行深入考察，梳理、归纳其特点及相应边界条件的特定要求，结合项目管理理论进行深入分析。尤其需要对比中国建筑市场的情况，找出其与之相关的共同点和差异，提出项目管理模式的改进方案和政策法规的修改建议，以使其功能和作用得以有效发挥，促进我国建筑业的发展。

三、业主与承包商间的业务关系及诚信问题

Partnering 模式最早形成于发达国家市场成熟、业务联系多的大公司之间。由于长期的合作，建立了相对牢固的战略伙伴关系，彼此相互信任，有的直接合资注册新的企业。在这类企业的建设项目中采用 PMC＋Partnering 项目管理模式非常顺理成章，一般会运行良好。因这种组合模式是以承包商和业主之间的诚信关系为基础的。西方有些大公司相互持股，还有不少共同出资合作，组建新的有限责任公司。这使得企业间的关系十分复杂，有的以资产为纽带结成多方面的利益关系，为推行 PMC＋Partnering 组合模式提供了经济基础和人际关系方面的便利。这种情况在当前中国建筑行业比较少见。但随着建筑市场的成熟和建筑业内不同行业经营领域交叉重叠现象的增多，类似的现象也会出现。如国内某著名设计院，原本划归某公司，后来作为国企又由另外的一总公司控股。目前该设计院有两个上级主管单位，和本行业的诸多集团公司原来也是兄弟单位的关系。在这类组织体系和行业内，由业务关系和历史联系形成的诚信关系，有时比具体的利益更被看重。因此，相信随着市场经济体制的完善和国内建筑法规的修改，PMC＋Partnering 组合模式会有很大的应用空间。尤其是国务院在《关于促进建筑业持续发健康发展的意见》中，明确提出“积极培育团体标准，鼓励具备相应能力的行业协会、产业联盟等主体共同制定满足市场和创新需要的标准”，相信在这一精神的主导下，PMC＋Partnering 模式未来的应用领域将大大扩展。

4.5　WDD-B＋Partnering 组合模式

在工程实践中，业主在 DB 模式的基础上，将施工图设计交给施工方，且与施工方签订 Partnering 协议，这就形成了一种新的组合模式。这种组合模式有着一定的实用价值。

4.5.1 WDD-B +Partnering组合模式的提出

根据前文关于Partnering模式的介绍可知，该模式并不存在使用范围的限制。无论是大型项目或是小型项目，无论是公立性项目或是私人项目皆适合采用Partnering模式。此外，WDD-B模式似乎已成建筑业发展的必然趋势，而Partnering模式一般不能作为独立的项目管理模式而存在。因此可以将两种模式结合起来，构成WDD-B+Partnering组合模式。WDD-B+Partnering组合模式可以充分发挥两种模式的优势，在项目各参与方彼此信任、资源共享、长期合作的基础上，实现更深层次的合作。具体操作中可将方案设计和施工图设计相分离，将施工图设计交给施工方，从而利用施工单位丰富的施工实践经验和先进的施工技术水平，提高工程建设的进度。采用这种组合模式，可有效地降低成本，保证质量，从而实现“多赢”局面，使项目各参与方最大限度地得到满意的结果。

4.5.2 WDD-B+Partnering组合模式的实用价值

一是有利于提高工程进度。WDD-B+Partnering组合模式下的项目各参与方目标明确，各方多有合作基础，易于实现资源共享和信息沟通。同时项目参与各方矛盾和纠纷较少，使得项目决策及时、准确，材料设备等供应商的供货也更加具有计划性，可有效提高工程建设的进度。另外，这种模式也可以在边进行施工图设计边施工的基础上，采用阶段发包方式，以提高工程施工进度，缩短建设周期，使建设工程能够尽快投入使用。

二是有利于提高工程质量。在WDD-B+Partnering组合模式下，项目参与各方以伙伴协议的形式结成战略联盟或工程建设综合体。各方注重和强调的是长期友好合作关系，在一时一事的短期效益上不大计较，更关注和维系战略联盟的和谐，以达到长期合作的目的。因此，一般会对自身负责的环节进行优化。如设计单位从初步设计阶段就会主动进行成本控制，施工单位在施工图设计和施工阶段更加注重质量控制，材料设备供应商也会严格地进行质量把关，项目参与各方皆着眼于提高工程质量的共同目标，以实现“多赢”的局面。

三是有利于降低工程总投资。采用WDD-B+Partnering组合模式，项目参与各方通过Partnering协议结成战略同盟伙伴关系。与传统项目管理模式相比，WDD-B+Partnering组合模式可以既不用请监理工程师也不用进行招投标，这样就可以省去两项费用。这种模式还可以充分调动施工单位的积极性，运用其丰富的施工经验和先进的施工技术，进行施工图设计，从而减少设计变更，使工程建设既能保证质量，又能降低成本。

四是有利于减少诉讼和索赔。在WDD-B+Partnering组合模式下，项目参与各方是一个利益共同体，各方信息和资源的充分交流和共享可以有效地避免不必要的争议发生。即使出现矛盾，冲突各方也可以通过内部认可的争议处理系统来进行有效的沟通交流，从而避免将一般性争议发展到诉讼的地步。因此，在WDD-B+Partnering组合模式下，项目参与各方能以最小的代价解决争议，相比传统模式而言，大大减少了在处理索赔和争议过程中消耗的人力物力财力。

五是有利于降低风险。在WDD-B+Partnering组合模式下，项目参与各方注重整体利益和目标的实现，是一种“一荣俱荣，一损俱损”的战略同盟伙伴关系。项目各参与方目标一致，并肩作战，大大降低了项目的风险，也有效地避免了设备人员闲置、等待工程和发包人拖欠工程款等风险。总起来看，WDD-B+Partnering组合模式可将WDD-B模式和Partnering模式的优点集中起来，产生集聚效应和扩大效应，能够给项目参与各方带来明显的经济效益和社会效益。这种模式具有明显的优势，是一种值得在我国大力推广的工程项目管理组合模式。

4.5.3　WDD-B＋Partnering 组合模式的适用条件

WDD-B 模式相当于在 DB 模式的基础上将施工图设计交予施工单位，Partnering 模式所签合作协议并不具备法律效力。这就需要业主对合作方非常信任，对组合模式高度认可。采用这种模式的项目合作方一般会在以往的项目中有较好的协作基础。假若在项目启动前各方形不成共识，该组合模式就无法启用。其次，应用 WDD-B＋Partnering 组合模式，要求施工方有较强的综合实力。取得业主的信任，需要施工方诚信程度高，施工能力强，设计能力充分，否则难以得到业主的认可。另外，推行 WDD-B＋Partnering 组合模式，需要建筑管理部门修订并完善相关政策。这种组合模式的应用和推广离不开政府的支持和引导，特别是建筑管理部门的政策调整，以及相关具体事项的指导，如施工单位设计资质的确定与审核、施工图纸等资料的验收和存档、施工单位的设计费用归集问题等。

4.6　BOT＋EPC 组合模式

BOT＋EPC 模式，即是政府向某一企业（机构）颁布特许，允许其在一定时间内进行公共基础设施建设和运营并收费。而企业（或机构）在公共基础设施建设过程中采用工程总承包模式施工，当特许期限结束后，企业（或机构）将该设施向政府移交。BOT＋EPC 模式其实是一种基于投资层面和建设层面的复合模式。与单一的 BOT 模式和 EPC 模式相比，组合模式能以更为市场化的方式对投资成本进行战略性控制，并统筹考虑建设成本和运营成本，从而实现眼前利益和长远利益、经济利益与战略利益的有机统一。从经济学的角度看，BOT＋EPC 模式还是一种新颖的资源组织形式。从项目管理的角度看，BOT＋EPC 模式则是一种揉合了投融资因素的工程项目建设模式。

4.6.1　BOT＋EPC 模式的特点分析

BOT＋EPC 模式作为工程项目建设的一种全新投资和管理模式，既有效解决了地方政府建设资金短缺难题，又为综合经营能力强的建筑企业提供了更多机会，提高了项目建设管理水平。在这种建设模式下，总承包商在业主的监管下，是项目建设管理的主体，并被赋予了足够的自主权。该组合模式将 EPC 建设模式下的设计、采购与施工界面间的协调工作由传统的外部接口转变为内部接口，提升了现场解决问题的能力。

在 BOT＋EPC 建设模式下，由于投资、管理、施工、运用都是一家或一个联合体，业主和施工方目标同向、工作同体、责任同担，可以有效避免单一模式下业主和施工单位的利益冲突，克服工作任务不清晰等产生的损耗。同时可以按照最节约的方案施工或修改设计，更好地实现建设项目的进度目标、质量目标以及成本目标。该组合模式有许多突出的优点，在我国建筑行业已有不少成功的范例。如 2015 年 11 月 26 日，河北省首条 BOT＋EPC 高速公路故城支线通车，工期相比传统模式提前约 17 个月。

4.6.2　BOT＋EPC 模式的优点

该组合模式有利于拓展融资渠道，解决政府建设资金不足的问题。BOT＋EPC 模式的实施可充分发挥 BOT 模式的融资功能，在很大程度上实现公共基础设施建设投资主体多元化。同时，有利于融资能力强、专业化程度高的企业参与市政工程建设。如重庆市在高速公路建设中引入中国铁建、中交集团等央企参与，取得了良好的效果。有效缓解了公路建设资金不足的矛盾，加快了重庆市的高速公路建设。

BOT＋EPC 模式有利于优化资源配置，合理控制建设成本。该组合模式非常适于总承包单位发挥在设计、施工组织和项目管理方面的经验，便于集中采购、整合社会资源、进行专业化管理，进而形成建设高效率和规模效应。该组合模式中总承包单位同时具备投资人身份或投资人利益关联体身份，投资人的产权约束机制能有效传递给总承包单位，利于达到合理控制投资、节约社会资源的目的。

该组合模式有利于实现建管养一体化，提高综合效益。BOT＋EPC 组合模式，可使投资人和工程总承包单位在项目的投资效益和工程质量、安全、进度目标上更大程度地趋于一致。投资人在工程管理方面的要求比较容易在设计施工过程中得到执行。同时，从利益机制上可使工程总承包商和运营商更加重视建设和运营期内的全寿命周期成本，从而确保建设质量和工程耐久性，进而实现综合效益最大化。

该组合模式还有利于规范市场秩序，降低腐败风险。将项目投资与设计、施工一体化，减少诸多管理环节，也减少权力寻租的机会。同时实质性地提高建设市场的准入条件，在一定程度上避免无序竞争。该组合模式与传统的分段分项工程招标相比，工程总承包通过一次性招标方式减少了招标环节，通过总价固定合同减少变更数量，缩小权力寻租空间，从而有利于降低工程建设领域的腐败风险。

4.6.3　BOT＋EPC 模式的缺点

该组合模式项目风险大。一般 BOT 项目的建设经营周期长，从与政府谈判、进行可行性研究到经营周期结束，时间跨度往往历经数年甚至数十年，因此不可避免地存在多种风险。比如融资的高成本和长周期、金融行市的变动、债务风险以及与经营方式相关的风险等。在该组合模式下，一旦项目确定，风险全部转移到总承包商，由它自主经营，自负盈亏。对于政府来说，由于项目运营期长，期间各种变数都有可能出现，也存在一些潜在的麻烦。

项目资金可控性较差。BOT＋EPC 组合模式应用较少，各方经验都存在不足。尤其是政府方面，由于不是出资方，项目规划和投资监管力度较小，对投资人和总承包商政策激励多于控制。有的承包商利用工程量和工程变更来故意套取其他项目投资人的资金，特别是代表政府方的政府投融资平台的国有资金。根据已实施的 BOT＋EPC 模式的建设项目来看，承包商最有可能从两方面来故意套取资金：一是故意加大设计工程量，使项目总投资增加，从而获得其他投资人更多的项目资金；二是在不变更合同价格，即不符合开口条件的情况下，故意变更减少工程量，获得相同的工程投资。

对项目管理团队要求高因而显得人才匮乏。BOT＋EPC 模式下的建设项目涉及的专业包括金融、保险、法律、资产评估与清算、工程技术等，且 BOT＋EPC 模式在建设项目的资金筹措、合同谈判、项目实施、经营管理、收益计算与分配、合同纠纷的解决以及相应政策的制定等方面，都有一套独特的运行规则和办法，需要专门的机构和人员负责组织实施，而目前 BOT+EPC 模式下建设项目的专业人才还十分缺乏。除项目管理团队要求较高外，对政府相关管理部门(政府质量、安全监管部门)的专业人员要求也较高。因专业人才相对匮乏，导致的部分项目规划比较粗糙，管理亦不精细。有的投资控制比较松，运营期的要求低。有的没有具体标准，造成一些矛盾和纠纷。如何能在这些问题上使政府既把市场的机制用好，又能让管理职能不缺位，应该是下一步研究和探索的方向。

案例四：长沙磁浮快线工程建设的做法和启示

长沙中低速磁浮轨道交通项目不仅在相关技术领域实施了系统性创新，而且在项目发起、筹组、融资和项目管理模式方面实现了一系列突破。该项目是以 PPP+EPC+后续综合开发(The Follow-up Comprehensive Development)组合模式实施的成功范例。

一、项目概况

长沙中低速磁浮快线工程连接长沙南站和黄花机场，线路全长 18.5 km，于 2014 年 5 月开工建设，2016 年 5 月 6 日开通试运营，是我国首条自主研发的中低速磁浮轨道交通商业线，也是世界运营里程最长的中低速磁浮线。

长沙磁浮铁路是国内第一次采用 EPC 模式建设的磁浮线路。线路采用具有完全自主知识产权的中低速磁浮交通系统。磁浮列车由中国中车株洲电力机车公司与国防科技大学等高校研发制造，设计最高时速 100 km，每列车最大载客量 363 人。相较从德国引进、应用在世界首条商营磁浮专线的上海高速磁浮列车，长沙中低速磁浮列车具有安全、噪声小、转弯半径小、爬坡能力强等特点，其中多项成果达到国际领先水平。中国也由此成为世界上少数几个掌握中低速磁悬浮列车技术的国家之一。

该项目法人为湖南磁浮交通发展股份有限公司，负责项目的投资、建设和运营。公司的发起源于中车株洲公司以自主研发的中低速磁悬浮列车专利技术向长沙市政府提出的项目投资建设方案及申请，并得到中国铁建的全力支持。长沙市政府根据《中华人民共和国政府采购法》，通过竞争谈判的方式，从参与竞争的 3 家公司中，最终确定由中国铁建股份有限公司为磁悬浮工程项目合作伙伴。中国铁建决定由中铁四院总包，中铁十一局、中铁十二局、中铁十六局、中铁二十三局、中铁二十四局和中铁城建六家单位分包建设。

作为长沙磁浮铁路设计的主体单位，中铁四院从二十世纪九十年代后期，便在磁浮交通技术研究领域悄然犁地。先后组织人员考察德国、日本等国的磁悬浮试验线，邀请外国磁悬浮科研机构来武汉交流，先后完成《磁悬浮铁路站前设计参数前期研究报告》、《中低速磁悬浮技术系统研究报告》、《长沙南至黄花机场磁悬浮项目可行性研究报告》等科研设计成果。

随后在湖南省委、省政府推动下，湖南省相关各方相继展开项目前期准备工作，对可行性、安全性和环保性等进行专题研究。2014 年 3 月，长沙市财政局正式向省财政厅提出申请，将长沙磁浮快线纳入全省首批 PPP 试点项目。

长沙磁悬浮工程位于长沙市雨花区和长沙县境内，项目核准的概算总额为 46.04 亿元，技术经济指标为 2.48 亿元/km。如果按以往的模式进行建设，政府将是最大的投资方和管理方，这对于政府的财政压力是十分巨大的。长沙市政府及时抓住国家在交通基础设施建设领域开展 PPP 试点的政策机遇，积极响应中车株机的建议，并邀请中国铁建等战略投资者合作。在经过紧张密集的沟通和准备后，于 2014 年 6 月 20 日，长沙磁悬浮工程项目公司注册成立，注册资本 12.8 亿元。其中：长沙市轨道交通集团有限公司（出资 4.2 亿元，占比 32.81%）、湖南省铁路投资集团有限公司（出资 3.8 亿元，占比 29.69%）和湖南机场股份有限公司（出资 1 亿元，占比 7.81%）代表省、市政府出资。这意味着：通过多方合作建设长沙磁浮快线，省、市政府只需投入合计持股 70.3% 的资本金 9 亿元，其他部分由社会资本方承担，政府即期投入减少了 30 多亿元。社会资本由中国铁建股份有限公司出资 2.8 亿元，占比 21.88%，并承担本项目的 EPC 总承包任务。此外中车株洲电力机车有限公司出资 1 亿元，占比 7.81%。项目融资结构如图 4—3 所示。

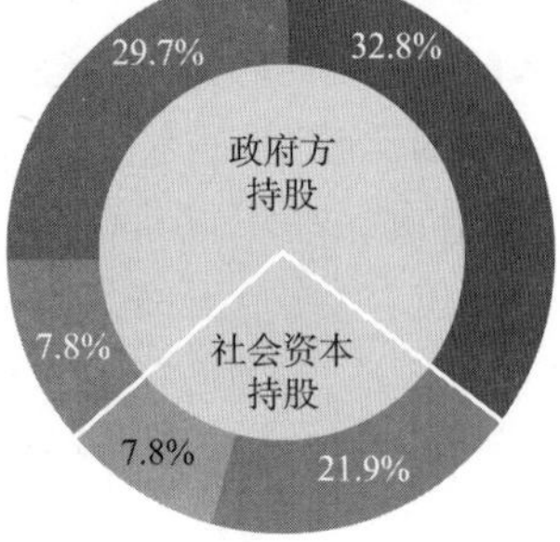

图 4—3　长沙磁悬浮项目融资结构

在磁浮 PPP 项目的融资方面，在建设期由项目公司提供信用担保，在运营期转为以项目资产抵押和收益权质押担保，同时作为股东的社会资本提供全程连带责任保证。同时，项目公司与工商银行牵头的银团签订 26 年期、基准利率、总金额为 32 亿元的银团贷款合同，项目获得了充实的资金支持。

在社会资本方的收益方面，政府方与社会资本方进行过多轮博弈。最开始，社会资本方提出年收益 12% 的要求，但经过几轮“拉锯”，先后将收益率降到 8% 甚至 6%。社会资本方的收益包括两部分：一方面，中车株机和中国铁建，都是项目的要素提供方，其回报的重要来源包括项目的施工利润、售车利润等。另一方面，中车株机和中国铁建作为项目公司股权的长期持有者，也受益于项目公司的未来现金流，包括长期稳定的票务收入、辅业收入等。长远的潜在利益则在于先于其他企业介入新的领域，为未来市场竞争赢得主动。

二、项目的突出特点

长沙磁浮项目最突出的特点是从资源整合的角度发挥了各方的优势。这是一系列体制机制创新的结果。该项目以 PPP 模式运作，对长沙市来说省人、省钱、省事，只需集中力量于监管和服务。对中国铁建来说，作为轨道交通设施建设的国家队，有雄厚的综合实力，特别是项目管理经验丰富，技术人才储备充分、齐全，还有充足的资金，具备工程项目 BT、BOT 实施和运营的资本和管理经验。以中铁四院牵头为总承包单位，能够从优化设计方案抓起，衔接好设备制造和现场施工，确保项目的技术保障水平、投资控制、工期要求和质量保证。对中国铁建及中铁四院来讲，项目的吸引力主要是：与地方政府合作，减小了风险；长沙市分担了部分资金，减少了压力；尤其是磁浮工程属于技术性较强的高精尖基建领域，先期进入意味着抢占先机，在技术、经验等方面先人一步，有利于企业竞争力提升和未来相关市场的开拓。

该项目的典型特点是融资模式、建设模式、运营模式、后续综合开发模式的系统应用。这种项目管理模式的系统性创新，具有十分重要的现实价值，为在国内和世界上相关领域的探索和尝试提供了有益的参照。中国铁建采用“投融资＋设计施工总承包＋采购＋研发＋制造＋联调联试＋运营维护＋后续综合开发”全产业链协同发展的建设模式，向长沙市提供了中低速磁浮轨道交通一站式解决方案，开创了城市基础设施建设中引入社会资本进行探索、建设、运营的先河，具有多重的创新价值。

自项目实施以来，中国铁建所属中铁四院等 10 家集团公司，把建设现场作为创新的场地。

作为总承包的牵头单位，中铁四院坚持设计引领研发，研发支撑设计。依托长沙中低速磁悬浮轨道交通建设，完成中低速磁悬浮系统 10 余项技术研究，计划挖掘专利 300 项，已挖掘 150 余项，已申报 110 余项。大量的科研工作攻克了诸多技术难关，支撑了中低速磁浮工程设计。中铁十一局等建设单位坚持设计与施工联动，不断优化施工组织方案，驱动设计改进。设计供图以施工需要为目标，强化项目的整体统筹协调，科学合理优化设计方案，动态调整施工组织方案，提高了工程实施的经济性和时效性。施工单位和设备供应商坚持设计把关制造，设计统筹联调联试。中国铁建对"四电施工＋工程安装＋联调联试"等确保开通的关键环节进行统筹安排、系统实施，较早规划站前工程与站后机电系统的衔接，为站后工程施工、设备安装做好铺垫。同时对铁建重工的道岔安装、中铁十一局 F 轨铺设、中铁建电气化局的供电设施安装、中车株机的车辆生产等综合协调，做好联调联试各项准备工作。

该项目对地方政府的示范性特征，是实现了基础设施建设由政府信用支持下银行贷款向利用项目未来收益进行内源融资的重大改变。作为湖南省首批 30 个 PPP 示范项目之一，长沙磁浮快线堪称成功典范。在工程建设期内，社会投资方分担了建设投资，大幅减少政府投资额，合理改善该项目的负债结构。同时有效分担政府对该项目的财政投入压力，拓宽城市轨道交通建设资金来源，加快城市轨道交通建设速度。在项目实施过程中，注重利用市场的力量整合资源，并进一步优化管理体系。政府与社会资本各方共同参与项目的确认、技术方案设计和可行性研究工作。并采取有效的风险分配方案，让各参与方合理地分担风险。另一方面通过引入社会资本方在磁浮工程运营线路中先进的设计、施工经验，从而形成"多家单位、一家建设、充分协调、共谋最优"的良好局面。在对项目建成后运营方式的安排上，进行一系列的制度设计和机制创新。长沙磁浮工程 PPP 模式的运作尝试，使项目运作体系由政府主导经营向市场化经营转变。通过磁浮公司自主经营，充分发挥企业的积极性，从而提供更为高效的公共产品服务。在政府的支持和监管下，磁浮交通投资、建设和运营步入市场化、规范化、法制化的轨道。

三、长沙磁浮项目的经验和启示

长沙磁浮项目的成功实施，在很大程度上得益于项目管理模式的创新。中国铁建采取"投融资＋设计施工总承包＋采购＋研发＋制造＋联调联试＋运营维护＋后续综合开发"独创性建设模式，整合中铁四院、中铁十一局、中铁十二局、中铁十六局、中铁二十三局、中铁二十四局、城建、重工、物资、电气化局等 10 家单位，在项目技术新、时间紧、任务重、要求高的巨大压力下，攻坚克难，协同作战，快速有序地推进项目建设，实现项目的各个节点目标，提供设计、施工、产品制造、运营维护等全产业链服务。特别是在中低速磁浮轨道交通建设方面积累了丰富的经验，在国内同行业中占据了领先地位。

该项目的成功实施还得益于系列技术创新。中低速磁浮存在诸多设计及施工关键技术，依托长沙磁浮工程建设，中国铁建作为参建单位开展了多项科研课题研究，计划挖掘专利 300 项。其中仅中铁四院围绕全线高架的桥梁方面就计划申请专利 10 项。正是基于大量的科研成果，长沙中低速磁浮工程在实施过程中确保了工程的顺利推进，实现了"出工法、出专利、出科研成果"的既定目标。

融资模式的创新。PPP 模式作为新型的公共产品和服务投入机制，是扩大有效投资需求、推进经济结构调整、适应经济发展新常态的重要手段。通过引入社会资本建设长沙磁浮快线，省、市政府只需投入合计持股70.3%的资本金9亿元，其他部分由社会资本方承担。即使是项目公司贷款，也是采取有限追索的项目融资模式，风险锁定于项目本身。这种政府方与社会资本方以契约形式，结成合作伙伴，充分发挥社会方的能动性和创造性，让专业的人做专业的事，有利于提高公共产品供给效率和公共服务水平。这也是长沙磁浮快线得以在一年多时间就建成的原因。

在发挥政府财政资金引导作用方面走出了一条新路。长沙磁浮快线采用PPP模式，发挥财政资金的“撬动”作用，吸引社会资本参与，达到了政府、社会、企业多方共赢的效果。除了PPP模式本身具有减轻政府负债、提高公共产品供给效率、激活社会资本三重效应之外，从宏观上该项目还具有深远意义，已经或即将带来“1+1>2”的社会效应。特别是在推动全省产业转型升级效果初显。中车株机生产的具有完全自主知识产权的中低速磁浮列车，完全符合“智能、绿色、高端”理念和“中国制造2025”标准的两型产品。通过该项目建设，一方面可推动中车株机磁浮技术快速产业化，尽快推向全国甚至参与“一带一路”建设。另一方面，还将对湖南省产业转型升级起到“火车头”的示范带动作用。另外，长沙磁浮快线把地铁、高铁、航空、高速公路、城市干道无缝连接起来，使长沙成为实现与磁浮列车“空铁联运”的交通枢纽，这对两型城市建设、长株潭产城融合发展及旅游业、现代服务业等两型产业融合发展，都将起到巨大的推动作用。

第5章 我国铁路工程项目管理模式的创新取向与探索

伴随着经济的高速发展和工程建设项目日趋大型化、复杂化的现实，项目管理模式亦在不断演化过程中。从单纯的项目管理模式到项目管理与融资模式的融合，再到不同模式的优化组合，项目管理模式的演进与经济成长和技术升级有着内在的联系与互动机理。探索这种机理和演化脉络对项目管理模式创新取向的把握和探索具有重要的启示意义。Partnering（伙伴协议）模式作为在市场经济相对发达国家及地区兴起的一种新兴模式，其形成和发展亦有着内在的机制。考察多年来我国铁路工程项目管理模式的演进过程，未来部分地尝试与之类似的协议模式，可能是一种值得探索的选择。

5.1 我国铁路工程项目管理模式演化和探索过程分析

自新中国成立以来，我国铁路工程项目管理模式的演化过程，随国家整个经济和建筑管理体制的改革而不断调整，大致经历了四个阶段。

1949年至1986年，以行政指令方式分配和管理铁路工程项目。突出特点是设计、施工相分离，1983年开始以投资包干责任制管理建设项目。1987年至1998年，以铁路发包公司和工程指挥部的形式管理建设项目，以方案竞争的方式选择设计单位，以招投标方式选择施工单位，期间曾试点设计施工总承包。1999年到2007年实行铁道部和铁路局委托工程管理中心行使建设管理职能，通过招投标选择施工、监理单位，合资铁路则由铁道部委托铁路建设开发公司与其他出资方组建项目法人，实施建设管理职能。自2008年至今，随着铁路投资的不断加大，项目管理模式也进入了新的探索阶段，代建制、竞争性谈判等相继引入铁路工程项目的管理过程中，对推动项目管理模式的改革产生了深远的影响，并带来了一系列的管理创新。

5.1.1 代建制模式的尝试

铁路工程项目作为在规定的建设期限和有限资源的约束条件下，通过设计、施工和试运营等，最终形成固定投资产品的临时性组织形态和一次性生产活动，具有自身典型的特点，又与整个社会经济大环境密切相关。我国的铁路工程项目实施及项目管理模式的演进与经济运行模式相联系，与技术发展水平亦呈现出正向的互动关系。改革开放以来，随着国家经济体制改革的持续深入、铁路管理体制的优化调整、国民经济的快速发展和铁路技术的提升，铁路工程项目日益向大型化、综合化、投资多元化方向发展。其项目内容亦日趋复杂，不仅包括土木工程建设，还涉及大量的专业设备制造以及安装工程。适应工程项目的大型化和复杂化，工程项目管理模式的改革亦在不断地深化并呈现出多样性的特征。

伴随着经济全球化发展和投融资体制改革的深化，进入新世纪以来，国务院提出可在非经营性政府投资项目中积极推行代建制，由专业的项目管理机构实施建设管理工作。代建制作为我国工程建设项目投融资体制改革和政府管理模式转变过程中出现建设管理体制的创新，是改革开放以来，建设领域由项目法人制、项目管理制及招投标等制度演化的衍生物，其理论基础是经济学中的委托代理理论，这也与国际上通用的代理建设制接轨。

从近些年铁路建设管理模式演进过程来看，代建制在铁路建设中的应用实践一直在持续探索中。部分铁路建设项目采用与代建制相近的管理模式相继取得成功，完全采用代建制模式的一些铁路建设项目已经积累了相当的经验，也总结梳理出相关的教训，为今后我国铁路建设领域内大范围推行代建制模式奠定了一定的基础。

乌鞘岭隧道项目是铁路建设采用代建制模式的典型。当时该项目投资单位为铁道部，铁道部工程管理中心受铁道部委托作为建设单位，履行项目业主责任，工程竣工后移交兰州铁路局运营。工程建设方案确定后，铁道部工程管理中心在现场成立乌鞘岭隧道建设指挥部，具体负责项目的组织实施。虽然该项目依然沿袭“指挥部”称谓，但其行政色彩与传统模式相比已经淡化许多，尤其在具体实施中，与传统项目管理模式相比，体现出多方面的改革与探索，并体现出一定的优越性。

代建制引入铁路建设领域的标志性工程是昆明铁路集装箱中心站项目。该项目业主为中铁集装箱公司，代建单位为昆明铁路局。从整个项目运作的过程来看，总体效果比较明显。项目综合管理水平有所提高；可行性研究报告等前期工作比较深入；因直接的利益关系，项目的征地拆迁工作进展顺利；初步设计方案能够按照可行性研究报告要求进行修改并不断优化；代建单位管理行为慎重；工程质量、工期和资金使用符合合同要求，项目取得了圆满成功。此项目的代建制试点，为在新形势下创新铁路建设管理体制进行了积极的尝试和探索，对铁路建设管理模式的改革起到了积极的推动作用。

5.1.2　竞争性谈判的引入

我国铁路建设项目由最初与计划经济体制相适应的行政指令式管理，到改革开放后向市场经济转型过程中实行的招投标制度，再到进入新世纪以来社会主义市场经济体制相对完善背景下代建制的实践与尝试，所有的探索都是围绕着提高投资效益和建设效率来进行的。行政指令式缺乏竞争，效率低下，效益难以保证。招投标机制竞争激烈，但无形投入增加，围标、串标、多层转包、低价中标导致的工程质量有时难以保证。代建制探索富有改革和创新价值，但在有些情况下又被认为行政指令的色彩过浓。在这种背景下，竞争性谈判被逐步引入到铁路工程建设管理过程中，且显示出明显的优越性。

由于铁路工程项目日益复杂，所需物资种类繁多，设计、施工专业性强，技术难度大，再加上招标金额参差不齐，市场环境变化等因素，招标失败的情况虽然很少，但相关单位中标后建设效果不理想的情况很多，有些问题处理起来十分艰难。在这种情况下，竞争性谈判逐渐成为铁路工程建设和物资设备采购中广泛采用的办法。竞争性谈判是《政府采购货物和服务招标投标管理办法》规定的物资采购方式之一，其第四十三条规定“投标截止时间结束后参加投标的供应商不足三家的”、“招标文件没有不合理条款、招标公告时间及程序符合规定的，同意采取竞争性谈判、询价或者单一来源方式采购”。《中华人民共和国招标投标法》、《工程建设项目货物招标投标办法》中明确规定，招标分为公开招标和邀请招标。严格意义上讲，竞争性谈判不属于招标范畴，应为招投标活动结束后的延续。

按照公平、公正、公开、诚信和效能原则，竞争性谈判应参照公开招投标的程序进行，但可适当简化。和其他的招投标方式相比，竞争性谈判具有相对灵活、效率高、经济性好等特征。能够在很大程度上节省招投标企业的工作时间，节约投标企业的成本费用，并进一步促进企业之间的交流合作。近些年来铁路建设项目中大量采用竞争性谈判的模式选择施工单位。典型的如桂林市临桂区四塘镇公园及广场建设项目铁路 10 kV 贯通迁改工程、中铁三局玉磨铁路项目外加剂选购以及中铁十局大临铁路项目中水泥采购均采用了竞争性谈判。

由于探索和尝试时间较短，现阶段我国铁路建设项目以竞争性谈判选择设计、施工单位，还存在程序、流程不完善等问题。建设管理部门对于铁路建设项目的竞争性谈判亦缺乏完善的管理机制。但是竞争性谈判作为一种历史形成的管理模式，具有强大的生命力。相信随着理论研究和实践探索的不断深化，竞争性谈判会逐渐完善起来。

5.1.3　铁路工程项目管理模式变革趋向——Partnering 模式的引入

从前面所述可知，我国的铁路工程项目建设管理模式变革既是随计划经济到市场经济逐渐深化的过程，也是铁路建设管理逐渐走向专业化、社会化、科学化的过程。这种深化和科学化既与整个社会的经济大背景有关，也与铁路建设管理部门和建设单位追求高效益和高效率有直接关系。这一过程将会随着经济发展和科学技术的进步而不断深化、完善。从以往和当前的情况看，这种渐进的过程不会停留在某一组织形式或是完全统一于某一特定的建设管理模式，往往会出现多种形式同时存在的状态。且各种模式相互借鉴、相互补充，甚至相互融合。有些还与融资模式紧密结合，并不时创造出新的模式。

Partnering 模式作为一种在欧美国家兴起的新型、先进的项目管理方法，在国际上迅速流行扩展开来。该模式在缩短工期、降低造价、提高质量、减少诉讼与索赔、保持各方和谐等方面取得了明显效果，在当今国际上已经成为一个新的潮流及研究热点。将 Partnering 模式引入到我国铁路工程建设领域，对于提高我国铁路工程建设项目管理水平，增进工程建设效益，促进我国项目管理的改革、创新与发展，丰富我国铁路工程建设项目管理理论，具有重要的理论意义和现实价值。

就像最早产生于西方国家的工程招投标模式源于且基于否定传统形式的合约一样，Partnering 模式在欧美等国的诞生也是源于并基于克服招投标模式的诸多缺陷。同时现代大型工程项目在融资方面陆续推出了一系列创新性举措，融资模式的创新必然带来工程项目管理模式的调整。近些年来由于我国铁路建设发展迅猛，各地方政府和相关市场主体对投资铁路建设积极性前所未有地高涨，使得原来铁路建设融资渠道单一的状况得到了很大改观。多渠道融资丰富了融资模式，新的融资模式又带来与之相适应的项目管理模式的调整和改进，这为将 Partnering 模式引入我国建设管理领域提供了十分重要的机缘。

国家为适应国际资本登陆中国和工程项目大型化、国际化趋势，于 2013 年强力推进铁路政企分开，组建了中国铁路总公司，为深化铁路投融资改革，促进铁路持续发展创造了良好的前提条件。2013 年 8 月 9 日，国务院下发了《关于改革铁路投融资体制加快推进铁路建设的意见》(国发〔2013〕33 号)，加快向社会资本放开城际铁路、市域铁路、资源开发性铁路和支线铁路的所有权和经营权。支持地方政府、社会企业投资铁路建设或参与铁路经营开发。这对拓宽铁路建设融资渠道，充分运用各种融资工具，多种方式筹集建设资金，提供了政策上的保障。同时对铁路建设项目多途径融资和项目管理模式的创新提供了更加宽松的外部环境。

与融资模式的调整密切相关，多元投资主体、建设和运营主体的参与，必然要求项目交付方式也要进行随动性地调整，这种调整自然会对项目管理模式带来影响。铁路建设项目交付方式不仅影响着铁路工程项目参与各方的角色和责任，也从设计、采购和施工等方面大致地确定了项目实施框架。对一个特定的铁路工程项目而言，项目交付方式的选择在很大程度上影响着项目的实施效率，因而被视为铁路工程项目建设的一个重要因素。过去，我国的铁路建设项目交付模式长期处于简单的承发包模式，工程总承包模式比较少。由之导致的工程各参与方之间关系对立、沟通交流不畅，扯皮增多，使得铁路建设项目工程变更等居高不下。随着铁路管理体制改革的逐步推进和多元投资主体的加入，项目交付方式也正在发生深刻的变化。这种变化对项目管理模式的改革产生了积极的推动作用，在相互之间合作紧密的投资主体和相互持股的多元投资主体共同参与的项目中，尝试 Partnering 模式成为可能。

现代铁路工程日益向大型化、高技术化、复杂化方向发展。工程建设的复杂性一方面要求项目各参与方独立地开展工作；另一方面又迫使各方采取共同行动，应对各种困难。因此在尊重合作方利益与需求的前提下，探究合作中的深层次关系，通过协调行动提高工作效率，整合工程资源，降低运行成本，成为各相关方的共同诉求，这为 Partnering 模式的应用提供了有利的条件。

将社会资本引入铁路建设领域，为 Partnering 模式在我国的尝试提供了现实的可能。自 2013 年以来，在中央政府的大力推动下，以 PPP(Public Private Partnership)模式强化城市基础设施建设和公共服务水平的提升显示出了巨大的优势。2017 年 5 月 22 日，中东联合体以 PPP 模式投资并承建浙江省台州市域铁路 S1 线正式签约，标志着国内首个市域铁路引入社会资本建设和运营开始起步。与之相适应，工程建设管理模式的创新亦在持续地探索中。中国经济发展进入新常态后，以要素投入为主推动经济增长的方式难以为继，以科技创新实现新旧动能的转换势成必然。在这种大背景下，以技术关联、产业关联、资本关联的各种产业集群会逐渐发展为类似于日本和韩国的商团模式，这类商团经营范围一旦进入到铁路领域，Partnering 是最可能选择的项目管理模式。

5.2 铁路工程项目采用 Partnering 模式的粗浅讨论

伴随着市场经济体制的逐步成熟，工程项目管理模式亦会随动性地不断更新和完善。在铁路建设由国家单一投资向多元主体投资过渡进程中，加上交付和运营方式的改变，铁路工程项目采用伙伴协议模式(Partnering)，很有可能成为未来项目管理模式的重要选项。

5.2.1 从传统模式到伙伴协议模式演变趋势分析

随着铁路建设投融资体制的改革，铁路工程项目的资金来源不再是单纯的铁道部和现在的铁路总公司。而且从未来趋势看，铁路总公司的股权结构也可能会发生变化。目前已有个别铁路项目吸收社会资本参股。照此趋势发展下去，铁路投资主体将逐步形成国家投资、地方政府投资、社会资本投资、甚至国外资本投资的多元投资格局。其中的战略投资者很有可能会发展成日韩等国的商团模式。在这种情况下，投资企业对项目从经济效益和社会效益等各方面进行充分评估和论证后，自然会选择与其有长期合作关系、也可能相互参股且与信誉好的诸多相关施工企业，采取竞争性谈判签订短期或长期的 Partnering 协议。各合作方在特定时期和一系列相关项目建设期内，在充分权衡各方利益的基础上确定一个共同的工程项目建设目标，通过相对长期和稳定的合作实现风险和费用共担，确保各投资方和建设单位共同目标和利益的实现。这种由利益相关方结成的“伙伴协议模式”，往往是在融资阶段由合作方共同投资，在工程建设环节采用 Partnering 模式。其实施过程如图 5—1 所示。

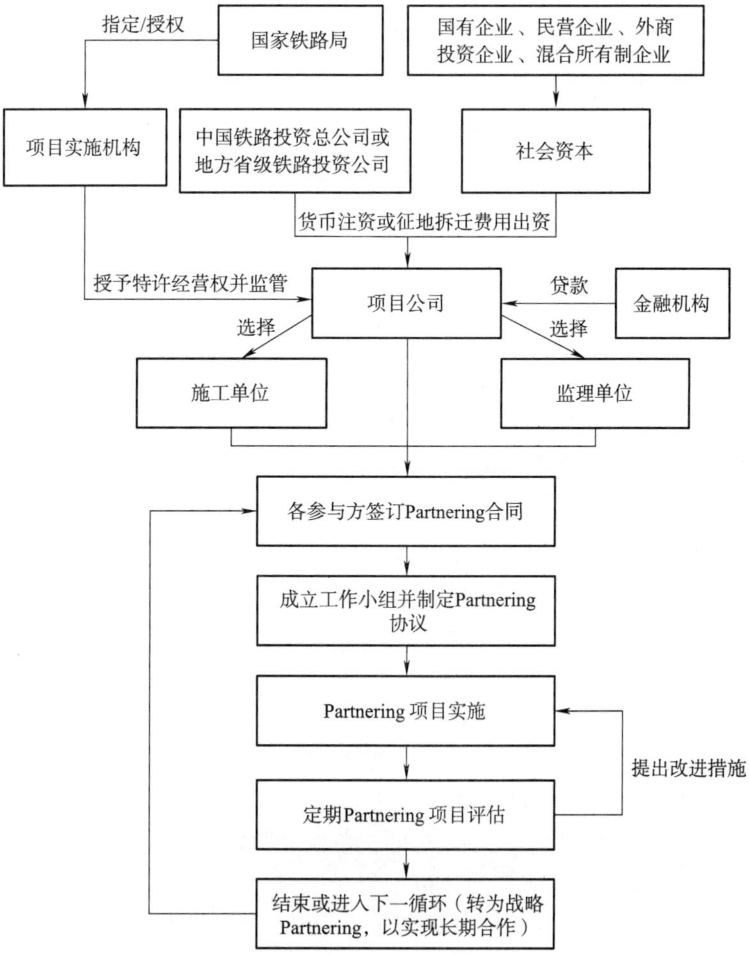

图 5—1　铁路工程建设实行伙伴协议模式流程图

伙伴协议模式最突出的特点是减少各种纠纷。在传统项目管理模式规治下，由于各参与方过于注重自身利益，特别是短期利益，奉行“一锤子买卖”的理念往往会主导建设方的行为。这就难免造成许多建设项目目标的分裂。整体目标被忽略，甚至引起纠纷，且更多地通过诉讼来解决问题。而伙伴协议模式能显著地减少这种项目目标和各相关方分裂破碎的现象，大大地降低纠纷的产生和对诉讼的依赖。另外，伙伴协议模式并不仅仅是铁路建设项目融资模式和项目交付模式两种模式的简单叠加，而是一种和谐社会理念下协同共享原则在铁路建设领域的现实化。实质是通过调整项目投资主体与业主、施工单位和监管单位等利益相关者之间的关系，推动项目管理模式的创新，提高各方的创利能力。这不仅可以克服传统模式存在的纠纷、诉讼、设计变更等问题，还可以提升建设管理的效率。进而促使项目管理更加科学化，以更加成熟的市场化方法而不是简单生硬、单纯奉行零和游戏的招投标方法选择建设单位。应该说这是对招投标模式的优点和缺点有选择扬弃的一种有价值的探索。就像招投标模式是对行政命令式选择建设单位做法的扬弃一样，是在更高层次上的否定之否定过程。

铁路工程项目建设管理从传统模式向伙伴协议模式演进，受市场经济发展由不成熟向相对成熟转变的外部环境影响较大。另外还与市场经济发展到一定程度项目融资模式的演变紧密相关。在整个社会由单一国有占主导到多元投资主体演进过程中，铁路建设项目也会迟早结束国家投资作为单一主体的格局。从宏观趋势上看，融资模式的创新有利于吸引社会资本参与铁路项目建设，可逐步减轻铁路行业的投资压力，又使民间资本获利，部分地实现政府和社会资本的双赢。从微观领域展开分析，项目交付模式的创新和采用 Partnering 模式，是基于投资主体以前的合作记录挑选实力强的施工单位和监理单位进行建设和监管，通过签订 Partnering 协议直接合作，省去了耗时、耗力以及耗资的工程项目招投标环节。且在 Partnering 模式下，有利于各方共同建立相互信任的合作团队。密集沟通和直接交流的增加，可使项目设计、施工中的错误和变更减少，有利于提高项目管理的效率和水平。

5.2.2　铁路建设项目实行伙伴协议模式形成过程分析

基于铁路工程建设管理从传统的招投标模式到伙伴协议模式演化过程的考察，可以明显地看出，所有铁路建设单位多年来无数次招投标激烈竞争的结果必然会走向一定程度的联合、结合或融合。多重的反复博弈会使众多竞争者结成不同类型的联盟。如果招投标模式不更新或改革，部分竞争者会以私下协商的方式围标、串标，也可能公开以联合体的形式投标。当建设管理部门逐步发现其弊端，转而推进管理模式改革，以竞争性谈判或代建制等消除其原有模式不良影响时，也会反过来促使众多建设单位结成伙伴关系。由前面的分析可以看出，Partnering 模式的演化过程与铁路工程项目建设管理不同的发展阶段以及每个阶段的发展状态有直接关系。这种合作会由最初的自发合作、自觉结成联合体投标、建立战略联盟、兼并重组等扩大合作的深度与范围，在与业主和建设管理部门的互动中，渐渐发展出伙伴协议模式。其过程往往会从简单合作、协议联盟到协同集成等几个阶段。

首先是铁路工程项目建设单位在多次与同类单位的博弈和与业主的合作与争端中意识到合作的必要性和重要性。项目相关方实质是以项目为联结的利益共同体，任何企业在累次的竞争与合作中，都会看到合作的重要性。同时企业在价值链分割、对外协作、成本控制及政府引导等共同作用下，往往会自觉与业主、设计单位、监理单位展开第一次合作。在合作的初期，各方会逐步探索其初始模式，并按照该模式实施合作并进行责任的分担与获益的分配。在这个探索过程中，双方的合作存在着不断的冲突，但一般均会局限于合作区间内，不会突破其各方把控的边界。

尔后随着合作的进一步深化，各方会陆续提出深化合作的建设意见，经交流沟通和协商，逐步形成第二次合作的修正模式。随后按照该模式实施合作并进行责任的分担与获益的分配。在最初的几次合作过程中，由于各方没有建立全面信任关系，因此契约仍是不可缺少的协作制约方式，双方或多方基于缔约关系和部分信任关系实现合作。

随着由简单合作到协议合作再到深化合作不断发展，合作的益处得到普遍认可，且领域不断扩大，深度不断加强。持续出现的合作机会使双方合作意向不断强化，预期利益逐渐增加。经过多次合作也包括少量竞争博弈之后，随着局中人信息的逐渐公开化和透明化，参与各方就不仅考虑眼前利益，还会顾及长期收益及声誉问题，其行为会越来越趋于理性。参与者之间也会达成越来越多的共识和协议，从而增加彼此间的信任和沟通。在上述情况下，为了保证合作的稳定性与持久性，双方或多方会主动地不断修正合作方式，逐渐形成稳定的、默认的合作模式。经过多次合作之后，双方逐渐不再继续依赖缔约过程，双方已经不再是简单的缔约关系，甚至在具体合作过程中已经不需要继续履行缔约过程。这种经历多次合作形成的相对稳定的合作关系，一般不会随外部环境（如任务、价格、市场需求等）发生一般性波动而变化，双方不再重新调整合作模式，直至外部条件重大改变导致新变化的发生。

由前述的过程分析可知，Partnering 模式实质是无限次重复博弈的结果。无限次不仅体现在博弈各方参与的长期战略合作项目大循环上，也体现在每个分项目或每次的工作会议中对协议及各方在工程中产生争端的反复修改、补充与解决的小循环上。这种由单纯竞争走向竞合，由博弈走向协同的过程，合作逐步占据主导地位。合作的利益和彼此间的相互信任，会不断强化合作的意向，丰富合作的途径，强化合作的纽带。有时还会形成“声誉”等隐形效益和“诚信”等无形资产，从而会更坚定地选择互助合作模式，并可稳定地保持这种良好的合作关系。

5.2.3　铁路工程项目实行伙伴协议模式现实表象分析

由于历史的原因，中国铁路工程项目最早由铁道部及相关下属单位代表政府进行管理，中国中铁、中国铁建及其下属单位负责建设施工，初步实现了管理职能和生产职能的分离。“三项制度”改革后及到 2004 年国务院下发《国务院关于投资体制改革的决定》后，在沿袭了招投标制度的同时，进行了一系列的改革，但招投标的总体格局没有改变。在这种格局下，无数次的博弈必然会使建设企业间包括建设企业与业主由纯竞争走向竞合乃至部分地合作，这为伙伴协议模式的产生提供了现实的基础和越来越多的机缘。

笔者在查阅大量相关资料和收集铁路建设项目从 2007 年至 2016 年的历次招投标情况，借助大数据原理，从简单的中国中铁、中国铁建以及其他单位三个维度，对中标情况进行了初略分析，见表 5—1。初步分析即可得出铁路建设项目的招投标结果有其特定的规律和大致的比例。虽然每一次的招投标作为单次博弈结果差异很大，但考察一个长时段的累次招标结果，却与协议模式有着大致相同的结果。

表 5—1　历年铁路建设项目招投标结果汇总

年份 \ 中标单位	中国中铁	中国铁建	其他
2007	57.81%	35.94%	6.25%
2008	52.70%	43.24%	4.05%
2009	45.22%	50.74%	4.04%
2010	48.95%	47.26%	3.80%
2011	40.54%	56.76%	2.70%
2012	52.94%	45.10%	1.96%
2013	50.00%	41.67%	8.33%
2014	50.43%	40.17%	9.40%
2015	47.02%	41.04%	11.94%
2016	51.02%	43.54%	5.44%

数据来源：中国铁路工程建设网

通过表5—1发现，近十几年来铁路建设项目招投标中，40%或更多的中标单位为中国中铁和中国铁建，剩下一般10%左右的项目中标单位为中建、中交、中水等总公司。实际数据表明，中国铁路建设市场多年来各市场主体经过持续竞争和博弈，虽然每一次的工程招投标都是按国内建筑法规各投标方经单次博弈胜者中标，但从一个特定时期对历次招标过程进行考察，铁路建设项目的中标者主要是中国中铁和中国铁建。透过这个现象，我们发现在单次博弈的偶然性和多重反复博弈的必然性之间存在着大致确定性的联系。探寻这种内在联系的形成机理，对在新时期优化项目管理模式，改善招投标制度具有现实意义。

对于这种多年来在铁路建设项目长期招投标过程中，经过长时间、多层次、多重反复、不同主体、不同人员实施的招投标中，竟然有着大致稳定的结果，这以人为因素来解释是行不通的。基于有限理性的假设，采用演化博弈的方法，探索铁路工程项目中业主与承包商的博弈与合作行为。试图找出内在的机理，解释铁路工程项目中业主与承包商间所自发涌现出的合作现象，进而为招投标制度的改进和优化及项目管理模式的创新提供科学依据和理论基础。

5.3 基于演化博弈和复杂网络的伙伴协议模式内在机理分析

由于业主和承包商在工程建设项目中特定的使命，在博弈过程中的行为与策略有较大差异。这种差异性符合非对称演化博弈分析框架。因此，本节主要对业主与承包商之间的非对称演化博弈及其稳定性进行分析，揭示其无限次博弈随机性中必然性产生的内在机理。

5.3.1 博弈模型的主要影响因素和约束条件

铁路工程项目招投标，是由业主、监管者和众多投标方构成的复杂系统，系统的状态由个体的策略决定。在以往铁路工程项目的管理和实施中，从承包商个体、承包商群体和监管方到业主，其互动行为的演进过程就是重复博弈与持续合作的过程。业主和承包商在博弈与合作过程中，当一方认为对方将选择合作策略时，理性将驱使其同样选择合作策略；当一方认为对手将选择非合作策略时，理性将驱使其同样选择非合作策略。通过模拟业主和承包商在多重反复博弈过程中如何达到稳定的合作状态，来揭示这一过程中博弈与合作的深层动机及机理。

通过对铁道部(现铁路总公司)相关部门和部分铁路局及建筑企业进行调研发现，二者对合作的偏好选择重点集中在以下几个方面：

一是成本投入和利益分配的互动机制。这其实是一个相互促进或相互疏离的过程。成本投入是获得相应利益的前提，反过来所得利益又是下一轮博弈时的成本投入参考。由此形成投入获得利益，利益又促进投入良性循环的动力机制，而负利益则形成疏远的逃离机制。二是成本投入和利益分配与业主和承包商在项目中的实力和角色定位相关，二者在合作中能否获得相应利益是其不断选择合作的重要原因，持续的单方获益不会形成长期稳定的合作。三是未来期望对维持合作是十分关键的要素。在未来预期的合作过程中，业主和承包商都希望通过对双方有利的试错学习及对其他成功者的模仿来剔除不成功的策略，最终达到相互合作的目的。因此尝试在模型中引入r、n分别为业主和承包商在合作过程中的合作收益和投入成本受到的正反馈激励因子。随着合作次数的增加，二者的了解程度不断增加，合作的默契度也在加深。且该正反馈激励具有累积效应，即双方每次合作的成功都将增进彼此信任的强化，进一步加深了合作意愿，反之疏离会中断合作。

5.3.2 构建业主与承包商合作行为博弈模型

通过建立业主和承包商的演化博弈模型来描述双方互动行为的演化过程，目的在于探讨业主和承包商经过多重反复博弈后达到的稳定均衡状态。同时考察业主和承包商初始成本投入、双方合作所得的额外收益、额外收益分配系数、合作过程中受到的正反馈激励因子和外部激励因子如何影响该稳定均衡状态以及业主和承包商如何改变上述影响因素，以实现相互之间的共赢。

假设 ΔR 为业主和承包商在第一次合作基础上获得的额外收益；m 为额外收益在业主和承包商之间的分配系数，且 $0 \leqslant m \leqslant 1$；$k$ 为初始成本投入在业主和承包商之间的分配系数，且 $0 \leqslant k \leqslant 1$；$r$、$n$ 为业主和承包商在合作过程中受到的正反馈激励因子；C_O，C_C 为业主与承包商分别采取信任策略时的初始成本投入（如签订策略伙伴协议模式时的投入），且 $C=C_O+C_C$；P 为外部激励因子。

模型的博弈主体为业主和承包商，两者的博弈空间均为（合作，不合作）。根据模型的基本假设，当业主采取合作的概率为 x，则 $1-x$ 是其选择不合作的概率；承包商选择合作的概率为 y，那么 $1-y$ 是其选择不合作策略的概率。表 5—2 为博弈主体的支付矩阵，其理论上可以看作一个动态的博弈系统。在业主与承包商合作的初期；二者由于互相不了解、不信任采取不合作的策略，即通过招投标选择特定的合作伙伴；随着初次合作的成功；二者有了一定的合作基础，在多次反复博弈的基础上，业主和承包商彼此之间都很了解，可以采用协议模式进行合作。

表 5—2　博弈支付矩阵

		承　包　商	
		合作(y)	不合作($1-y$)
业主	合作(x)	$rm\Delta R-nkC, r(1-m)\Delta R-n(1-k)C$	$P-C_O, -P$
	不合作($1-x$)	$-P, P-C_C$	0,0

根据表 5—2 中博弈矩阵可知，业主选择合作策略的期望收益 $f_{O,C}$：

$$f_{O,C}=y\cdot(rm\Delta R-nkC)+(1-y)\cdot(P-C_O)$$

业主选择合作策略的期望收益 $f_{O,U}$为，

$$f_{O,U}=y\cdot(-P)+(1-y)\cdot 0=-yP$$

则业主的平均期望收益$\overline{f_O}$：

$$\overline{f_O}=xf_{O,C}+(1-x)f_{O,U}=xy(rm\Delta R-nkC)+xyC_O+xP-xC_O-yP$$

同理可得到承包商选择合作策略 $f_{C,C}$：

$$f_{C,C}=x\cdot[r(1-m)\Delta R-n(1-k)C]+(1-x)\cdot(P-C_C)$$

承包商选择不合作策略的期望收益 $f_{C,U}$：

$$f_{C,U}=x\cdot(-P)+(1-x)\cdot 0=-xP$$

则承包商的平均期望收益$\overline{f_C}$：

$$\overline{f_C}=yf_{C,C}+(1-y)f_{C,U}=xy[r(1-m)\Delta R-n(1-k)C]+xyC_C+yP-yC_C-xP$$

5.3.3 演化博弈动态分析

由于铁路工程项目难易程度和投资大小的不同，承包商对于项目的理解、评价和向往程度会有较大的差异，为了有效地表征这种差异，需建立复制动态方程（Replicated Dynamic Equation，简称 RDE）。

由于 x 和 y 均不是演化稳定策略，业主和承包商在随机配对的反复博弈中，其选择合作和不合作的概率是随时间动态变化的，因之对其动态演化分析引入复制者动态方程。复制者动态方程反映的是单位时间内博弈主体采用某种策略个体比例的变化情况，表述为群体的期望收益与平均收益的差值。通过求解复制者动态方程得到模型的进化稳定策略（Evolutionary Stable Strategy，简称 ESS）。

业主采取合作策略的 RDE 为：

$$f(x)=\frac{\mathrm{d}x}{\mathrm{d}t}=x[f_{\mathrm{O,C}}-\overline{f_{\mathrm{O}}}]\mathrm{d}t=x(1-x)\{y[rm\Delta R-nkC+C_{\mathrm{O}}]-(C_{\mathrm{O}}-P)\}$$

同理可得承包商采取合作策略的 RDE 为：

$$f(y)=\frac{\mathrm{d}y}{\mathrm{d}t}=y[f_{\mathrm{C,C}}-\overline{f_{\mathrm{C}}}]\mathrm{d}t=y(1-y)\{x[r(1-m)\Delta R-n(1-k)C+C_{\mathrm{C}}]-(C_{\mathrm{C}}-P)\}$$

为使表达式简易且便于分析，可令 $U=C_{\mathrm{C}}-P$，$V=C_{\mathrm{O}}-P$，$W=r(1-m)\Delta R-n(1-k)C+C_{\mathrm{C}}$，$Z=rm\Delta R-nkC+C_{\mathrm{O}}$。

则业主和承包商的复制动态方程组为：

$$\begin{cases}f(x)=x(1-x)(yZ-V)=0\\ f(y)=y(1-y)(xW-U)=0\end{cases}$$

解动态方程组可得到均衡点为：$O(0,0)$，$A(1,0)$，$B(1,1)$，$C(0,1)$，$M\left(\frac{U}{W},\frac{V}{Z}\right)$。

则动态方程组的雅克比矩阵为：

$$\begin{bmatrix}(1-2x)(yZ-V) & Zx(1-x)\\ Wy(1-y) & (1-2y)(xW-U)\end{bmatrix}$$

下面进行局部稳定性分析：

根据 ESS 的定义，博弈主体对微小的扰动具有稳健性，要求 x 在满足自身稳定的前提下，当 $f(x)$ 受到微小的扰动时能恢复到稳定状态。根据微分方程的稳定性原理需满足 $\left.\frac{\mathrm{d}f(x^*)}{\mathrm{d}x}\right|_{x=x^*}<0$ 且 $\left.\frac{\mathrm{d}f(y^*)}{\mathrm{d}y}\right|_{y=y^*}<0$ 时，(x^*,y^*) 为演化稳定策略。根据 D · Friedman 研究均衡点的稳定性对 5 个均衡点进行稳定性分析。

(1) 当 $x=0$，$y=0$ 时，均衡点 $(0,0)$ 的雅克比矩阵为 $\begin{bmatrix}-V & 0\\ 0 & -U\end{bmatrix}$。

当 $\begin{cases}V<0\\ U<0\end{cases}$ 时，系统状态不稳定；当 $\begin{cases}V>0\\ U>0\end{cases}$ 时，系统为稳态，即对于业主和承包商当其成本投入大于对方违约时支付给其的罚金时，双方不合作为其演化稳态；当 $\begin{cases}V<0\\ U>0\end{cases}$ 或 $\begin{cases}V>0\\ U<0\end{cases}$ 时 $(0,0)$ 为系统的鞍点。在鞍点 $(0,0)$ 处，对于业主其选择合作的概率 $x\to 0^+$ 时，$x(1-x)>0$，因此当 $yZ-V<0$ 时，$\lim\limits_{x\to 0^+}f(x)<0$，业主选择不合作策略为其稳态。同理对于承包商 $xW-U<0$ 时，

承包商选择不合作策略为其稳态。

(2)当 $x=1,y=0$ 时,均衡点(1,0)的雅克比矩阵为$\begin{bmatrix} V & 0 \\ 0 & W-U \end{bmatrix}$。

当$\begin{cases} V>0 \\ W-U>0 \end{cases}$时,系统状态不稳定;当$\begin{cases} V<0 \\ W-U<0 \end{cases}$时,系统为稳态,即当业主的初始成本投入小于对方违约时支付给其的罚金且承包商采取合作策略获得收益与对方不合作时支付给其的罚金之和大于其初始成本投入时,业主选择合作策略,承包商选择不合作策略是其演化稳态;当$\begin{cases} V<0 \\ W-U>0 \end{cases}$或$\begin{cases} V>0 \\ W-U<0 \end{cases}$时(1,0)为系统的鞍点。在鞍点(1,0)处,对于业主其选择合作的概率 $x\to 1^-$ 时,$x(1-x)>0$,因此当 $yZ-V<0$ 时,$\lim\limits_{x\to 1^-} f(x)<0$,业主选择合作策略为其稳态。同理对于承包商 $xW-U<0$ 时,承包商选择不合作策略为其稳态。

(3)当 $x=1,y=1$ 时,均衡点(1,1)的雅克比矩阵为$\begin{bmatrix} V-Z & 0 \\ 0 & U-W \end{bmatrix}$。

当$\begin{cases} V-Z>0 \\ U-W>0 \end{cases}$时,系统状态不稳定;当$\begin{cases} V-Z<0 \\ U-W<0 \end{cases}$时,系统为稳态,即当业主和承包商其选择合作获得的额外收益与对方不合作时支付给其的罚金之和均大于其初始成本投入时,双方选择合作策略为其演化稳态;当$\begin{cases} V-Z>0 \\ U-W<0 \end{cases}$或$\begin{cases} V-Z<0 \\ U-W>0 \end{cases}$时(1,1)为系统的鞍点。在鞍点(1,1)处,对于业主其选择合作的概率 $x\to 1^-$ 时,$x(1-x)>0$,因此当 $yZ-V<0$ 时,$\lim\limits_{x\to 1^-} \mathrm{f}(x)<0$,业主选择合作策略为其稳态。同理对于承包商 $xW-U<0$ 时,承包商选择合作策略为其稳态。

(4)当 $x=0,y=1$ 时,均衡点(0,1)的雅克比矩阵为$\begin{bmatrix} Z-V & 0 \\ 0 & U \end{bmatrix}$。

当$\begin{cases} Z-V>0 \\ U>0 \end{cases}$时,系统状态不稳定;当$\begin{cases} Z-V<0 \\ U<0 \end{cases}$时,系统为稳态,即当承包商的初始成本投入小于对方违约时支付给其的罚金且业主采取合作策略获得收益与对方不合作时支付给其的罚金之和小于其初始成本投入时,业主选择不合作策略,承包商选择合作策略是其演化稳态;当$\begin{cases} Z-V>0 \\ U<0 \end{cases}$或$\begin{cases} Z-V<0 \\ U>0 \end{cases}$时(0,1)为系统的鞍点。在鞍点(0,1)处,对于业主其选择合作的概率 $x\to 0^+$ 时,$x(1-x)>0$,因此当 $yZ-V<0$ 时,$\lim\limits_{x\to 0^+} f(x)<0$,业主选择不合作策略为其稳态。同理对于承包商 $xW-U<0$ 时,承包商选择合作策略为其稳态。

(5)当 $x=U/W$,$y=V/Z$ 时,均衡点(U/W,V/Z)的雅克比矩阵为$\begin{bmatrix} 0 & \dfrac{ZU(W-U)}{W^2} \\ \dfrac{WV(Z-V)}{Z^2} & 0 \end{bmatrix}$。当$\dfrac{UV(W-U)(Z-V)}{WZ}>0$时,系统状态不稳定。其他状态下,根据 x 和 y 的初始状态不同,其最后达到的稳定状态也不同。

综上所述铁路工程项目中的业主与承包商在长期的演化博弈过程中可以达到 5 种不同的

均衡状态，二者在演化过程中演化系统相位图如图 5—2 所示。其究竟向哪个方向演进，一是依赖于博弈发生时的初始状态；二是依赖于博弈获得的收益及其分配比例。因此在博弈过程中，构成博弈支付函数的某些参数的初始值及其变化将导致演化系统向不同的均衡点收敛。而演化均衡是一个长期的博弈过程，铁路工程项目中各业主与承包商之间的背叛与合作的关系是长期存在的。

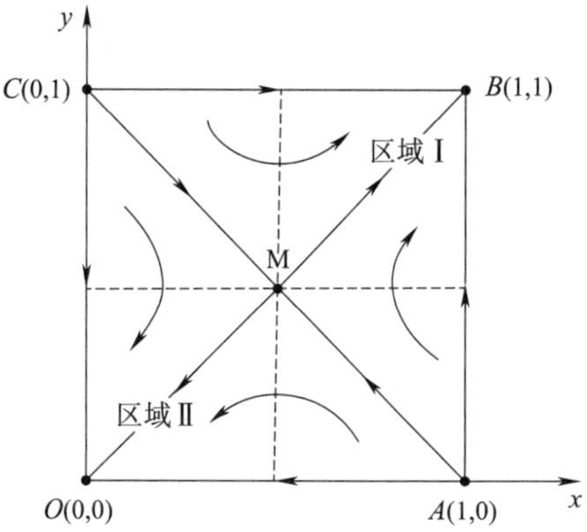

图 5—2　策略动态演化图

5.3.4　基于数值模拟的铁路工程项目业主与承包商博弈动态演化分析

前述对铁路建设项目业主和承包商关系的演化模型进行分析，并给出具体的演化策略。局部稳定性分析中五种均衡状态下第三种双方合作为其理想状态，且铁路建设项目中业主与承包商合作关系的演化路径与 ESS 受多种因素的影响。其内在机理可以通过分析合作概率受这些因素的影响得到。业主和承包商合作概率可以用区域Ⅰ面积表示。区域Ⅰ面积越大，业主与承包商选择合作的概率越大。由图 5—2 可知区域Ⅰ的面积 S_{I} 计算公式为：

$$S_{\mathrm{I}}=1-\frac{1}{2}\left[\frac{U}{W}+\frac{V}{Z}\right] \tag{5—1}$$

式中　S_{I}——区域Ⅰ的面积。

为更直观地说明双方合作状态下各因素对铁路建设项目中业主与承包商演化稳定策略的影响，运用 MATLAB 软件进行数值模拟。铁路工程项目根据工程中标金额的不同，其招标代理服务收费标准不一样，通过对搜集的铁路建设项目招投标（工程中标金额在 100～500 万元）的具体数据进行汇总取均值得出业主和承包商的初始成本投入，以及二者在第一次合作的基础上获得的额外收益，即令 $C_O=50$，$C_C=70$，$\Delta R=200$，单位为千元。P 为监管方对违约方所处罚金，其取值参考文献中关于惩罚值的计算公式，令 $P=100$，单位为千元。

（1）正反馈激励因子对演化结果的影响

根据式（5—1）对正反馈激励因子 r、n 求一阶偏导，$\frac{\partial S_{\mathrm{I}}}{\partial r}>0$，$\frac{\partial S_{\mathrm{I}}}{\partial n}<0$。表明随着 r 的不断变大，n 的不断减小，区域Ⅰ的面积不断变大，即系统向 $B(1,1)$ 演化的概率也会变大。因此业主和承包商合作关系的概率与合作收益因子正相关、与成本投入因子负相关，其意义在于二者选择合作策略的情况下，随着反复合作使得收益不断增大，成本投入不断减少，系统将向 B(1,1)

的稳态逐步演化。

合作具有"1+1>2"的协同效应。协同效应越大，二者合作的概率就越大。运用 MATLAB 软件对协同效应中的正反馈激励因子 r 与双方合作概率的关系进行数值模拟，令 $m=k=0.5$。模拟结果图 5—3 表明，随着正反馈激励因子 r 的不断变大和合作次数的增加，二者合作概率也在不断增大。图 5—4 表明二者合作概率与投入成本激励因子 n 密切相关，随着 n 的减小，双方合作次数的增加，双方合作概率收敛速度加快。上述模拟表明双方通过多次的合作，收益因子的增加和投入因子的减小使得合作的累积效应越明显，二者合作的概率也就越大。

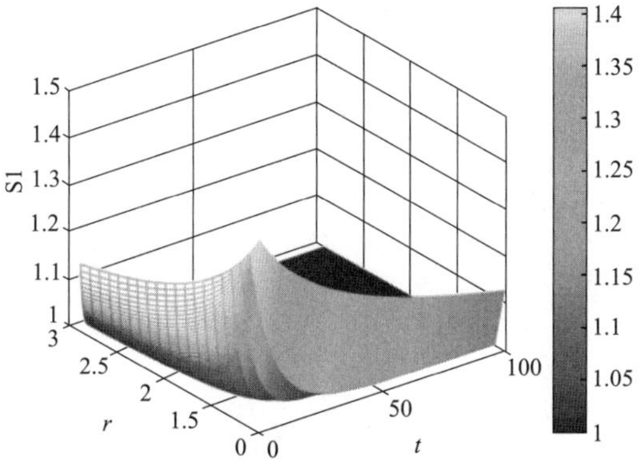

图 5—3　正反馈激励因子 r 对演化结果的影响

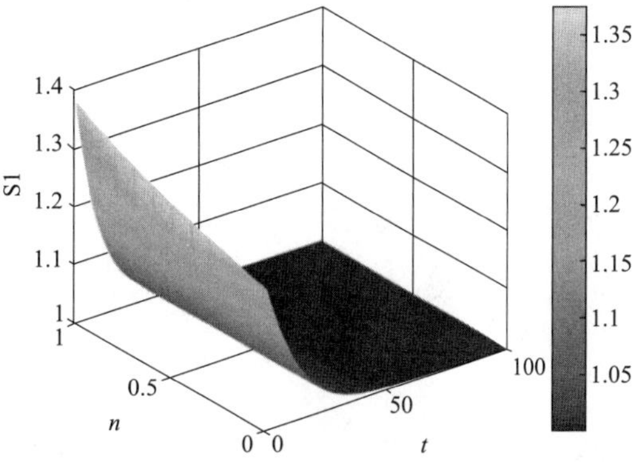

图 5—4　正反馈激励因子 n 对演化结果的影响

(2)利益分配系数对演化结果的影响

通过分析公式(5—1)可得利益分配系数 m 和成本投入分配系数 k 对区域面积 S_{I} 的影响，将 S_{I} 对 m 求二次偏导，$\frac{\partial^2 S_{\text{I}}}{\partial m^2}<0$，当$\frac{\partial S_{\text{I}}}{\partial m}=0$ 且$\frac{U}{W^2}=\frac{V}{Z^2}$时，$S_{\text{I}}$ 有极大值。业主和承包商向 $B(1,1)$演化的概率最大。即存在一个最优的利益分配系数使得业主和承包商向合作演化的概率最大。同理将 S_{I} 对 k 求二次偏导，$\frac{\partial^2 S_{\text{I}}}{\partial k^2}<0$，当$\frac{\partial S_{\text{I}}}{\partial k}=0$ 且$\frac{U}{W^2}=\frac{V}{Z^2}$时，$S_{\text{I}}$ 有极大值，以上分析结果表明存在一个最优的利益分配系数和成本投入分配系数使得业主和承包商向合作演化的概率最大。

令 $r=1.1$，$n=0.8$，双方采取合作的概率与收益和成本投入分配进行数值模拟得到如图 5—5 所示的关系，表明利益和成本投入分配系数的变化对演化结果呈现不同的作用机制。由图 5—5 可知随着利益和成本投入分配系数的逐渐变大，二者采取合作的概率在逐渐增加到最大值后又降低，说明存在一个最优的利益和成本投入分配系数使得二者合作概率最大，与上面分析结果一致。

(3)初始选择策略对合作演化的影响

假定业主和承包商的博弈支付矩阵中各参数值分别如下：令 $m=k=0.5$，$r=1.1$，$n=0.95$。当 $y=0.2$ 和 $y=0.7$ 时，对业主的演化过程进行模拟可得业主策略的动态演化过程分别如图 5—6 和图 5—7 所示。

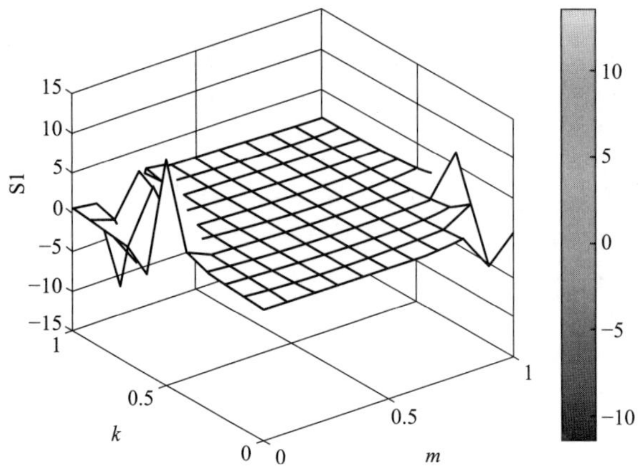

图 5—5　利益和成本投入分配系数对演化结果的影响

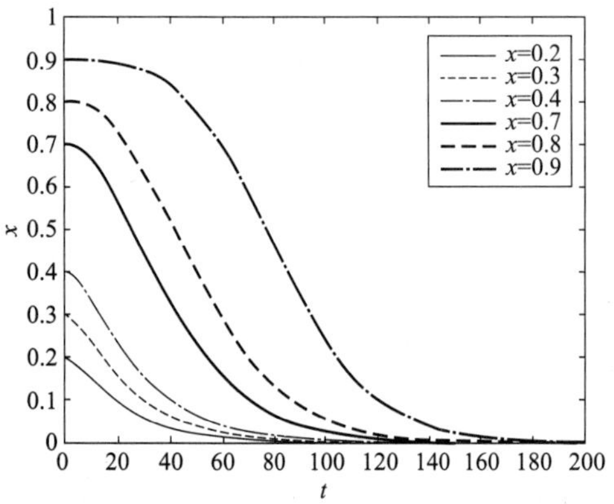

图 5—6　$y=0.2$ 时业主的行为策略演化图

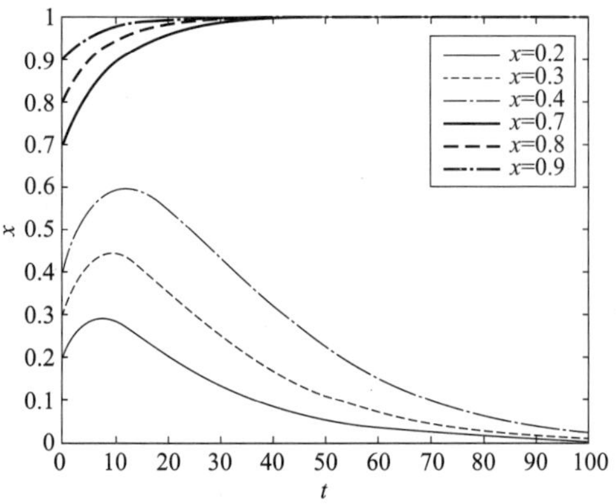

图 5—7　$y=0.7$ 时业主的行为策略演化图

从图 5—6 可见，各“合作”策略初始概率下，业主选择“合作”策略的概率最终都会收敛于 0，且收敛速度随初始概率的增大而减慢。即当承包商选择“合作”策略的概率小于 0.5 时，业主最终采取不合作是其演化稳定均衡策略。从图 5—7 可见，各“合作”策略初始概率下，当业主选择“合作”策略的概率大于 0.5 时其最终会收敛于 1，且收敛速度随初始概率的增大而加快。当业主选择“合作”策略的概率小于 0.5 时其最终会收敛于 0。

综述所述，初始策略选择对业主和承包商合作行为的演化具有至关重要的影响。只有二者的初始选择概率均大于 0.5 时，业主与承包商合作行为才会向 $B(1,1)$ 的合作稳态演进。这表明业主与承包商合作行为的演化受到建筑市场环境的影响还是非常大的。

(4)内部惩罚与外部激励对演化结果的影响

P 作为影响双方合作趋势的重要因素，将 S_I 对 P、C_C、C_O 求一次导数可得 $\frac{\partial S_I}{\partial P}<0$，$\frac{\partial S_I}{\partial C_C}>0$，$\frac{\partial S_I}{\partial C_O}>0$ 表明 P 作为外部激励，C_C、C_O 作为内部惩罚因子，C_C、C_O 与双方合作概率正相关，P 与双方合作概率负相关。表明业主与承包商在合作的过程中，由于铁路建设项目对国家发展的重大推动作用，中央政府以及铁路总公司应给予一定的外部激励措施，当外部激励与内部惩罚达到一定的阈值时，业主与承包商向 $B(1,1)$ 合作演化。

业主与承包商在合作的过程中，一方面二者通过合作次数的增加，整合有效资源，在不断协作的过程中使得组织结构、人员配备以及技术调整等方面发挥协同效应；另一方面是在合作过程中通过合理配置收益所得并对不合作者采取一定程度的惩罚，构建建筑市场信用体系，对合作者的不诚信行为进行经济制裁，在某种程度上可以防止相关方的机会主义行为，有利于合作的稳定。

5.3.5　结论及政策性建议

铁路建设项目中业主和承包商这种基于回报的合作一旦在群体中建立起来，外部竞争者就难以进入，这与实际运行状况和人们的现实经验是相符的。稳定的合作基于系统内在的进化力量，会自发地建立并持续，而一旦这种合作建立并持续，要想改变则同样会需要很长时间及外部多种因素的影响。根据铁路建设项目中业主和承包商合作关系的涌现和内在机制进行深入探讨，以影响二者合作的关键因素为切入点，通过构建包含有协同效应系数等的演化博弈模型，运用 MATLAB 仿真，系统地揭示了铁路建设项目中，业主和承包商合作涌现的内在的机理和合作的过程，通过改变相应的影响因素可以加快业主和承包商合作的进化速度。这一内在机制的解释表明：在铁路工程项目中通过历次招投标多重反复的博弈，可自发地使各参与方建立合作伙伴关系。既然如此，尝试或推行伙伴协议模式或联盟协议模式确定承包商，就具备了充分的学理基础，而且符合多年来的现实状况。或者说，不管采取传统的招投标，还是竞争性谈判，还是采用伙伴协议模式，业主与铁路工程建设单位的长期战略合作是其必然选择。由监管方、业主和承包商构成的复杂体系作为一个开放的系统，利益相关者可通过正反馈来自增强、自催化、自组织促使系统演化和发展，推动合作的进化；或通过负反馈来抑制、约束不恰行为，从而维持系统的稳定。研究结果表明：

(1)铁路建设项目中业主与承包商在多重反复博弈的过程中，通过采取合作行为，使得二者内耗减少，协同行为产生的价值增加。即双方的投入成本不断减少，合作所得额外收益不断加大，这种合作的结果促使了二者之间合作行为作为一种基于回报的规范而存在。

(2)业主与承包商之间合理的利益分配机制与成本分配比例，有利于双方实现合作共赢的局面，且存在最优的利益分配系数，使得二者向合作演化的概率最大。

(3)违约成本能够在一定程度上限制业主或承包商采取机会主义行为，政府或铁路总公司提供的外部激励措施能够部分降低外部性对合作进化的影响。

(4)初始选择策略即建筑市场的外部环境对业主和承包商的合作演化有重要影响。

基于上述研究结论，认为铁路建筑市场可以引入协议模式。在监管方的严密监督下，以竞争性谈判或伙伴协议模式或联盟协议模式确定承包商，可能比传统的招投标方式更科学、更有效率、成本更低。理由和运作方式建议如下：

(1)业主和承包商的合作机制是在多重反复博弈的基础上建立的，二者要达到共赢与合作就须制定全面合理的伙伴协议。伙伴协议包括工程各阶段各利益相关者的权利和义务。可以尝试不同形式的合作激励与约束机制，探索协议模式管理下的合同条款、合作准则与机制，并完善协议和其相应的合同内容。

(2)在我国现行的招投标制度下，可通过柔性化管理或释法的形式将协议模式中与招投标制度相冲突的环节予以协调，对其改革和探索给予政策和法律方面的保护。柔性化的管理就是对协议模式进行规范。合同是刚性的，协议是柔性的，对协议的深度解读可以解决契约不完备带来的弊端。2017 年 8 月 29 日发改委印发关于《中华人民共和国招标投标法实施条例》(征求意见稿)中的第五十五条提出“招标人根据评标委员会提出的书面评标报告和推荐的中标候选人确定中标人,招标人也可以授权评标委员会直接确定中标人。”这与协议模式的实施并不矛盾,甚至是对协议模式的一种肯定和鼓励。同时也说明协议模式是未来招投标模式改革的方向。

(3)监管方增加惩罚性措施或条款。协议模式是以各利益相关方的信任为基础,铁路工程项目中的业主与承包商要想达到长期稳定的合作必须引入惩罚因子,对合作过程中的背叛即其不合作行为予以一定的经济处罚,以维护建筑市场的秩序。

上述模型为确定性的动力学方程。而在业主和承包商不断地合作与谈判过程中,由于外界因素的变化其过程充满了不确定性,其演化过程也必然表现为不确定性。因此在未来的关于铁路建设项目业主和承包商之间关系演化可引入随机演化博弈模型以及基于演化博弈的社交网络模型,从微观的角度去探寻二者相互影响、相互促进的行为策略。此外,只考虑了铁路建设项目招投标行为中的业主与承包商之间的合作演化过程,承包商之间的竞合关系对业主与承包商之间协议模式的影响尚未纳入,有待进一步深入研究。

5.4 伙伴协议模式的二阶问题——承包商之间竞合关系的建立

随着中国铁路工程总公司参股的雅万高铁项目总承包合同(EPC)2017 年 4 月 4 日在雅加达签署,标志着我国高铁“走出去”战略和“一带一路”倡议的推进又取得了新的进展。雅万高铁以联合体总承包方式推进这一标志性工程的建设,这种运作方式可使联合体成员单位通过功能互补,实现资源整合,并获取共同的集聚利益。另外还应注意到,这种模式在使成员单位关注共同利益深化合作的同时,内部之间也会带来竞争,将其定义为竞合关系。这种竞合关系有时会导致机会主义行为,从而增加联合体失败的概率。承包商联合体作为一种战略联盟,总体上是适应当今社会经济发展阶段和工程建设实际的组织模式。承包商联合体作为集群企业其经济效益不仅来源于外部规模经济和范围经济,还源于在共同产业文化背景下,建筑企业间以信任为基础的社会关系网络支撑下的学习经济。在联合体背景下,承包商并不一定追求本企业利益最大化,而多是寻求与联合体中的合作者通过利益联结形成一定的社会网络,而这种网络关系往往能带来未来的利益。因此本节基于对复杂网络特点和演化机理探索的基础上,分析铁路建设项目承包商间的竞合关系,进而揭示联合体内部主体间的复杂联系。

5.4.1 模型基本假设

假设有限理性。承包商集群是由大量承包商在重复博弈中不断试错、持续学习以及择优选择,在寻找生存概率最大的策略过程中形成的复杂网络。联合体的涌现就是在这个过程中产生的。有限理性意味着博弈方在策略选择上,不是一开始就能找到最优策略,而是通过在博弈中逐渐找到较好的策略。也意味着均衡不是一次性选择的结果,而是重复博弈的结果。

假设在整个博弈过程中,节点间的关系不会发生改变,即该网络是一个静态的网络。

为了便于理论分析,假设任何两个承包商之间的策略为合作和不合作两种。合作是指承包商之间履行协议,组合成联合体进行合作;不合作指不同意结成联合体或已结成联合体在下一步的合作过程中出现问题。在博弈空间内,每个承包商选择是否采取合作策略与其他承包商组成联合体时，都可根据周围的环境改变自己的策略。

博弈规则。为构建承包商联合体的仿真环境，设计由 m 个承包商组成集群联盟。令节点 i 代表任意承包商，$i\in\{1,2,L,m\}$。任意第 i 个承包商的策略选择集合均为合作和不合作两种策略。采用的模型是基于公共品博弈的策略。每个节点参与到自身及其周围的 k 个邻居的博弈过程中，将其分割为 $k+1$ 次的子博弈，那么节点的博弈行为就等价于多个体的囚徒困境博弈。并且 Meloni 的研究表明企业间的合作行为具有明显的囚徒困境博弈的特征。承包商的得益矩阵见表 5—3（满足囚徒困境的关系式）：

表 5—3　承包商的得益矩阵

博弈矩阵	合作	不合作
合作	$x-y,x-y$	$-y,x+p$
不合作	$x+p,-y$	0,0

表 5—3 中，x 表示邻居节点选择合作策略时节点 i 的单次博弈的收益；y 表示节点 i 选择合作时节点 i 自身的单次博弈的支付；p 为对背叛者的惩罚执行成本。对于有限阶段囚徒困境，背叛策略是纳什均衡策略。在无限重复博弈中，博弈主体往往具有帕累托最优的合作策略，博弈团体和个体获得更大收益。

5.4.2　博弈模型的策略更新原则

承包商之间在每一次博弈过程中处于社交中的交流状态。其在每一次博弈结束时均会产生一个态度，即在下一次的博弈时采取何种策略，接受合作还是不接受合作。心理学的研究证明，这种选择合作或不选择合作的态度主要有两方面的因素构成：一是主观因素，比如具体项目的典型特征、之前的合作经历、经验等。客观因素是收益指标、信息传递、群体影响、领导决策等因素。

田炜在《复杂网络在管理领域的应用研究》一书中，对复杂网络上的群体演化博弈行为分析时证明，在演化过程中，节点的效用和收益在网络演化过程中才是真正的“优”，即收益指标的重要性。因此探索亦是在复杂网络上进行演化博弈来分析网络节点间的合作和节点的效用（收益）状况。在每一代中，所有的节点按照更新规则更新自己所选择的策略，并同步进行新一轮博弈。节点在博弈中获得的收益累计作为策略选择的依据，如此重复迭代直到获得演化稳定均衡状态。

网络中任意承包商个体的博弈策略更新规则为：

每一时刻，承包商与其邻居同时进行博弈，一次博弈完成视为一个周期；且在每一个博弈周期后计算当期收益 P_i。

$$P_i(t)=\sum_{j\in\Lambda_i}P_{ij} \tag{5—2}$$

式(5—2)中 Λ_i 为节点 i 的邻近集合，P_{ij} 为节点 i 和邻居节点 j 博弈后的收益，$i,j\in\{1,2,L,m\}$。

在一个 t 时刻，节点 i 以当期收益 $P_i(t)$ 为基准，根据周围邻居中当前博弈的收益和策略与自身进行比较，选出收益最高的策略作为节点 i 下一个博弈周期的策略。

$$P_i(t)\geqslant\max_{j\in\Lambda_i}P_j(t) \tag{5—3}$$

$$P_i(t)<\max_{j\in\Lambda_i} P_j(t) \tag{5—4}$$

对当期节点 i 收益与邻居收益比较，如果比较结果符合式(5—3)，则节点 i 仍保持当前策略；如果比较结果符合式(5—4)，则节点 i 选择节点 j 中收益最高的策略。

5.4.3　模型及仿真结果分析

1. 动态演化算法

该模型主要考虑了承包商的博弈收益、博弈支付、对背叛者的惩罚执行成本等。我们假设经过无数次的重复博弈，该网络的合作频率趋于稳定，网络群体达到动态平衡状态，网络结构处于稳定阶段。基于复杂网络的铁路建设项目承包商竞合关系的演化博弈模型具体的算法如下：

第一步，(初始化)铁路建设项目中承包商的策略初始化和空间方格网络的构建。在 $t=0$ 时刻，网络含有 $m(m>1)$ 个承包商。

第二步，承包商之间的博弈过程。在每一次博弈的过程中，承包商与其邻域内的承包商进行博弈，一次博弈为一个周期。

第三步，策略更新原则。选取邻居节点后，根据策略更新原则进行策略调整。

第四步，重复第二、三步过程，直到达到预期的博弈次数为止。

2. 模型仿真及结果分析

仿真模型算法主要应用在传统计量方法难以发挥作用的领域，尤其是对动态变化的复杂系统特别有效。Netlogo 是一个多主体建模的仿真集成环境，针对随时间演化的复杂系统进行建模仿真。虽然 Netlogo 收集了许多涵盖各领域的复杂模型，但对于承包商竞合关系的演变过程均不能很好地描述。在建模编程的基础上，将前文的输入参数和承包商特定的性质进行编码仿真，通过对承包商合作者的密度、对背叛者的惩罚执行成本以及承包商的空间密度这三个仿真参数适当调整，观察承包商联合体中选择合作策略和不合作策略的承包商数量在时间和空间上的演化趋势，即合作频率的变化情况。

(1)参数设置和仿真规则

将集群联盟中的每个承包商比作 netlogo 中的 turtle，将表 5—3 界定为具体的参数值。使得参数值满足囚徒困境博弈得益的关系式 $x>x-y>0>p-y$。且初始环境中 $m=100$，即 100 个承包商。并且这些承包商分布在空间方格网络上。承包商的合作者密度 q 和空间密度 s 均服从(0,1)的随机均匀分布。

一个博弈周期视为一个仿真周期，为尽量减少随机数对计算结果的影响，在相同的初始条件下，分别进行 100 次计算实验，然后对结果取平均值。

(2)不同惩罚执行力度对竞合关系演化的影响

图 5—8 为不同惩罚执行成本 P 值下，承包商集群联盟中选择不同策略的承包商数量与博弈次数的关系。经过多次仿真实验比较分析，发现对背叛者惩罚执行成本 P 影响者承包商联合体的演化方向。随着 P 值的增加，承包商联合体中所有承包商均采取合作策略，说明对惩罚者的执行成本与承包商联盟的群体演化行为呈正相关关系。当 $P<1.2$ 时，所有的承包商个体在很短的时间内均演化为背叛者；当 $1.2<P<1.6$ 时，承包商个体在经过一段时间的合作与背叛后，均演化为合作者；当 $P>1.6$ 时，所有的承包商个体在很短的时间内均演化为

合作者。根据上述分析结果可知，在集群联盟中，适当的惩罚机制可以有效约束承包商个体的机会主义行为，使其向合作共赢的方向发展。

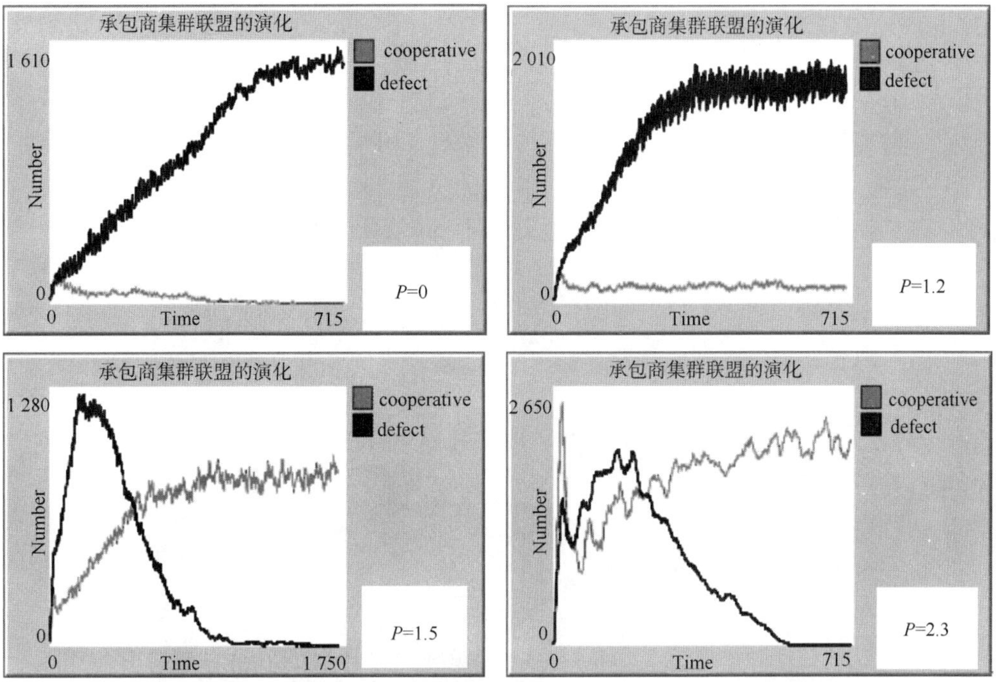

图 5—8　不同 P 值下选择不同行为策略的承包商数量与博弈次数的关系

(3)不同外部环境对竞合关系演化的影响

图 5—9 为不同参数 s 值下承包商集群联盟中选择不同策略的承包商数量与博弈次数的关系。经过多次仿真比较分析发现，承包商个体的空间密度与集群联盟的群体行为呈正相关关系。在一定的空间内，低密度空间由于承包商数量的有限会延缓合作的进程，而高密度空间则会加速合作的形成。

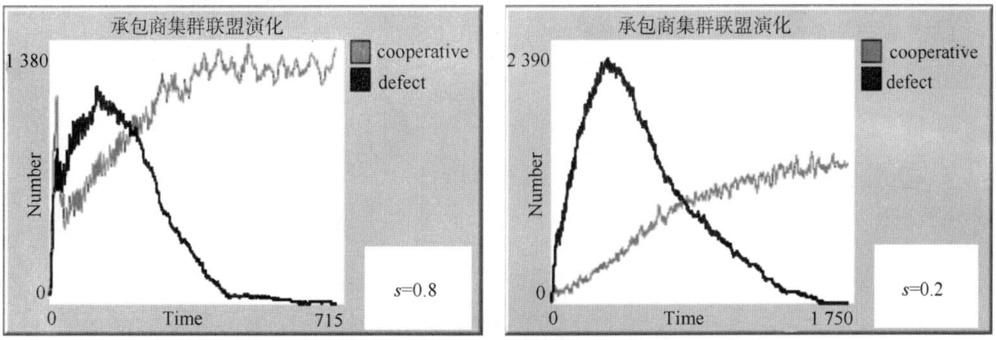

图 5—9　不同 s 值下选择不同行为策略的承包商数量与博弈次数的关系

(4)集群演化(从复杂网络的视角分析承包商竞合关系的演化)

在空间博弈中，合作者是通过团簇的形式存在的。其中深色和浅色分别代表采取合作和不合作策略的承包商。以前述模型中设置的参数为基础，令承包商初始选择合作密度 $q=$

0.5，截取二维空间区域上，仿真步长分别在25，124，470，646时的承包商数量分布空间演化斑图，如图5—10所示，可以很清楚地看到采取合作策略和不合作策略的承包商数量在空间上的群体演化趋势。

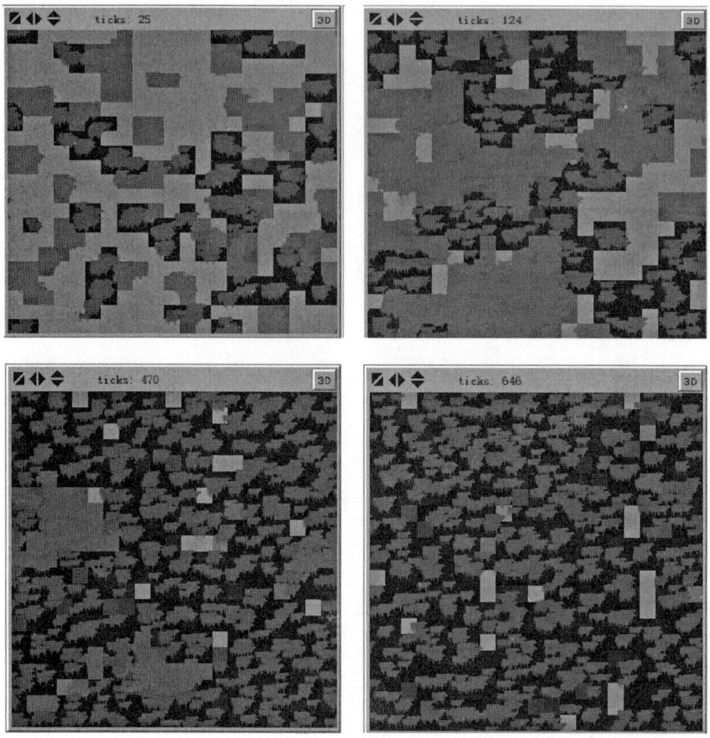

图5—10　采取合作和不合作策略的承包商企业数量的时空演化斑图

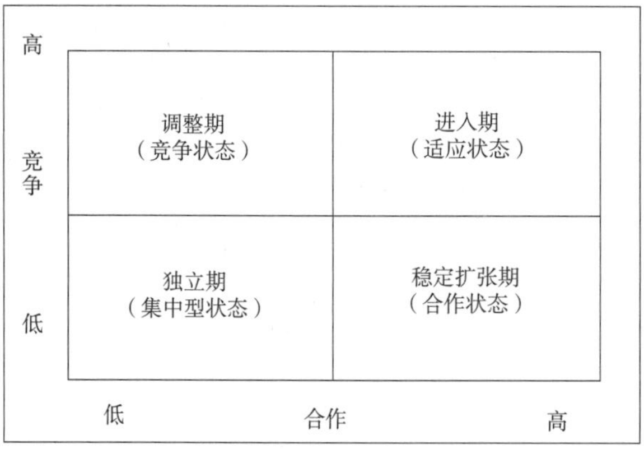

图5—11　承包商竞合状态的演变过程

在初始时刻$t=25$时，对应承包商的进入期，承包商个体在进入新的区域时，都会采取低竞争低合作策略。由于其刚进入市场，一般都会通过市场调研，在充分了解市场的基础上采取下一步的行动。在$t=25$到$t=124$的演化时间内，对市场行情充分了解后的承包商个体一般处于独立期，其往往采取竞争型策略即高竞争低合作，通过低价竞争来获得合同，通过提供更多的增值服务获得市场份额。在 $t=124$ 到 $t=470$ 的演化期间内，获得一定的竞争优势后承包商个体处于调整期，往往采取高竞争高合作策略，该阶段承包商有时会通过融资方法、项目管理和技术的创新使得其处于垄断的地位。在 $t=470$ 至 $t=646$ 的相当长的一段演化时间内，承包商个体处于稳定扩张期，其主要采取高合作低竞争型策略。承包商个体包括通过收购或合并扩张，签订竞争性联盟协议，组成联合体投标，共享资源，共同开发新技术等。战略联盟以及联合体投标是目前中国承包商之间较为常见的合作方式。

5.4.4 结论及对策建议

铁总建设〔2015〕200 号《铁路建设项目总价承包施工资格预审文件和招标文件补充文本》中，进一步明确了对联合体投标的资格审查以及联合体承包的协议书的要求。因此承包商之间合作的涌现显得尤为重要。组成联盟的承包商在建筑领域市场可以获得两方面的效用：效率的提高和合作的影响。从影响承包商竞合关系的因素入手，通过构建反映承包商竞合关系的网络演化博弈模型，运用 netlogo 对影响承包商竞合关系的因素进行模拟仿真，得出对工程管理优化有意义的几点结论。

(1)承包商个体在外界环境和未来可能收益不确定的情况下，如果对其违约没有一定力度的惩罚，联合体成员采取不合作行为是其必然趋势。因此应完善承包商联合体的信任机制和惩罚机制，尽可能减小出现背叛行为的概率，健全并优化承包商个体之间的信任体系。

(2)承包商个体之间的关系本质上是竞争的，但结成战略联盟后在联合体内则是一种竞合关系。达成这种合作需要承包商个体间在一定规则和条件下良性互动。因此，承包商个体相关方应该制定一定的规则并创造适当的条件结成联合体，形成对等协作、协同创新的竞合关系。

(3)承包商联合体作为利益共同体易形成不易打破的壁垒防线。承包商个体经过多重反复博弈最终有可能形成稳固的合作关系，并在一定程度上可以增强抵御外来者入侵的能力，提高应对市场风险的能力。

(4)承包商联合体一旦形成垄断地位，在一定的市场范围内有可能对业主或相关方造成伤害。这需要其他承包商或联合体通过竞争打破其垄断地位，政府监管部门亦可借助法律等手段防止或制止其不正当竞争。

5.5 关于伙伴协议模式的执行理念和机制讨论

伙伴协议模式的推行，既需要市场经济成熟和完善这个大背景支撑，还需要建筑企业、业主和相关方具有理性、科学的经营理念，更需要建设管理部门通过法规和政策创设良好的环境和机制。在新时期，特别需要将习近平总书记提出的创新、协调、绿色、开放、共享等发展理念和构建人类命运共同体的思想精髓应用于现实经营管理工作中。

5.5.1 伙伴协议模式运行的执行理念

合作共赢理念。在传统项目管理模式下，由于各参与方过于注重自身利益和眼前利益，时常出现利益近视和短期行为，使得企业个体理性和项目相关方群体理性不一致，导致局部纷争损害项目整体效果。严重时甚至会造成建设项目目标的分裂，整体目标被忽略，局部次要事项遮蔽了项目主要目标的实现，个别的还会引起纠纷，有时还要通过诉讼来解决问题。而伙伴协议模式则能明显地减少这种分裂破碎的现象，大大降低了对诉讼的依赖，可有效节省通过法律途径解决纠纷导致工程成本的增加。这对业主方、设计方和施工方都有利。从本质上来说项目业主和承包商之间是利益相关方，双方关系的实质不是零和游戏，应该追求合作共赢。而单纯地通过招投标博弈促成两者或多者业务上的联系，容易使双方或多方在感情上造成对立，在理性判断上易将双方关系界定为零和博弈。这是当前企业经营理念最应更新之处。

风险共担理念。借助伙伴协议模式，业主可以利用建设单位的业务专长、以较低的成本提供建筑产品和服务，提高基础设施的建设和服务效率。对建筑企业而言，可以通过项目获得而开辟市场，取得一定的经济效益和社会效益。从风险分担的角度来看，建设单位的业务专长可以弥补业主的弱项和自主建设投入过大的损失，建设单位专长的发挥还可在业主节约投资的情况下获取相应的利益。可以说，伙伴协议模式是一种优势互补性的优化组合，使得项目相关方发挥各自的特长化解风险获取收益。

价值创新理念。在伙伴协议模式下，有利于整合项目资金、人力、技术、材料等资源，在价值链的各个节点上实现富有效率的价值创新。与伙伴协议模式相对应，设计、施工总承包往往是业主的优先选择。Partnering 模式的广泛运用，使总承包商能在更广泛的范围内重组资源扩展价值创造的平台。在有些情况下，总承包商可将客户、供应商、金融机构乃至于客户的客户都纳入到总承包商经营管理的框架，通过价值链扩展与关联密切的外部群体实现有效协同，在整合的平台上培育产生新的增值点，为自身和协作方创造更大的盈利空间。另外伙伴协议模式还可充分发挥参建各方独特的专业能力，在实现项目管理价值创新的同时，驱动传统施工企业加快转型。如果运用得当，可使企业从劳动力密集型向技术管理型转化，从产业低端走向形成设计、制造、采购、施工等完整产业链的高端市场。

团队合作理念。在铁路建设项目中采用伙伴协议模式，一般是由一个项目团队来负责整个项目建设和交付过程。由于伙伴协议模式本身就是基于信任关系的多单位合作，因之项目团队一般都会秉承着开放沟通、互相信任的精神，与相关单位密切协作，实现各自和共同的目标。同时，团队内部亦会奉行相同或相近的理念，在精诚合作中为完成共同目标而一起工作，在相互支持中实现企业目标的同时，团队成员也会专注于自身利益的实现。在成熟的建筑市场中，规范的竞争不仅能促进职业经理人个人的成功，还会使项目管理团队的成长受到重视。团队的成功与项目整体绩效是息息相关的。在多数情况下，以伙伴协议模式打造团队的初级水平是一次性的项目团队。如果一个团队能成功地在多个项目中继续合作，并且意识到这种长期合作关系的益处，此时就达到了伙伴协议模式的二级水平。Kubal(1994)指出，二级水平的伙伴协议模式不是要求团队成员一成不变，而是可以将以前合作过的团队成员进行重组。

全项目周期管理理念。在伙伴协议模式下，项目相关方会涉及从项目构思到后期运营的整个寿命周期。因此项目团队成员必须要有全项目周期管理理念，才能实现项目目标。在具体实施中，要通过反复多次的任务分解和系统集成，使项目管理全面、系统、综合地确定项目总体目标、阶段目标、实现目标的方案措施、检验方式等，进而实现工程全寿命周期要求的质量、费用、进度、安全和环境控制。

5.5.2 伙伴协议模式的管理和运行机制

协调机制。伙伴协议模式得以实施的核心机制在于协调，通过协调科学界定和处理项目相关方之间的关系。在相关方的诸多关系中，利益关系应置于首位。因此执行伙伴协议模式，首先要构建公平的利益分配机制。按照“利益均沾，风险均担”的原则，根据参与主体投入的资源和承担的风险来进行利益分配。其次要建立有效的磋商机制，通过经常性、制度性的磋商，协调各方行动，提高执行效率，增强项目盈利能力。同时要注意使各相关方取得合理且与付出对等的收益，努力实现贡献与利益相协调。另外要建立畅通的利益表达机制。伙伴协议的主导方要重点关注各参与者的利益诉求，有畅通的渠道和科学的机制反映并实现其各方的利益诉求，包括各方的想法、建议等均应得到充分的尊重和理解。还有非常重要的一点，要建立合理的利益补偿机制。在合作中获益较多的伙伴给获益较少的伙伴以一定量的利益补偿。该利益补偿量可以预先确定，也可以事后补偿，以此维护伙伴协议模式在工程项目中的顺利实施。

决策机制。执行伙伴协议模式在注重各方协调一致的基础上，还应着力建立科学的决策机制。其关键在于明确铁路工程项目业主的法人实体地位，使之在项目实施过程的所有决策中发挥主导作用，并以协议或章程形式确立其组织者、协调者的地位。铁路总公司作为主要的投资方，行使最大股东的权益或委托相关机构行使其股东权益，确保国有资产保值增值。其他投资方则依法按股行使投资者权力。国家铁路局代表中央政府进行宏观调控。需特别注意的是，在签订伙伴协议时，要对决策事项明确分类，各类事项的决策主体尽可能明晰，且具可操作性。同时完善决策程序，在制度、规范的一致性基础上，构建制度化的决策体系和决策机制。为使各项决策尽可能适时、正确并减少失误，可由各相关方抽调专业人员组成临时性的决策咨询机构，对重大决策事项进行决策前的调研、分析、论证等工作，确保决策正确并使各方满意。对于部分重大或技术性强的工程项目，还应实行外部评估制度，在内部论证的基础上，委托外部权威咨询机构进行第三方评估。

激励机制。首先应建立过程奖励机制。在合作过程中业主不断对项目实施各环节进行效能检验和跟踪评价，对于完成阶段性目标且业绩突出的给予奖励。没有完成阶段性目标，应查明原因并采取补救措施，对于其人为原因造成进度迟滞或投资增加的，要给予警示或适当惩罚。其次要建立团队支持与个人奖励挂钩机制。团队集体行为给项目带来积极性的收益，不但奖励团队，还要奖励个人，激励个人充分融入团队进行协同创新。另外要重视精神奖励。注重加强企业文化建设，提倡并营造拼搏奋进、相互协作、团队努力以及和谐共赢的精神文化和氛围。同时坚持以人为本。注重对基层工作人员的关心、培养与支持，要真诚关注他们的无形需求和现实需要，采取各种措施提高其积极性。

评价机制。首先应建立科学完善的评价体系。包括评价主体、评价客体、评价标准、评价方法、评价程序等要素。对这类评价要素的确定，尽可能在项目相关方充分讨论的基础上形成共识，并在执行中适当调整，以利于调动各方积极性和参与程度。其次要着力用好业主评审机制。作为伙伴协议模式的主导方，业主会根据合同和工程进展对项目推进过程进行动态评价。伙伴协议的各方，亦应随动性地主动参与这类业主主导的评价行动，以自检自查等多种形式发现问题，堵塞漏洞，优化行动，同时主动适应主导方的激励和协调措施。另外应建立工程项目投资、进度、安全等方面的第三方评审机制。可以聘请若干个独立的第三方评审认证机构和检验检测机构交叉评审，形成公开、公平、公正的市场竞争机制，确保工程项目建设的顺利推进。

5.6　伙伴协议模式对我国铁路工程项目管理模式变革的启示

在我国铁路建设领域，伙伴协议模式尚没有在完全意义上付诸实践。因此，未来在我国铁路建设行业中要引入伙伴协议模式,如何保证其成功实施是一个极为关键的问题。在推行伙伴协议模式的初期,只有参与各方严格按着既定的管理机制实施管理,充分信任与沟通,才能保证伙伴协议模式有一个良好开端,为我国建筑领域管理模式的创新注入新的动力,同时使我国建筑业的管理水平尽快与国际接轨。根据前述分析,该模式的探索路径和推进过程可以从以下几个方面逐步尝试。

渐进性现实探索。由现行的招投标到部分项目的邀标和竞争性谈判,再到伙伴协议模式。业主和项目相关方的合作机制是在多重反复博弈基础上形成和建立的,这就决定了推进伙伴协议模式,主要的路径是在工程实践中渐进性地探索。但这种探索必须是具有明确目标、科学理念指导和相对完善实施方案基础上的自觉尝试,而不是盲动行为。业主和各利益相关方应着力从以往多年、多项目的合作中梳理、总结、归纳其成功的机理、要旨和机制,在此基础上建立共同目标和愿景,深化合作内容,扩大合作领域,必要时可共同出资构建新的产业平台,形成以资本为联结的利益共同体。在此基础上,针对某一领域或某一项目展开实质性合作,制定科学合理的伙伴协议,明确工程各阶段各利益相关者的权利和义务,共同推进项目的实施。在实施过程中,可以探索不同形式的合作激励与约束机制,修改和调整协议模式管理下的合同条款、合作准则与机制,并完善协议和其相应的合同内容。在此基础上实施更高层次的紧密合作,结成具有互补和互促共进机制的利益共同体。

法律和政策性支持。伙伴协议模式与国家现行的招投标管理制度有一定的冲突,但应该看到国家在最近出台《中华人民共和国建筑法》(2017 年 8 月 28 日修订版)、《中华人民共和国招标投标法》(2017 年 12 月 27 日修订版)和《国务院办公厅关于促进建筑业持续健康发展的意见》(国办发〔2017〕19 号)等的一系列法律和政策,已经有了“缩小并严格界定必须进行招标的工程建设项目范围,放宽有关规模标准,防止工程建设项目实行招标‘一刀切’”等积极、开放、进步的内容。这就为国家建设管理部门及相关方的探索与尝试开辟了较大的空间。比如,在现行的招投标制度下,可以通过柔性化管理或释法的形式,将协议模式中与招投标制度相冲突的环节予以协调,对其相应内容实施改革和探索,以对伙伴协议模式给予政策和法律方面的保护。

完善利益分配和补偿机制。伙伴协议模式作为项目相关方自发进行的探索和尝试,在政府以法律和政策方面提供相关支持的背景下,应着力探索和完善其利益分配与补偿机制。尤其在与融资模式相结合的情况下,其利益分配机制的优化更应受到重视。应在公平协商的基础上,通过政府让利优先保证项目公司的盈利,同时依据多方共赢的原则实现项目相关方经济利益和其他利益方面的平衡协调。在补偿机制方面,政府应该将铁路建设的外部经济效益进行部分地量化,视其项目盈亏情况采取多种手段予以补偿。还可通过税收优惠、贴息、运价提高加价分成、土地融资以及铁路建设基金等多种方式补偿来吸引社会资本投资铁路项目的建设。

总之,预期中的伙伴协议模式可以有效提高我国铁路建设工程管理水平和工程运行效率,完善我国铁路建设工程管理的运行机制。同时促进工程管理的改革与创新,丰富并夯实工程管理科学的理论基础,确保铁路建设事业健康、有序、持续、稳定地发展,为铁路在国家新一轮的经济振兴中发挥其作为国民经济支柱产业的龙头作用提供理论和实践支撑。而伙伴协议模式的本土化,还需要我国铁路建设工程领域的学者和企业家持续学习,勇于创新,积极探索。另外对国外相关的理念、方法和成功案例应进行深入研究,科学分析,积极吸取有价值的成分,进而逐步完善我国相关法律、法规和政策，努力使伙伴协议模式早日在我国铁路建设工程领域发挥积极的作用。

案例五：亚吉铁路建设和运营及独特项目管理模式的启示

2016 年 10 月 5 日 8 时 30 分，埃塞俄比亚首都亚的斯亚贝巴至吉布提的亚吉铁路开通典礼在拉布车站隆重举行。中国国家主席习近平特使、国家发展和改革委员会主任徐绍史、埃塞俄比亚总理海尔马里亚姆、吉布提总统盖莱出席通车仪式并致辞。11 时 47 分，首趟列车从拉布车站始发，奔向终点吉布提首都吉布提市。这一盛举标志着中国铁路“走出去”战略在东非取得重大突破，习近平总书记首倡的“一带一路”倡议在非洲国家得到了积极响应。

一、项目概况

亚吉铁路是东非第一条跨国电气化铁路，全部采用中国标准和中国装备建设而成。线路全长 751.7 km，设计客运时速 120 km，货运时速 80 km，共设置 45 个车站。线路初期运能设计每年 600 万 t，远期复线改造后可提升至每年 1 300 万 t。项目总投资约 40 亿美元，是中国企业在海外建设的第一条全产业链“走出去”的铁路。亚吉铁路是一条以货运为主的客货共线铁路，建成后，吉布提至亚的斯亚贝巴的运输时间将从公路运输的至少 3 天降至 10 个小时。

埃塞俄比亚首都亚的斯亚贝巴与吉布提之间原来有一条法国人在 1910 年修建的窄轨铁路，由于线路年久失修早已停运多年。埃塞俄比亚和吉布提两国政府曾在很早的时候就想着手改造这条铁路，但因多种原因而搁浅。2001 年，中土公司与埃塞俄比亚政府签署了铁路合作意向协议，但由于项目融资等问题遇到障碍，到 2011 年才进行项目签约。在中国铁建中土公司的斡旋下，中国进出口银行提供商业贷款 29 亿美元，涵盖埃塞俄比亚段 70％的资金和吉布提段 85％的资金。埃塞俄比亚方和吉布提方分别向中国出口信用保险公司投保信用保证保险，中土公司占有 10％的股份。中土公司牵头邀请中铁二局集团有限责任公司、中铁三院等单位组成联合体，以邀请招标的方式确定中标单位。项目初步建设后，中土公司相关联合体又于 2016 年 7 月 28 日与埃吉方签署铁路运营管理服务合同。该项目为中土公司在海外首创的“PPP＋EPC＋OM”模式，其中“OM”为运营管理（Opetation Management）。

二、典型做法

“亚吉模式”的形成和完善，是中土公司在非洲长期耕耘、艰辛探索、积极尝试的结果，其中的部分做法堪称“经典”。

坚持精神：中土公司运筹亚吉铁路项目起始于 2001 年。当时埃塞俄比亚和吉布提两国虽然有强烈意向改造原已报废的窄轨铁路，但经济上无力承担这对两国来说相对庞大的费用。在这种情况下，中土公司不放弃，不急功近利，持续耕耘，以恒心和毅力及坚持精神感动两国政府相关人员。同时通过对两国经济发展和成长情况的深入分析坚定信心，终于在两国经济有了相对充分的发展后抓住了机会，并正式签约。

负责精神：与中土公司为主的联合体，为将亚吉铁路打造成中国铁路“走出去”的示范项目，以积极负责的精神为非洲人民打造精品，为埃塞俄比亚和吉布提两国政府解难。在建设过程中为解决路基填料不足的问题，中铁二局的科技人员经过近四次试验，成功将天然火山角砾改良成符合要求的填料。2015 年埃塞俄比亚大旱，部分灾区民众断粮，由于公路运输条件太差且时间长，效率低，大批国际救援的粮食压在吉布提港口运不出去。在这种情况下，中土公司在铁路未竣工的情况下，运用工程车辆将八万吨粮食紧急运送到亚的斯亚贝巴灾区，此举赢得了埃塞俄比亚政府和民众的高度赞扬。

以人为本：中土公司修建亚吉铁路，不仅带去了中国技术、中国标准、中国速度，还带去了中国理念。在铁路设计建设过程中处处体现出以人为本的精神。中土公司积极为铁路建设沿线民众服务，从打井、建学校到培训当地员工，均由建设单位出资。当地埃塞俄比亚农牧区民众喜好养牛、羊、驴等，该国的人均牲畜占有量居世界前列。修建铁路过程中，看到当地牧民有的赶着上千只牛羊在草原上放牧，为了解决牛羊过路通道问题，建设者们重新变更了设计，每公里设两个涵洞，仅在埃塞俄比亚牧区 430 公里线路就修建了 750 余个涵洞。有的涵洞为能通过骆驼等大型牲畜而加宽加高。

因地制宜：中国铁路建设企业走向海外不能照搬在国内的建设经验，应当充分考虑所在国的经济状况、法律环境、文化习俗、技术水平，因地制宜、因时制宜做好铁路建设工作。中土公司在亚吉铁路建设中遇到过许多难题，有些在国内是遇不到的，有些国内的办法行不通，必须因地制宜另辟蹊径。如业主获得中国进出口银行贷款后仍负不起工程预付款，导致工程无法开工，对此中土公司果断决定自付工程预付款，将其中的 10%变更为铁路股权。再如铁路开通后，机车用电难以保障，中土公司的技术人员和决策者打破常规，利用在每趟列车后面加挂一内燃机车的方法，予以解决。

合作共赢：中土公司始终坚持合作共赢的经营理念，注重两国之间的精诚与长期合作，打造出了非洲铁路建设精品和亚吉模式。中土公司在对方出现困难时总是千方百计帮助解决，以精诚合作的愿望和行动赢得了两国政府和民众的充分信任，使合作的领域不断拓宽，经营和涉及的产业链和价值链持续扩展。从用工程车运救灾粮到不要预付款转成股份，再到反复修订铁路斜穿东非大裂谷的绕避和填埋方案，都是从对方的角度考虑问题，以利于对方的方式解决问题。特别是在用工方面，亚吉铁路建设过程中累计雇佣 2.5 万名埃塞俄比亚和吉布提员工。为保证正常运营，还出资培训大量当地员工。考虑到埃塞俄比亚和吉布提方面铁路运营经验不足，中土公司还承担了铁路建设后期的运营工作，以此方式为埃塞俄比亚和吉布提管理运营铁路积累经验，培养人才。

三、重要启示

亚吉铁路的建成和运营，有许多成功的经验。从项目管理模式的探索和创新角度分析，至少有以下几方面的重要启示。

首倡海外“PPP＋EPC＋OM”模式。亚吉铁路是中国铁路全产业链“走出去”的范例。中土公司从主动投资获股权，到牵头组建联合体参与设计，再到材料和装备采购、工程施工和监理运营于一体，成功地把中国标准带到了非洲。尤其是经过与相关方充分协商，不仅以近似伙伴协议模式的邀标方式获得亚吉铁路建设权与运营权，而且以持续开发的方式在埃塞俄比亚其他基础设施建设方面实现经营方面的新跨越。

以“亚吉模式”推动了“中国模式”在埃塞俄比亚影响力的扩展。中土公司以亚吉铁路工程为起点和纽带，全力推进在东非国家的经营，承揽到了一系列交通基础设施和市政工程等项目。公司还以类似连锁经营的方式大规模扩展业务，2017 年仅埃塞俄比亚公司上交中土集团纯利润超过了 8 亿元。中国人"要想富，先修路"的发展思路和以开发区为牵引拉动经济发展的"中国模式"，受到了埃塞俄比亚从政府高官到普通民众的广泛认可。埃塞俄比亚在亚吉铁路沿线建设了众多的开发区，其中不少是由中土公司承建的。部分开发区已经有很多企业包括中国企业入驻，开始生产和经营。埃塞俄比亚政府准备在全国陆续建设 30 个工业园区，参照中国路径快速实现工业化。从目前情况来看，效果良好。中土公司也从中受益良多，30 个工业园区的大部分由中土公司建设。

以经营方式和项目管理模式的创新带动企业成功转型。中土公司作为传统和典型的建筑企业，在新时期随着国家经济结构和产业结构的调整，特别是通过在非洲的多元化经营，部分地实现了产业升级和企业转型。中土公司近些年来除以技术进步全面提升施工能力做大做强企业外，还以海外经营人才的培养实现了企业"软实力"的全面提升。同时还通过参股亚吉铁路，承担管理运营、实施房地产开发等，延长企业价值链和产业链，推动企业成功转型。由于产业链的延长，中土公司海外经营的节点和增长点大幅增加。立足于海外经营人才、技术人才等软实力的增强，咨询业务、牵头组织联合体总包等持续增多，现已占据国内建筑业产业链的高端。

第6章　建筑工业化背景下项目管理模式创新与发展战略选择

随着建筑科技的快速发展及互联网技术的广泛应用，传统建筑行业的生产、营销及管理方式正在发生重大变革。理念创新、技术集成部分地改变了传统建筑业的生产方式；建筑工业化、建设管理信息化有效促进了建筑业的结构升级；跨专业、跨行业、跨界正在进行的资源整合推动了新业态的形成。2015年11月3日，新华社授权发布的《中共中央关于制定国民经济和社会发展第十三个五年规划的建议》指出，绿色是永续发展的必要条件和人民对美好生活追求的重要体现。而建筑工业化对于绿色中国建设具有重要意义，建设管理信息化实施的深度与广度对建筑业形态的改变及项目管理模式的创新具有先导性的意义。

6.1　建筑工业化背景下项目管理模式的创新取向

工程项目管理模式的演进与建筑技术的进步具有内在的联动机制和互动关系。建筑工业化作为一种新的生产方式，在绿色永续发展理念渐成社会主流意识的前提下，未来将会有更大更快的发展。建筑工业化的推进必然会引发项目管理模式的创新。

6.1.1　建筑工业化的发展现状

建筑工业化作为一种新型生产方式，在建筑业发展过程中曾经历过曲折的历程。自1956年至今，我国建筑工业化的发展经历了尝试、停滞、摸索、推动四个阶段。尤其是二十世纪七十年代，大板建筑在我国十分盛行，但因是单项突进，更因抗震、防水、造价等问题一度发展受阻。随后国内部分企业着眼于建筑技术系统的改进和完善，持续不断地进行探索，取得了一定的进展。二十世纪九十年代末期，建设部发布了《建筑工业化发展纲要》，对建筑工业化进行准确定义。即“建筑工业化是建筑业从传统的以手工操作为主的小生产方式逐步向社会化大生产方式过渡，即以技术为先导，采用先进、适用的技术和装备，在建筑标准化的基础上，发展建筑构配件、制品和设备的生产，培育技术服务体系和市场的中介机构，使建筑业生产、经营活动走上专业化、社会化道路。”随后国家为加快建筑工业化进程，不断出台关于建筑工业化的规范和政策，其汇总见表6—1。

表6—1　近几年建筑工业化政策汇总

时　间	文 件 名	发布单位	政策要点
2013年1月	绿色建筑行动方案	住建部	明确提出要推进建筑工业化
2014年3月	国家新型城镇化发展规划	国务院	明确提出要大力发展绿色建材，强力推进建筑工业化

续上表

时　间	文 件 名	发布单位	政策要点
2014 年 5 月	2014～2015 年节能减排低碳发展行动方案	国务院	明确提出要以住宅为重点，以建筑工业化为核心，加大对建筑部品生产的扶持力度，推进建筑产业现代化
2014 年 7 月	关于推进建筑业发展和改革的若干意见	住建部	明确提出转变建筑业发展方式，推动建筑产业现代化
2014 年 9 月	工程质量治理两年行动方案	住建部	到 2015 年底，除西部少数省区外，全国各省区市要具备相应规模的部品建设能力；新建政府投资工程和保障性安居工程应率先采用现代化方式建造；全国建筑产业现代化方式建造的住宅新开工面积占住宅新开工总面积比例逐年增加，每年比上年提高两个百分点
2014 年 12 月	全国住房城乡建设工作会议	住建部	2015 年努力实现建筑产业现代化新突破，这是一项带有革命性、根本性、全局性的工作，为建筑产业现代化发出了动员令、吹响了冲锋号
2016 年 2 月	关于进一步加强城市规划建设管理工作的若干意见	中共中央、国务院	发展新型建造方式，大力推广装配式建筑，制定装配式建筑设计、施工和检验规范，完善部品部件标准，实现部品部件工厂化生产，力争十年左右时间使装配式建筑比例达到百分之三十
2017 年 1 月	关于大力发展装配式建筑的指导意见	国务院办公厅	将发展装配式建筑提升到国家战略层面；明确京津冀、长三角、珠三角三大城市群为重点推进地区；以建造方式创新培育新兴产业
2018 年 7 月	装配式建筑行业职业技能考评首批团体标准	中国建设劳动学会	PC 构件装配标准；PC 套筒灌装标准；钢筋标准等

国家相关政策的推动，特别是中共中央、国务院《关于进一步加强城市规划建设管理工作的若干意见》和国务院办公厅《关于大力发展装配式建筑的指导意见》下发后，各省市区基本上都出台了相关落实措施。有的省市还推出了一系列扶持政策，部分省市总结推出了一批建筑工业化示范项目。

北京万科中粮假日风景项目：于 2009 年 5 月获北京市首个住宅产业化示范工程授牌，其 B3、B4、D1、D8 号楼采用工业化建造方式。它在产业化应用方面采用了预制外墙、叠合楼板、预制楼梯、预制阳台、预制空调板、太阳能等技术。

沈阳浑南公租房项目：这是住建部钦点的全国住宅产业化试点项目，也是国内首家尝试当时还鲜为人知的装配式施工生产方式。这个项目是沈阳市最大的公租房项目，有 5 000 户沈阳的老百姓已入住。

上海浦江"瑞和城"项目：全国首个采用 PC(Prestressed Concrete，预应力混凝土结构)技术建造的保障房项目，荣获"2013 中国最佳保障房范例"荣誉称号。该项目规划占地 232 hm^2，分为鲁汇基地和谈家港两大基地，总建筑面积约 215×10^4 m^2。其中住宅面积约 174×10^4 m^2，建成后可入住人口约 7.5×10^4 人。住宅的外墙、楼板、阳台等均是预制完成后，从工厂运到工地，并由起重设备直接吊装完成。该项目被认为是当时 PC 化率最高的项目，一般建造的项目 PC 化率在 15%～20%，而该项目在建的一栋楼达到了 70%。

深圳龙华 0008 地块保障房项目：总建筑面积 215 673 m^2，共 6 栋，每栋 28 层，是全国首家超 20×10^4 m^2 的工业化住宅。作为全国最大的工业化住宅，是深圳市保障性住房的标杆项目，被列为深圳市十大重点民生项目之一。由于所有的结构构件在工厂预制、现场装配化施工，基本消除了墙体常见的渗漏、开裂、空鼓等质量通病。

四川豆坝工业园住宅工业化项目：由四川宜宾仁铭住宅工业技术有限公司于 2013 年 10 月 28 日开工建设，是四川省第一个住宅产业工业化项目，也是带动园区形成新型建材产业链的龙头项目。

作为一种新型的建造方式，工厂化生产与传统建造模式相比有许多的优点，应大力推行。工厂化建造方式与传统建造模式的比较见表 6—2。

表 6—2 工厂化建造模式与传统建造模式的比较

	工厂化建造模式	传统建造模式
现场作业量	现场作业量少。 由于大部分主体构件、配件在工厂里加工生产，运到现场只需装配组合及少量现场制作，大大降低了现场作业量	现场作业多。 每个分部、分项工程均需要大量施工人员在现场从头搭建，现场作业量大
人工成本	人工成本相对较低。 由于工厂化更依赖机械操作，仅有少量现场协调、施工、装配作业，所以建造过程中的人工成本较低	人工成本高。 约占建造总成本的 10%～20%；随着中国劳动力成本的上升，这个比例仍呈上升趋势
建造周期	工业化程度高，使得施工周期短。 由于 PC 在工厂的流水线上生产构件，外墙的装窗、贴面砖等在工厂里完成，结构封顶后很快可以拆除外脚手架，比起其他结构可节省工期 3～4 个月； 待工艺熟练将有望取消外脚手架，速度更可提前； 全面实现结构、安装、装修设计与加工的标准化后，速度更快	建造周期长。 绝大部分建造过程在现场完成，建造工序复杂，现场各项要素间协调工作量大，与业主、监理之间的沟通事项繁杂
建造品质	质量品质优。 建筑的外墙面板在工厂预制的过程中，外墙窗框是在浇 PC 混凝土之前就安装在钢模中，这样浇捣混凝土时窗框和混凝土能很好地黏结在一起，避免了易渗水的缝隙，渗水概率仅为万分之一。由于 PV 板与板之间留有 20～25 mm 宽的缝隙，能及时释放应力，从而避免由于热胀冷缩、地震、不均匀沉降等原因造成的外墙裂缝	建造品质难保证。 建造品质参差不齐，建造品质与项目管理能力、材料质量、人工作业质量、现场加工质量等都有关系，受人为因素的影响很大，难以保证质量
资源使用效率	节约资源与费用。 施工模具和生产设备一次性投入后可重复使用，建筑垃圾减少，材料损耗减少，可回收材料增加，大大地节省费用	资源再利用程度低，材料浪费较严重。 施工模板多为一次性木质模板，重复利用次数少，材料损耗大，可回收的材料少
建造污染	对周边环境影响小。 PC 构件的现场装配、连接可避免或减轻施工对周边环境的影响，有利于环境保护和节约资源； 工厂化作业的实施，大大减少了土建粉刷等易起灰尘的现场作业，不仅有利于施工人员的身心健康，同时对周边环境的影响相对较小	污染严重。 建筑工地往往会产生大量的建筑垃圾，如废料、废水、灰尘、泥浆、噪声等

6.1.2 建筑工业化发展路径及与建设管理信息化相结合的相关探索

目前，我国正处在工业化、城镇化进程中，大规模建设将持续较长时期。建筑工业化的发展水平将在一定程度上决定着我国建筑业和建材业发展水平，并直接影响到国民经济的发展。

由于我国建筑工业化的发展尚处在起步阶段，无论是在设计理念、科技研发、工厂化制造、现场管理等方面，还是在城市规划、建设管理体制、建筑建材业联动发展、产业链配套延伸发展方面，与发达国家相比都有较大差距。根据相关权威部门和专家预测，我国大规模建设时期至少还要持续 20～30 年，建设高峰期将在 2020 年左右出现。未来 30 年，我国需要建设的房屋总面积将达 600 亿～700 亿平方米。其他的基础设施建设亦规模巨大，且相当部分可实现工业化生产。因此探索一条适合我国建筑工业化的发展路径具有十分重要的意义。

一、国外建筑工业化发展路径解析及对项目管理模式变革的影响

瑞典作为当今世界上工业化住宅建设最成熟的国家，其几乎所有的建筑材料、功能性材料和构配件都已实现标准化和条码化。居民可以自由在网上查询并在建材超市购买，部分的还可自主设计后在网上订购。与北欧人特有的生态意识、环保意识相适应，瑞典的建筑工业化在适应各个阶段的建筑需求中不断发展，尤其在生态建筑设计与建设、可持续建筑发展方面积累了丰富的经验。特别是其完善的标准体系、系统配套的政策支持、住宅建设合作组织的参与等，形成了良好的社会推进机制和建筑工业化进程中的主要亮点。

日本的建筑工业化是在满足住宅市场需求、提高住宅品质的过程中逐步发展起来的。日本政府为了解决战后住房严重紧缺的问题，采用工厂化生产住宅的方法进行大规模的住宅建造。住房问题在二十世纪六十年代得到缓解。经过 60 多年的发展，日本的住宅产业实现了从单纯追求数量到数量与质量并重再到多方面综合发展的转变，目前已形成一套较完整的体系。日本在建筑工业化发展过程中，注重发挥政府的主导作用，从政府推动住宅建设、设立专门的金融机构、制定适时的住房消费政策，到推出一系列保障住宅产业发展的技术政策等，加快了住宅建设工业化进程。

美国建筑工业化的发展道路与其他国家有较大差别。美国并没有刻意提倡“建筑工业化”。但由于美国工业化发展较早且整个社会的工业化程度很高，自然也就推动了建筑工业化水平。在美国，住宅产品和构件生产的社会化达到了很高的程度，基本实现了标准化、系列化。居民可根据住宅供应商提供的产品目录，对住宅形式、规格等进行菜单式选择，并可委托专业承包商进行建设。美国建筑工业化的进程主要得益于市场力量的推进，政府的作用主要体现在制定合理的建设标准、建立政策性金融机构、提供科学技术方面的支持等。

德法等国的建筑工业化除住宅之外，在交通基础设施领域也取得了相当程度的进步。诸如公路铁路桥梁预制件、隧道衬砌管片、高铁无砟轨道板等。特别值得一提的是，这些工业化生产项目往往是与建设信息化紧密联系的。也就是说建筑工业化项目和产品是在建设信息化基础上实施并完成的。在建筑业发达的部分国家，建筑工业化产生与信息化管理已实现了无缝对接，且在部分领域实现了有机结合。这不仅是生产方式的变革，还引发了建设管理模式的改变。相应的新型项目管理模式也在探索和孕育过程中。特别是建筑工业化和建设管理信息化的结合，使得原有单一的项目管理模式逐步走向综合化、一体化。这种趋势将会随 BIM 技术的深化应用，实现更高程度地强化和发展，必将催生出新的项目管理模式。

二、我国建筑工业化发展现状及成长路径探索

我国工业化起步较晚，相应的建筑工业化亦滞后于西方发达国家。尽管在二十世纪六七

十年代有一个时期，曾经盛行过房屋建筑预制板、交通基础设施预制梁等建筑构件，但因抗震性能差，防水性能不稳定，连接件不过关等因素，部分地导致了停滞。尽管二十世纪九十年代后，特别是进入新世纪，随着整个社会工业化进程的加速，住建部采取了一些举措推动建筑工业化，但相对说来较为滞后。从新中国成立后很长一个时期一直到改革开放前，香港在这方面明显走在全国的前列。香港的建筑工业化是随着经济高速发展后，香港地方政府大力推动公屋建设发展起来的。从二十世纪五十年代起，香港开始进行大规模的公屋建设。到二十世纪八十年代中期，公共住宅项目中引入预制技术和标准模块设计。当时香港房屋委员会建议在所有公共房屋的合同中都应使用预制单元和可重复使用的模板。2002 年公共房屋中预制部分约占混凝土体积总量的 17%。预制部分主要包括楼梯、栏杆、隔墙和半预制楼板。到 2007 年，65%的住宅项目采用了预制技术。在推进建筑工业化进程中，香港地方政府倡导的标准化户型模块设计、多元化构件设计等产生了积极的推动作用。同时经济方面的鼓励政策、实行机械化施工等也是香港推进建筑工业化的重要经验。

三、建筑工业化与建设信息化融合背景下项目管理模式创新取向

从西方发达国家建筑工业化发展进程来看，与整个社会工业化进程相一致，与建设信息化融合恰是其突出的特点。适应这一建筑业发展的总体趋势，特别是随着 BIM（Building Information Modeling，建筑信息模型化）技术的广泛应用，工程建设项目管理模式将向综合化方向发展，相关研究和探索亦应向各类模式系统综合方面聚焦。

以 BIM 技术的深度应用推进项目管理模式的创新，这是未来建筑业发展和建筑工业化程度提升的主要方向。以 BIM 技术改进、细化并优化设计，可使建筑生产实现精细化管理；施工管理信息化可使质量、成本、进度、安全控制更加直观、便捷；政府建设管理部门集成运用 BIM 技术，可有效提高监管效率和监管准确性。

将 BIM 技术与虚拟现实技术相结合，亦可有效推进项目管理模式的创新。将 BIM 技术和虚拟现实技术系统整合应用于建筑设计和施工模拟中，可以在反复的虚拟现实试验中进行优化设计，甚至可以全程优化施工组织。有了这套系统，建设管理和监理的工作方式也将会发生改变。如果再深度结合可视化技术及现场监控，则建设管理方式和项目管理模式会发生实质性变化。

随着建筑工业化进程的推进，工程项目招投标管理方式、施工生产管理方式都将发生深刻变革。多系列部品和多元构件的采购将会以新的方式实施，现场管理更多的是建筑安装和装配，质量检测方式亦将发生一系列实质性变化。构建工业化生产与电商销售结合，使其营销方式和生产及配送方式均会发生深刻的变化，这些变化将对项目管理模式的改进产生深刻的影响。

将 BIM 技术应用于 EPC 和 PM 模式中，可有效提升工作效率和管理效率，降低成本。利用 BIM 技术，十分有益于 EPC 模式联合体中各相关方的协调，在技术层面上特别有利于工程技术人员的交流与沟通，最大程度地避免信息沟通不畅等造成的被动。另外以 BIM 为基础，利用虚拟现实技术还可扩展为 4D、5D 的模型，优化各类设计、施工组织和成本控制等，利于在资源等各方面的整合、项目相关方各领域的融合、建设过程中各工序的结合中，孕育出新的项目管理模式。

6.2　我国建筑工业化发展路径及行业管理体制改革的相关思考

先进技术在建筑业的广泛运用，不仅改变了传统的施工生产方式，也使管理方式和管理内容发生了很大的改变。适应建筑工业化和建设管理信息化趋势，从项目管理模式到行业管理体制都需要主动变革。

6.2.1　探索建立新型建筑工业化标准

我国建筑工业化生产程度特别是建筑产业标准化程度与先进国家相比尚有很大差距。缩小这种差距，在全力扩大以工业化方式生产建筑产品之外，还应着力探索建筑工业化发展路径，走建筑管理信息化与建筑工业化相结合的路子。实现这一目标，需要在多个领域发力。在具体实施中，应着力深化应用 BIM 技术，同时注重加强建筑工业化过程中的标准化建设。在建筑产业化的发展过程中，标准是确保设计、施工、生产、安装流畅规范，推动建筑产业化全面、协调、可持续发展的重要技术支撑。近些年来，在政府相关部门的支持下，中国建筑标准设计研究院结合建筑产业化的发展现状及国家建筑标准设计的特点，构建了“建筑产业现代化国家建筑标准设计体系”，并组织全国 50 多家设计、科研、施工、构件生产和住宅开发等建筑产业化领军企业，完成了建筑产业现代化国家建筑标准设计（第一批）图集的编制工作，并于 2015 年 6 月 1 日向社会公开。中国建设劳动学会也组织几十家学术单位和生产企业，制定了装配式建筑行业职业技能考评团体标准。但是这还远远不够，下一阶段应该在建筑产业现代化国家建筑标准设计体系的范围内发展创新，逐步推动形成全国统一的建筑产业现代化通用体系。

建筑工业化的产业链很长，从设计到制造、施工，包括多样化的部品。我国目前产业化部品发展尽管取得较大进展，像装修材料、水泥、电器、整体厨卫、太阳能光伏等已有相对成熟的标准和技术，但现在最难、最重要、也是最急需解决的问题就是主体结构的工厂化生产。部分部品如建筑门窗等已经充分工业化、产业化。实行工业化生产的公司可能会一次生产出同一品质、同一规格的多套门窗。但主体结构多是人工做的，部分地方还用秦砖汉瓦，相当多的工业化产品和人工施工的主体无法匹配。主体结构产业化问题严重制约着其他部品的产业化，而结构安全也关系着民生。当前需要大力加强建筑技术的研发，以新技术促进各部品生产的融合，提高工业化生产份额和效率。

当前迫切需要将建筑技术的研发、新型项目管理模式的探索和 BIM 技术的应用结合起来，系统推进中国建筑业的发展，着力解决建筑产业链各环节、相关技术链割裂的问题。亚洲混凝土协会工业化建筑体系委员会主席曾明确表示，无法用一个传统的模式来做一个工业化的新东西。因为传统模式下整个产业链条是割裂的，设计只管设计，构件生产只管构件生产，施工只管施工，链条没有打通。在生产环节无法有效整合的情况下，生产方式优化的空间很小，建筑成本也难以降下来。建筑供应链是以业主对建筑项目要求为目标，从业主产生项目需求开始，经过项目定义、项目融资、项目设计、项目施工、项目竣工、验收交付、使用维护等阶段，直至改建扩建，最后拆除的这一系列建设过程中所有涉及的有关组织机构组成的功能性网链结构。能够完善这一结构，不仅是广泛地深度应用 BIM 技术，将建筑工业化和建设信息化结合起来，系统推进。同时以全新的项目管理模式，系统协调技术研发、生产制造、项目管理等环节，进而提升整个建筑业的技术和管理水平。

6.2.2 大力推广并全力扩展 BIM 的应用范围

尽管对于建设信息化的内涵存在着不同的理解，但信息技术在建设领域内的广泛应用，已大大改变了传统的建设管理方式。将 BIM 理解为建设信息化似乎更能反映信息技术在建设工程及建设管理中的应用及发展趋势。当前应大力推进 BIM 与建筑工业化和建设管理信息化各环节的融合，积极尝试在项目策划、规划、设计、招投标、施工、运营管理中的全过程运用。应深刻理解 BIM 不仅是一套实用技术，是有价值的信息管理及决策支持系统，还是一种管理技术和管理方法，更是一种可以改变人们传统观念的思维方式。尽管在当前发展初期更多地表现为一种信息系统，但未来的应用前景很广阔，其能发挥作用的产业链会很长，使用的阶段和节点会很多，效益将会非常明显。根据建设工程管理经验，传统的管理模式每道工序的衔接因信息传递错误而产生 3%～5%的费用损耗。而使用 BIM 系统，则可以实现信息的完整传送，避免损耗和浪费。BIM 是建筑产业链整合的最佳工具，也是建设管理的良好方法，更是创新项目管理模式的极佳载体，可以有效实现模数化、标准化、通用化。

6.2.3 适应建筑工业化和建设信息化的行业管理改革举措探讨

回顾新中国成立以来我国建筑业的发展进程，每一次大的飞跃都会伴随管理体制、机制和制度的改革。如资质管理对规范我国建筑市场和把控市场准入等起到了重要的作用。但是资质管理所涉及的设计管理、招投标管理、施工管理和构件生产管理等，大部分的规定适应于传统建造方式。因此，推进工业化的建造方式，需对现有的行业管理体制进行相应的变革，以推动和促进建筑工业化的发展。

一、设计管理的改进方向

适应建筑工业化和建设管理信息化的设计，既要满足工业化生产的需要，又要适应建筑多样化的要求，使有限的定型构件组合成尽可能多的建筑方案。过去我国建筑行业设计管理规定，只有设计院才有相应的设计资质，而当今建筑工业化所需的大量构件由设计院进行设计，与工业化生产方式的需求很不匹配。同时在设计取费、设计资质、设计标准等方面难以适应建筑工业化的需要。如仅按建筑面积计费无法适应预制构件的设计需求，现实中不少构件生产企业不具有相应的设计资质，使得在生产过程中反复地与设计院沟通更改设计，降低了设计效率。在设计技术规范和标准方面，我国目前已有的设计规范中与预制装配式结构有关的规定较少，不利于预制构件的标准化、批量化生产。在设计人员和设计手段方面，现有的设计人员大部分只熟悉现浇结构体系下的设计技术和相应的能力，缺乏设计预制结构的经验和技能。

改变这种状况，一是应制定新的设计取费标准。可以根据设计方案的预制率设定不同的调整系数，预制构件装配程度越高，其系数越大。二是制定新的设计规范和标准。由于现有的设计规范和标准都是针对现浇结构，不适于建筑工业化条件下的预制装配体系，因此编制相应的规范和标准对促进预制结构体系的发展有着至关重要的作用。三是制定新的标准化构件目录。可以参照机械工业、电力工业等行业的做法，提高建筑设计的标准化程度，编制统一的构件目录，提高构件的通用性。四是授予符合要求的构件生产企业设计施工一体化的市场准入资格，提高构件的设计和生产效率。五是广泛应用 BIM 技术，在一般通则的基础上适当放宽规格系列，为住宅和特定工程的个性化生产留足宽广的空间，鼓励相关企业加强探索，支持和鼓励行业协会和超大型企业建立自己的企业标准。

二、招投标管理的改进方向

我国现行的招投标制度主要是适应现浇施工技术建立的，其工程计价方式、承包商资质管理、资格审核方式和工程分包方式等难以适应工业化建造方式的需要。如在工程计价方面，目前的预算定额和清单计价不适于具有大量预制构件的建筑工程项目，这会给招投标工作带来很大的困难。在主体结构的分包方面，现行的招投标制度不允许施工总承包将主体结构工程进行分包。而在以预制装配式结构为主的工业化生产方式下，多数承包企业不具备预制构件的装配能力，如果严格按《中华人民共和国建筑法》相关条款，则使得项目招投标无法进行。因此从工业化建造方式下施工的现实性考虑，应对定型构件的计价标准和主体结构的承包方式等进行重新确定。

完善建筑工业化背景下的招投标管理，需对现行标准和方式进行完善和改革。一是制定预制构件装配体系下的定额及清单计价规范。二是构件价格的确定。构件产品可按工业产品计价方式进行定价，采用平均成本加平均利润，组成地区单价。这种价格机制，有利于构件企业之间的竞争，推动专业化生产和构件企业的高效发展。三是有关专业分包法律法规的制定和修订。针对建筑工业化特定的生产模式需要对现有的法律法规进行修改或增加新的内容。修改后的相关法律要解决施工总承包商将主体结构进行分包的问题。如果允许将主体结构进行分包，就牵涉到分包资质的问题，需要相应的《预制构件安装企业市场准入管理规定》；如果不允许将主体结构进行分包，就需要对总承包企业提出安装能力的要求，以满足工业化建造方式的需要。

三、施工管理方式的改革

建筑工业化是对传统施工方式的一种重大变革。从传统的现场作业生产方式到工业化预制装配式生产方式，这种深刻的变革会带来一系列问题，比如施工企业资质管理问题。住建部令第 22 号《建筑业企业资质管理规定》提出国家交通运输、水利、工业信息化等有关部门要配合住房城乡建设主管部门实施相关资质类别建筑企业资质的管理工作。新版《建筑业企业资质管理规定》最突出的改进之处是建筑企业资质审批放权，但并没有给出具体的工业化施工企业的市场准入管理规定。在专业施工人员方面，构件的安装对精度的要求很高。偏差的控制、定位、测量等都需要具有专业背景和经验的技术人员，而现状是我国目前构件设计和安装人才缺乏。

针对建筑工业化施工管理方面存在的问题，可通过技术革新和管理体制改革等措施加以解决。一是全力提升施工企业的机械化程度和装备水平。建筑工业化背景下要求施工机械和装备尽可能标准化、通用化、系列化。当前需要做的是既要提高主要工种的机械化程度，也要相应提高非主要工种的机械化程度。二是构建工业化体系下施工企业市场准入管理体系。比如可尝试先由行业协会、再到政府建设管理部门，渐近探索并制定与建筑工业化施工方式相匹配的设计施工一体化市场准入管理体系，将施工企业的构件设计安装能力纳入企业资质管理考核范围。三是制定工业化体系下的构件质量及其安装验收标准。不论是传统建筑生产方式还是建筑工业化施工方式，确保质量和安全永远是第一位的。因此对构件和构件安装质量都要制定严格的验收标准，并设置现场监理保证工程质量和工程安全。四是注重技术人员的培养。建筑工业化的发展很大程度上改变了建筑施工队伍的有机构成。现场需要更多对各型构件生产、安装、检测技术精通的科技人员,甚至对机械操作人员和装配工等都提出了更高的要求。因此,企业须对施工人员从新技术和科学管理方面进行必要的培训,以适应技术进步和新型生产方式的推广普及。

四、构件生产管理的改革

工业化建造方式对构件的质量、成本控制等提出了较高的要求,而我国现行的构件管理体系还不完善。当前应在税率确定、标准统一、市场运行机制和构件质量管理等方面持续改革并逐步完善。如构件按照建材缴纳增值税,部分地存在重复上税的问题。在构件标准方面,由于没有统一的行业规范,生产构件的模型模块重复利用率低,导致构件企业生产成本较高。

针对上述问题,可从以下几个方面加强和改进。一是建立通用部件体系。建立标准化、系列化、通用化的构件体系,不仅可以满足用户根据标准构件组合适于自己建筑物的需求,也使得构件生产方不会因为构件产品规格的随意变动使工厂生产受影响。二是改进和优化构件、材料的认证和淘汰制度。可以参照日本的“优良住宅建筑部件审定制度”,制定我国的建筑部件质量认证制度,以此淘汰不合格产品,并为优良部件打开市场。三是利用 BIM 技术对构件设计、生产体系、流程等进行改进和优化,以适应市场上的各种个性化需求,提高市场占有率。

6.3　建筑工业化和建设信息化融合带来项目管理模式的新变化

建筑工业化和建设信息化的融合,必然会带来建筑工程项目管理模式的变革。尽管这种变革是缓慢的、渐进的,但对建筑产业升级的影响是巨大而深远的。深入研究这种变化,需从过去的演变到未来的研判结合进行,在详细梳理其发展脉络中探寻其演化机制。

6.3.1　我国建筑业从信息技术应用到建设信息化的发展历程

我国建筑业应用信息技术源于二十世纪六十年代,开始只是在建筑工程的规划、设计中有少量应用,当时称为计算机辅助设计(Computer Aided Design,CAD)。后来随着网络技术的发展,应用范围逐步扩展到建筑施工、竣工验收乃至宏观的建设管理等整个过程的各个环节,使建筑业集约化经营管理水平大大提高。当时具有特定内涵的建筑信息化模型 BIM 的提出对于整个建筑行业的信息化及其应用产生了巨大的推动作用。后来其应用范围不断扩展,发展到用信息技术统领建筑行业各个环节和专业之间的集成和协作。当前这种应用还在不断扩展中,乃至有些人认为应将 BIM 定义为建设信息化。

一、设计领域信息技术的应用

信息科学和技术对建筑业的最大影响是 CAD 技术在建筑业中的应用。应用最早的是绘图技术和结构计算技术;随后算量技术、三维演示技术等亦逐步得到应用。目前信息技术已经成为建筑行业最重要的支撑技术之一。

随着信息技术和通信技术的融合发展,其在建筑领域的应用越来越广泛。在建筑设计领域,从二十世纪六十年代开始,计算机和计算技术在结构分析中得到应用并逐步普及。自八十年代中期开始,计算机在设计和绘图中得以应用并逐步普及。自二十一世纪初至今,信息技术在协同设计、施工组织、成本控制、质量管理、安全监测等方面得到广泛应用,产生了巨大的技术效益和管理效益。从建筑信息化发展过程来考察,设计领域信息化的各个发展阶段是一个逐步递进、不断发展的过程。目前在一些信息化工作领先的设计企业,在结构分析、设计和制图、设计管理以及系统设计等方面,信息技术的应用已经达到很高水平,计算机和网络已经成为必不可少的手段和工具。

二、施工管理信息化进程

梳理施工领域信息化进程,可以从管理和生产两方面分别考察。尽管施工领域信息化于二十世纪九十年代已经开始,且个别企业已经达到了数据管理阶段,但绝大多数企业还处于控制阶段和集成阶段,相当数量的施工企业甚至还停留在初始阶段。与施工生产信息化程度相一致,我国施工管理信息化程度更低,且不同企业间差距较大。有的企业在二十世纪九十年代刚刚开始信息化的初始阶段,在进入二十一世纪的前几年就进入了集成阶段,并且取得了成功。如在上海东方明珠电视塔施工过程中使用了计算机控制模板自动提升技术。近年来有些企业在大型深基坑的施工中,采用了自动监测和反分析技术,有人称其为信息化施工技术。在个别大型项目施工中,还采用了虚拟建造技术。这些技术的运用有效地提高了建设管理水平,对施工安全、成本、质量和进度控制更加及时、直观和便利。因此有人认为 BIM 作为建设信息化的主导技术,仍有很大的应用和发展空间。

三、政府推动建设信息化的发展过程

对于建筑业信息化的发展,国家政策起到了关键的推动作用。2001 年建设部推出了“建设领域信息化工作基本要点”。据此组织了“十五”国家科技攻关项目“城市规划、建设、管理和服务的数字化工程”,其中包含 70 多个示范项目。在施工领域,很多企业受到政策的激励和相关示范项目的导引,开始信息化工作。2003 年,建设部发布了《2003～2008 年全国建筑业信息化发展规划纲要》,明确提出了建筑业信息化的内容和目标:建筑业信息化基础建设、电子政务建设和建筑企业信息化建设。“十五”期间,建设部颁布了《建设领域信息化工作基本要点》,并组织了“建筑业信息化关键技术研究”等科技攻关项目。2011 年 6 月,住房和城乡建设部颁发的《2011～2015 年建筑业信息化发展纲要》明确将“加快建筑信息模型(BIM)、基于网络的协同工作等新技术在工程中的应用,推动信息化标准建设,促进具有自主知识产权软件的产业化,形成一批信息技术应用达到国际先进水平的建筑企业”列入总体目标。2012 年住建部工程质量安全监管司委托中国建筑业协会工程建设质量管理分会参与完成了“勘察设计和施工 BIM 技术发展对策研究”等课题。2013 年,组织编写了“关于推进 BIM 技术在建筑领域内应用的指导意见”。2014 年住房和城乡建设部发布的《关于推进建筑业发展和改革的若干意见》中,再次明确推进建筑信息模型(BIM)等信息技术在工程设计、施工和运行维护全过程的应用等工作。

为贯彻落实中央政府和住建部门的系列精神和要求,各地方政府更是强力推广 BIM 技术的应用。上海市、广东省等行业主管部门相继出台了在本地区推进 BIM 技术推广应用的指导意见。北京、辽宁、山东、陕西等省市都明确提出要在建筑业中推广应用 BIM 技术。2014 年 9 月,“中国建筑业信息化高峰论坛”在北京举行。论坛透露,与国际建筑业信息化率 0.3%的平

均水平相比，我国建筑业信息化率仅约为0.03%。2015年6月16日，住建部印发的《关于推进建筑信息模型应用的指导意见》中强调了BIM在建筑领域应用的重要意义，提出了推进建筑信息模型应用的指导思想与基本原则，同时明确提出推进BIM应用的发展目标。即到2020年末，建筑行业甲级勘察、设计单位以及特级、一级房屋建筑工程施工企业应掌握并实现BIM与企业管理系统和其他信息技术的一体化集成应用。到2020年末，新立项项目的勘察设计、施工、运营维护中，集成应用BIM的项目比率达到90%。政府部门的强力推动，使BIM技术的应用和建设信息化进程明显加快，涌现出一批技术水平高的建筑企业和示范项目。

6.3.2 作为生产方式的建筑工业化与管理模式的建设信息化的关系

根据《中国建筑施工行业信息化发展报告》(2015)调查显示，已有越来越多的建筑施工企业开展BIM技术应用和推广。43.2%的企业在已开工项目中使用了"互联网+BIM"技术，有的已实现了全产业、全过程的BIM协同设计。高科技的应用支撑了很多重大项目的实施，492 m的环球金融中心、610 m的广州塔、632 m的上海中心大厦均通过新科技的力量实现建筑高度突破。上海建工承建的上海迪士尼等工程积极运用创新的科技手段实现了一系列新突破。当BIM+成为一种新常态，其意义和价值必将远远超过单纯的BIM应用。这将推动建筑行业技术提升与创新，促进建筑业生产方式转变与升级，并带来建筑行业管理模式变革，让智慧建筑成为可能。

信息技术在建筑设计及施工过程中应用越来越广泛，建设管理信息化和建筑工业化在发展过程中互相促进，将带来建筑业新业态的变化和调整。随着信息化发展阶段的更替和全流程信息化管理及BIM技术的扩展应用，建筑产业现代化的进程必将加快。

利用BIM技术，可将工程的每个部分分解成为尺寸、形状都标准化、可以定型生产的构件，且可利用BIM技术建立构件库。构件库可以包括建筑材料库，预制构件库(预制梁、预制板、柱、栏杆、门、窗等)，家具库(桌椅，厨卫，洁具，灯具等)等。运用BIM技术，可以做到库内各构件要素、规格的精细化。如构件的编号、尺寸、材质、位置等，甚至可以解决构配件的标准化配置。进而实现构配件生产的专业化、商品化，利于并推动工程装配式施工，推进建筑产业向标准化、精细化方向发展。

建筑工业化要求项目管理者提升管理理念，提高管理水平。而BIM技术则是实现这一目标的最佳工具。如工业化住宅建设过程中优化空间布局、减少错漏碰缺、细化设计方案、推进施工过程仿真、严格成本控制等，都需要BIM技术。

可以说，没有信息化，就没有建筑产业的现代化。当前应着力以信息技术提升建筑产业在勘察设计、生产施工、运营维护等环节的效率、效益和水平。政府应鼓励企业加快推广信息领域的最新成果，加大投入，致力于BIM技术、智能化技术、虚拟仿真技术、信息统筹技术等在建筑业中的研发、应用、整合和推广。同时鼓励建筑企业像苏州金螳螂一样，积极探索从工装到家装跨界发展的生产和营销模式，推动建筑工业化向纵深发展。

从近些年来建筑工业化和建设信息化发展的过程看，两者互促共进，互为支撑，密不可分。两者的结合促进建筑业实现了跨越式发展，其融合关系如图6—1所示。

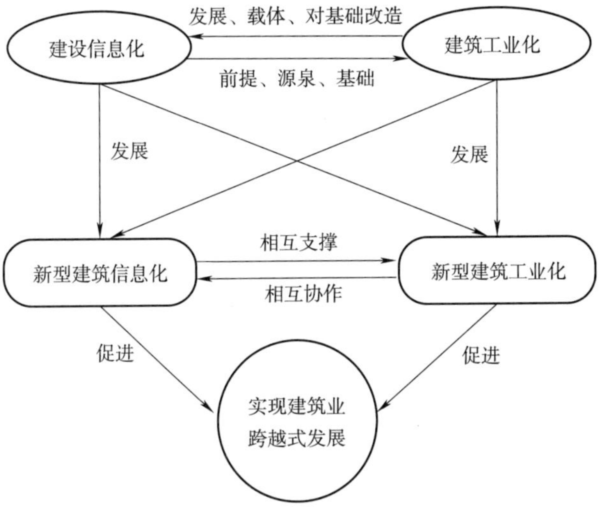

图 6—1　建筑工业化与建设信息化融合关系机理图

资料来源：王晰巍. 信息化与工业化融合的基本理论及实证研究[J]. 情报科学，2009.

6.3.3　与建筑工业化和建设信息化相适应项目管理模式的讨论

建筑工业化和建设信息化的融合，不仅会影响到设计、施工、政府管理体制、机制和政策，还会对工程项目管理模式的探索产生积极推动作用。当前应在两化融合大背景下强化项目管理模式的创新。

一、BIM 在 EPC 模式中的应用

大型工程项目多采用 EPC 总承包模式。这在给业主和承包商带来效益的同时也给项目管理大致地确定了程序和手段，尤其对项目信息的集成化管理提出了新的更高的要求。工程项目建设的成功与否在很大程度上取决于项目实施过程中参与各方之间信息交流的透明度和时效性。工程管理领域的许多问题，如成本的增加、工期的延误等对与项目组织中的信息交流等紧密相关。传统的工程管理组织和信息传递方式容易导致信息内容的缺失、扭曲以及传递过程的延误和信息获得成本过高等问题。有时会严重阻碍项目参与各方的信息交流和沟通，造成不必要的误会和损失。利用建筑工业化生产和信息化技术，可把 EPC 项目生命周期所产生的大量图纸、报表数据融入以时间、费用等为维度的 4D、5D 模型中，利用虚拟现实技术辅助工程设计、采购、施工、试运行等诸多环节，可有效提高项目实施的协调程度。同时整合业主、EPC 总承包商、分包商、供应商等各方的信息，能有效地增强项目信息的共享和互动，提高生产效率和管理效能。

在 EPC 总承包模式下，设计方与施工方作为一个联合体，可以部分地做到互惠互利。设计方可通过 BIM 的应用在提高设计效率的同时，还可提高生产管理的效率，降低施工成本。如在四川绵阳中医院项目中，设计人员利用 BIM 软件建立了建筑及水电暖的相关信息，能够对方案进行 360 度全方位展示。还可出具施工图、工程量统计表和工程造价。利用虚拟现实技术，甚至可以转化为可视化、标准化资料。另外，随着工程的不断推进，BIM 还能对工程后

期维修提供可视化指导，对工程决算提供直接、客观的资料。BIM 设计就像是一个共享的资源库，包含设施的详细信息，能为项目从概念推敲、方案设计、施工组织、运行维护到拆除的全生命周期中的所有决策提供可靠依据。同时包含丰富信息的建筑模型能够让业主方更直观、更容易地了解建筑的情况和进展，及时发现问题，适时做出调整。BIM 的施工进度模拟等功能可以增强业主对于整个项目的掌控。甚至在建筑竣工之后，拥有完整信息的 BIM 能够为设施的运行、维护和管理提供便利。如果未来还要进行改扩建，BIM 能够为项目的实施提供完整的基础信息。实践证明，BIM 在 EPC 总承包项目中应用具有良好的前景。

二、BIM 在 PM 模式中的应用

PM 是项目管理的英文缩写，是在限定的工期、质量、费用目标内对项目进行综合管理以实现预定目标的管理模式。BIM 与 PM 集成应用，是通过建立 BIM 应用软件与项目管理系统之间的数据转换接口，充分利用 BIM 的直观性、可分析性、可共享性及可管理性等特性，为项目管理的各项业务提供准确及时的基础数据与技术分析手段。配合项目管理的流程、统计分析等管理手段，可实现数据产生、数据使用、流程审批、动态统计、决策分析的完整管理闭环，提升项目综合管理能力和管理效率。

BIM 与 PM 集成应用，可以为项目管理提供可视化管理手段。如二者集成的 4D 管理应用，可直观反映出整个建筑的施工过程和即时进度，帮助项目管理人员合理制订施工计划，优化运用施工资源。同时，二者集成应用可为项目管理提供有效的分析手段。如针对某特定的楼层，在 BIM 集成模型中植入计划成本，在项目管理系统中获取实际成本数据，并进行对比分析，实现科学的动态成本管理。此外，二者集成应用还可以为项目管理提供数据支持。如利用 BIM 综合模型可方便快捷地为成本测算、材料管理以及审核分包工程量等业务提供数据，在大幅提升工作效率的同时，可有效提高决策水平。针对超高层施工难度大、多专业施工立体交叉频繁等问题，广州周大福国际金融中心项目与广联达软件股份有限公司合作，开发了东塔 BIM 综合项目管理系统，实现了 BIM 模型与项目管理中各种数据的互联互通，有效降低了成本，缩短了工期。由此带来项目管理水平的明显提升，使之成为 BIM 与 PM 集成应用于超高层建筑施工的典型案例。

针对建设信息化进程中不同软件之间难以实现数据交互、信息与模型不易挂接、建模工作量大等难题，可以从以下几个方面加强探索：一是建立统一的建模规范，通过一致性规则保证各软件模型数据在 BIM 系统中按照统一的格式进行重新存储。基于 IFC 标准进行接口的开发，实现多专业模型的集成。二是建立统一的 BIM 规范及关联规则，通过给各种信息设置唯一编码的方式，使模型和信息自动按照编码规则进行匹配。尽管我国在 2017 年公布了《建筑信息模型分类和编码标准》，但与 BIM 对接还需做出持续地努力。三是加强对设计人员深化设计及建模的培训，提升自身能力，提高工作效率。四是制定一系列的保障和奖惩措施，保证建模工作的正确性和及时性，激发技术人员和管理人员的创新精神，使 BIM 技术在建筑工业化和建设管理中发挥更大的作用。

三、BIM 背景下工程项目管理模式的优化与改进取向

美国建筑师学会将项目集成交付 IPD（Integrated Project Delivery）定义为：一种项目交付方法，即将人员、系统、业务和实践整合到一个流程中，所有参与者充分利用智慧和实践经验，

在项目所有阶段持续优化，改善建造流程，通过减少浪费为项目增加价值，最大限度地提高项目整体效率与价值。根据美国相关研究表明，IPD 模式能使变更减少 70.3%。

美国推行的 IPD 模式是在工程项目总承包的基础上，把工程项目的主要参与方在设计阶段就集合在一起，着眼于工程项目的全生命周期，基于 BIM 协同工作，进行虚拟设计、建造、维护及管理。这种模式的突出特点是业主、总承包方和各参与方共同理解、检验和改进设计，并在设计阶段发现施工和运营维护中可能存在的问题，预测建造成本和时间，并且共同探讨有效方法加以解决，以保证工程质量，加快施工进度，降低项目成本。IPD 模式在美国推广以来，已成功应用于一些工程项目，充分体现了 BIM 的应用价值。基于 BIM 的集成项目交付作为一种新型的工程项目管理模式，被认为具有广阔前景。

传统的交付模式是各阶段截然分开，设计阶段出图，根据图来招投标，再确定施工单位，然后进入施工阶段。IPD 与传统的交付模式不同，其核心思想是在设计阶段让施工方参与进来，对设计提出改进意见，避免设计出现差错，还可以对设计进行优化。IPD 的突出特点是为项目各参与方搭建了一个共同的工作平台，在这个平台上利用 BIM 技术，各合作方均可对设计进行持续优化，并实现信息共享。施工方、运营维护方还可利用 BIM 软件进行分析，及时发现施工中的问题。

6.4　基于 BIM 技术的建筑工业化和建设信息化协同发展模式研究

协同论认为，以系统的方式存在是事物的普遍属性。相对于建筑业整个大系统中，尽管各子系统的属性不同，但各个子系统间存在相互作用、相互影响的关系。系统中相关子系统在相互作用中会形成有序结构，由之产生的内驱力会形成协同效应。依据这一原理，结合我国建筑工业化发展现状和 BIM 技术应用的现实，尝试和探索建筑工业化和建设信息化协同发展的模式框架。

构建基于 BIM 技术的建筑工业化与建设管理信息化协同优化模型，至少要考虑协同设计机制、协同施工机制及协同管理机制等诸方面。BIM 技术最突出的优势是能利用先进的三维设计施工技术代替传统的二维设计施工技术。既形象直观，又能反映出每个构件的相关参数信息。BIM 背景下建筑工业化协同设计模型是借助 BIM 技术的三维设计技术构建统一的云端集成平台，可使设计方和其他协同方同时在云端设计平台进行协同设计，同时以先进的管理手段对各方进行协调。建筑工业化协同施工模型类似于协同设计模型，并使用同一个云端集成平台。在施工阶段通过该集成平台对具体施工工作进行指导和协调。施工方和其他协同方可运用 BIM 技术在云端平台先进行工业化施工模拟，然后根据各自的需要在该平台进行沟通并指导具体施工工作，及时将施工进度信息通过集成平台传递给各个专业工程师，实现科学的质量、成本、进度和安全管理。

基于 BIM 技术的建筑工业化协同发展模式的具体运行机制如图 6—2 所示。核心是基于“云技术”构建一个集建筑工业化协同设计和协同施工及建设管理等多功能为一体的集成平台。至少包括建筑工业化指导平台、建筑工业化协同设计平台和建筑工业化协同施工平台。指导平台的主要功能是将政府对于建筑工业化的引导、支持、推动政策及时地应用到建筑工业化领域，与此同时该平台将所有获得信息通过总平台与其他子平台互传。协同设计平台的主要功能是给设计师提供一个基于 BIM 技术的在线协同设计，同时还具有协同检查、管线深化设计、后期变更分析和能耗分析等功能,可以将所获信息与其他子平台互传。协同施工平台可以对建筑工业化协同施工模拟、施工优化、施工变更、施工 4D 可视化模拟和施工质量监控,同时将所获信息与其他子平台互传。通过上述机制,可以提高 BIM 背景下建筑工业化和建设管理信息化程度和效率。

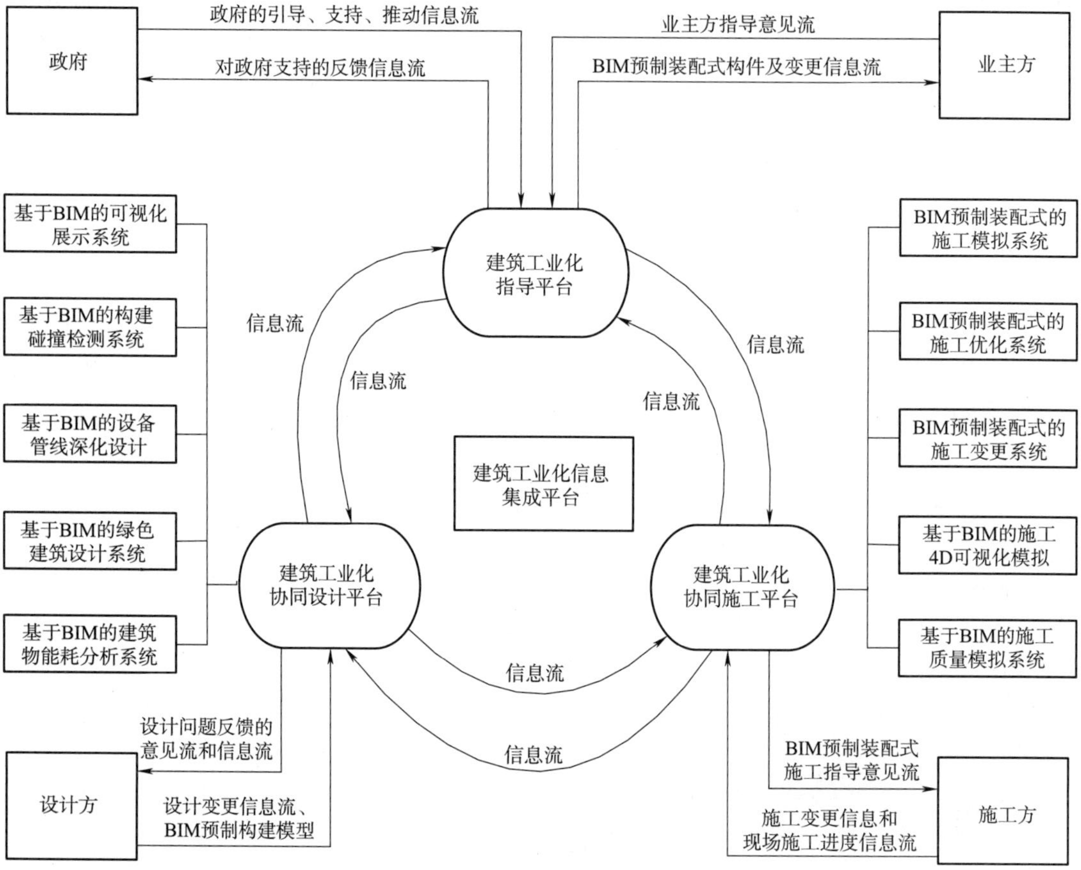

图 6—2　基于 BIM 技术的建筑工业化协同发展模式

6.5　基于关联式承包的精益项目交付模式

我国新型建筑工业化发展仍处于起步阶段,大部分建筑企业依然采用传统的建筑生产方式和项目管理模式,现行的建设项目管理方法与适于新型建筑工业化和建设信息化背景下的项目管理匹配程度不高。当前应参照制造业先进的生产管理理论与方法,如精益建设、集成交付等理念、原则和方式,深入探讨建筑工业化发展的路径与模式。如可尝试将精益生产理论和精细化管理思想运用到建筑业中,全面提高建筑工程设计、施工和管理水平,促进新型建筑工业化的发展。

6.5.1　建筑工业化背景下项目特征分析

伴随着科学技术和经济的高速发展,当代工程项目日益向大型化、复杂化、高技术化方向发展。适应这一趋势的建筑工业化推进路径选择和建设信息化协同机制的优化及项目管理模式的创新，需要在理论研究和现实探索方面加大攻坚力度。尤其要针对项目的特点，尝试新的项目管理模式。

复杂项目的特征之一是利益相关方众多。这就使得协调难度增大，且各方的要求不断提高。现代经济和技术条件下项目成功的标准早已突破了"质量—工期—投资"简单化的三重约束，而是要追求各利益相关方最大程度的满意。如业主、设计院、承包商、监理单位、材料供应商、设备供应商等，都有各自的利益，彼此关系错综复杂，面临大量冲突。项目所在地方政府、行业主管部门、周边居民等，对建设项目也有各种各样的诉求，协调并满足这些利益和诉求，不仅需承建方践行科学共赢的理念，还应找出实现这一目标的措施、手段和办法。BIM 技术的应用、工业化与信息化的结合，有利于达成这一高难度目标。

复杂项目的特征之二是项目内存在着大量相互关联的子项目。这些众多子项目的相互作用，构成了十分复杂的关系。理顺这些关系，需要管理主体具有相对较高的管理能力，还需要科学完善的管理技术，如 BIM 等。在有些情况下，把握某一子项目对其他子项目或项目整体的影响，仅凭经验是不行的，更需要科学原理的指导和高层次工具的运用。判断不同子项目间关联放大效应有时需要数学工具；解决相关工序之间的合理搭接有时需要计算机模拟；科学协调不同工作界面的交叉需要动态规划等统筹方法。在建筑工业化推进过程中机械工业、电气工业的一些思路和方法也有着十分有益的参考价值。

复杂建设项目还有一重要特征是建设目标具有多元性。一个建设项目的目标往往具有多样性，而随着复杂建设项目的子项目增多，项目利益相关方增多，其目标体系也更为复杂。在这一目标体系中，各类目标的地位不同，权重不同，表述方式不同，目标达成条件不同。不同目标之间还存在着相互矛盾、相互制约和相互冲突。目标体系的冲突矛盾也会导致建设项目的评价难度增大。传统建设项目成功与否往往只看质量是否优良，是否按时或提前竣工，投资是否有"三超"现象。而当代诸多建设项目在满足了三重约束之后，却往往还要考虑社会影响、生态环境方面的要求等。这就使得在工程项目实施过程中，需要运用多目标决策、系统分析、信息管理系统等复杂方法和工具处理工程问题。

另外，建筑工业化背景下将工程项目分解为多种不同类型和规格的部品、部件，尔后再集成装配。这种生产方式本身就增加了部品部件生产间协调的难度。建筑工业化背景下部品部件间的协调性要求很高，且工程项目众多部品部件的集成装配，实质是一个复合的、动态的复杂系统，对其建设的组织管理需要采用复杂性管理思维和复杂性协调技术。在其建设过程中，既需要认识到工程物理性能方面的特点，进行"硬"资源的整合，同时又需要认识到工程管理体系、组织架构、管理制度、管理文化等方面的复杂性，进行"软"资源的整合。实现这"软"、"硬"目标统筹协调，需要价值工程行为科学等为指导并充分利用 BIM 等新技术，以此把握建设项目的脉络和进程。

合作，真正的协作

增强关联性

视项目为承诺网络

优化项目整体，而不是局部

实践中不断学习提升

图 6—3　Five Big 理念
（Five Big 理念知识产权
归精益项目咨询公司所有）

6.5.2　精益建设理念和方式在建筑工业化应用中的优势分析

针对高度复杂的工程项目推进建筑工业化进程，必须要以先进的管理理念、科学的生产方式和高精的施工技术系统推进。借助精益项目咨询公司提出的精益建设理念,对项目的筹划、设计、施工组织、生产方式等进行深层次、精细化的改进和提升,结合 BIM 等技术的深度应用,对建设过程中各种难题进行系统把握和解决。

一、精益建设理念

精益建设理念和生产方式强调协作,这有利于克服设计和施工的分割。传统建设管理方式的突出特点是设计和施工相分离。这造成诸多问题,设计者、施工者和业主之间的期望差异有时也会给工程施工带来一定的不利影响。推进精益建设理念和精益生产方式,内部强调团队成员间的紧密合作,确保最佳决策和效果。外部强调与相关方的合作与协调,施工方、业主、设计方需要反复地进行沟通交流。这种协同性的设计、规划和施工能有效地提高协作效率,克服各相关方沟通不畅和工序间协调不力造成的困难。

精益建设理念和生产方式在实施过程中,非常有利于增强项目参与方之间的关联性。大型复杂建设项目中,业主、设计方、施工方、监理方、各类物资设备供应商等参建单位多,协调难度大。项目参与方之间业务上有关联,但在传统的项目管理模式和建设生产方式下,缺乏增进各方联系的机制。在精益理念和生产方式下,如果在项目管理模式上采用 EPC 或伙伴协议模式,则能很好地解决这个问题,提高项目建设效率。

在精益经营理念和生产方式下,在很大程度上会把项目看作一个承诺网络,而不是流程,也不是单纯的价值流。在项目环境中,项目管理者的角色就是要建立项目团队各参与方之间的承诺网络。这些承诺将团队成员联系在一起,对项目进行实时管理和指挥。这与传统上把规划视作预测、管理局限为控制、领导简化成确定方向的思想形成了鲜明的对比。从精益管理的角度看,项目实施的过程实质就是一系列关联性承诺践行的过程,任何一方都是通过对相关方承诺事项的实现获取对方的认可,同时实现项目建设目标。

精益管理的核心思想是优化项目整体,而不是局部。传统的项目管理力求速度最大化和成本最小化。单就任务层面来讲,提高生产力可能会实现局部绩效最大化,但同时会降低下游工作的可预见性。任何一个工序的紧前事项可靠性降低,都会延长项目的持续时间,也可能使合作变得复杂,并且降低信任程度。精益管理强调项目优化并激励团队成员共同努力,识别并执行对项目整体最优的方案,而不仅仅是满足个别团队成员的自私欲念。精益建设理念和精益生产方式可有效避免各专业之间的冲突,因之其施工进度、成本控制和安全性也会随之提高。

将学习与实践紧密结合。精益建设理念主张在实践中不断学习提升。这一理念强调在干中学,学中干。生产方式的选择应根据有关活动的效果来确定,更加注重对前面工作和活动的观察,并注意总结成果。特别要不时地对各项工作进行评估,从而得到可操作信息,并以此改进工作。在这一思想指导下,工作的调整和探索是经常性的,要根据前面事项实施效果及时进行。如果事实发生很长时间之后才察觉到问题,那么改正工作将很难进行。这一思想还强调学到的经验教训应该及时用于成本、进度和项目整体价值的持续改善,作用于项目各相关方工作的改进。尤其要使利益相关方关注于共同的目标,为确保项目的成功而紧密合作。

二、精益建设与传统模式的差异分析

精益建设理念和精益生产方式与传统的建设理念和方法之间存在着诸多差异。从传统走向现代，当前在实施精益建设时，许多习惯性的做法和传统的模式需要改进和破除，在有些方面需要有全新的转变。

首先是生产方式的变革。传统建设采用的是推动式生产方式，建造商根据自己的需要进行建造。整个过程相当于从前道工序向后道工序逐项推动。这一般会产生大量库存，造成不必要的浪费。也可能出现衔接不畅，造成阶段性停工。精益建设则采用的是拉动式生产方式，建造商根据市场需求决定建设进程。整个过程统筹规划，部分工序或环节相当于从后工序向前工序拉动，从而可在相当程度上消除等待的浪费，节约资源和成本。

其次是关注点的调整。传统建设方式致力于阶段性工作任务的改善，但往往会忽略项目的总体绩效。容易造成业主、设计者、施工方和供应商各个参与方之间的脱节、分割和各自为政，使得各方只关注自身利益最大化，从而忽视项目整体利益。而精益建设注重的是项目整体优化，关注于项目总体增值，而不是简单地控制成本和进度。精益建设和生产方式还特别重视项目实施中的灵活性和团体持续学习，从而在应对不确定性和突发事件以及对于非常规的复杂项目时，有着明显的优越性。

再次是对待计划和控制的态度有明显差异。传统建设管理一般都将计划看作成功的关键，控制式管理则被认为是把控成本、进度的重点。有些项目还会提出很苛刻的要求，不允许出现偏差或者浮动。有的认为使用长期计划和关键路径分析法等控制工具，项目是可控的和可预测的。有的还认为工程项目是单体性特征最突出的事项，每个项目都是独一无二的，连续生产的方法并不适用于项目管理。相反，精益建设认为传统建设管理中强调的长期计划有很大的局限性。因为每个项目中都存在着意外事件，而以当期随动性一系列相连的规划应对这些意外事件比长期计划更有优势。特别是精益建设推动了制造业前沿方法在建筑业中的应用。以工业化的生产方式使工程项目的绝大部分实现连续流生产效率更高，效益更好。另外精益建设还包括更多切合实际的短期计划和控制技术，能够将复杂工程分解为多个相互联系的阶段系统地完成。精益建设尤其强调连续流，生产过程不能轻易被打断。因此需要员工之间真诚地合作，共同努力实现项目整体目标，而不是仅关注于每个人的自身专业和私人利益。在建筑工业化推进过程中引入前沿制造业中的末位计划者技术，可使部分工厂化的流程和管理技术应用于建筑业中。如可授权领班或一线管理者判断接下来一周需要完成的具体任务，并进行科学的安排，形成连续工作流。

另外，精益建设和精益生产方式在对员工的态度与传统建设方法中也有较大差异。在传统的建设模式中，提倡对表现突出的员工进行奖励。这在某种程度上会使员工过于专注自身的任务。而在精益建设中，参与方关注的是项目整体绩效，而不再是各分包商的局部优化，所有人员都会因为项目的成功受到褒奖。另外，传统建设体系强调管理中严格的层级关系，采用以职能部门为基础的静态组织结构。在此体系中人被部分地看成附属于职位的“设备”，有时会使工作者失去工作积极性。精益建设则强调尽量发挥人的主观能动性，同时强调协调。将员工看成团队的成员，管理制度和措施致力于调动员工工作积极性，注重工作氛围的营造，这在一定程度上提高了工作效率。还有很重要的一点，精益建设注重项目业主、设计方、施工方、监理方、物资设备供应商的协调与配合，充分尊重各利益相关方的权利和利益，有利于结成战略联盟和伙伴关系，提高建筑业发展水平。

6.5.3　适于建筑工业化发展的关联式承包原则下的精益项目交付模式

建筑工业化背景下BIM技术的应用和精益建设理念的推广及伙伴协议模式注重相关方的协调等，在项目管理实践运用中自然会催生出新的施工组织形式和项目管理模式。关联式承包和集成交付模式就是这类创新的成果。

一、关联式承包与建筑业价值链的优化取向

在伙伴协议模式下，项目相关方基于以往良好的合作和信任关系结成战略联盟或联合体，共同角逐建筑市场。为使合作效能提升，各相关方会持续改进管理，引进技术，借助精益建设理念推进建筑工业化。几个方面的有机结合会使相关方签订关联式承包合同，公平透明地分担责任、利益和风险。通过改善项目价值链，获取各自相应的收益。这种关联式承包的核心理念是精益建设和精诚合作。崇尚的信条是顾客为导向、以人为本、现场组织标准化、减少浪费、持续改善和尽量实现无缺陷施工。

关联式承包能够促使项目各方共同努力，互惠互利，分享知识，并在项目中创造性地发挥各自的优势。这种模式强调的是合作共赢，通过共同努力减少整体风险，而不是转移给他人，努力使项目相关各方都在满足自身利益的基础上拥有更加完美的结果。同时通过提高质量和降低成本改善参与方员工的薪酬，以避免参与方损人利己行为的发生。关联式承包所倡导的行为，在工期长、不确定性和复杂性程度高的项目中具有突出的优势。在该类型项目中，交付行为有时并不具体并且难以详细界定。在工程实践中，传统合同对这类项目往往无能为力，因其涉及的许多不可预见问题以及各种风险和突发事件，事先难以预测。有些事情发生了，但影响程度也难以一时判定清楚。针对这类项目和情况如果想取得最佳的项目绩效，仅有简单的合同文本是做不到的。而关联式承包由于有相应各参与方的利益保证机制，一般遇到问题和风险时会客观地把控并全力应对，利于各方预见和判定各种正面和负面的情景，使参与方能基于项目的整体利益协同行动，显著增加了项目成功的可能性。

对关联式承包方式和原则的全面理解，必须结合对伙伴协议模式和精益建设理念的准确把握。这种交易或承包机制在很大程度上舍弃了招投标机制下各相关方之间的竞争与博弈，更多的是基于各参与方互相信任和伙伴关系的基础上，公平透明地分摊工程项目的责任和利益。传统的项目交付模式依赖于交换商品和服务的交易合同。此类合同适用于预期交付物单一并且易于清晰定义的情况，但许多项目不符合这些条件。建筑物交付的多变性和对突发事件的敏感性，致使传统模式在满足需求不确定的复杂项目时往往无能为力。

关联式承包模式为项目相关方紧密合作提供了行之有效的体系和机制。在这种模式下，各方之间的关系部分地超越了商品和服务交换的范畴，反映出的是一个拥有共同价值观和基于信任互动的群体属性。Williamson(1979)将此种关系描述为“一个基于规范的微型社会关系，而不是聚焦于交换本身及其短暂的过程”。

改善利益相关者之间的工作关系会提高工作效率并减少冲突。团队的合作精神，会创造更好的项目成果，其中也包括相对更高的经济回报。因此，支撑关联式承包最重要的因素是双方互惠互利的合作与依赖。关联式承包模式与其他模式相比，其独特之处在于通过合作协议将独立的参与方联系起来，借助建筑工业化的生产方式等改善生产和经营，优化项目施工组织和价值链。在有些情况下，还可借助精益工程理念和方法优化计划体系和物流系统，从而使工

作流程更为科学可靠。关联式承包在强化合作的同时，更加注重友谊和信任关系的培育。精益建设致力于建立和维护精细的工作流程，以提高各利益相关方执行承诺的可靠性。精益生产要求对"如何做"进行明确定义并努力达成一致，提高工作效率。

与以经济激励为基础的合作管理模式不同，关联式承包模式会激励各方积极主动地管理项目，以求最大限度地提高工程进度和质量，同时尽量减少由敌对态度可能引发的纠纷。需要注意的是，在强调关联式承包积极效应的同时，亦应看到其中的缺陷。过于强调合作有时会掩盖可能出现的冲突。正确的思路应该是在强调合作的同时，各方努力通过协调化解各种矛盾和冲突。Rowlinson 和 Cheung(2004)在澳大利亚所做出的研究指出了关联式合约中文化因素的重要性，如坦率、诚实、积极面对困难及亲和力是提高关联式承包成功概率的重要因素。为使关联式承包有效地实施，需要相应调整其他不具备这种属性的文化。

二、基于关联式承包集成交付模式的讨论

与建筑工业化、精益生产、伙伴协议和关联式承包相对应的，是工程项目的集成交付模式。这种以相互尊重和信任、团队互利共享、协同创新决策、目标价值早期制定、重视项目计划、注重前沿技术运用为实施原则的项目交付方式，在成熟的市场经济体中应用越来越广泛。该模式能够将人员系统、业务结构和工程实践全部整合到一个流程中，利于项目参与方充分利用各方面人员的智慧才华和实践经验。在项目所有阶段优化相关工序和环节，努力为业主增加价值、减少浪费，最大限度地提高项目整体效率和价值。同时这种模式还可通过 BIM 合作平台使各方建立更为广泛的伙伴关系，形成一种高度集成且面向项目全过程的团队组织，鼓励项目各方专注于项目的整体利益而不是个人目标，以实现项目整体价值的最大化。项目集成交付(IPD) 模式还有一个突出的特点就是具有协作程度非常高的流程。该流程覆盖了设计、供应、施工等项目的各个阶段。IPD 模式下项目各个阶段业主、设计方、承包商、供应商和各级分包商通过团队协作，一起实施并交付工程。集成项目交付系统如图 6—4 所示。

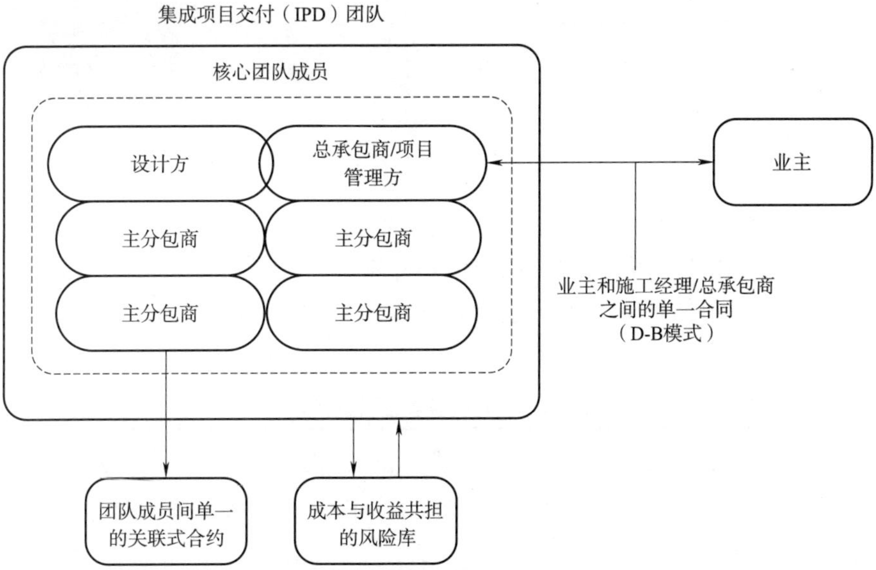

图 6—4　综合项目交付系统

集成交付模式的突出特点是一个独立的集成团队包含关键项目业主和相关方，各方在开放合作中实现信息共享；在精诚合作中得到各方的信任与尊重；在项目推进中发挥各方知识和专业技能等优势，鼓励、培育、促进、支持多侧面的开放合作与风险共担。各参与者在应用BIM时，其参与阶段与传统项目相比有所不同，主要参与者均提前介入项目，如图6—5所示。

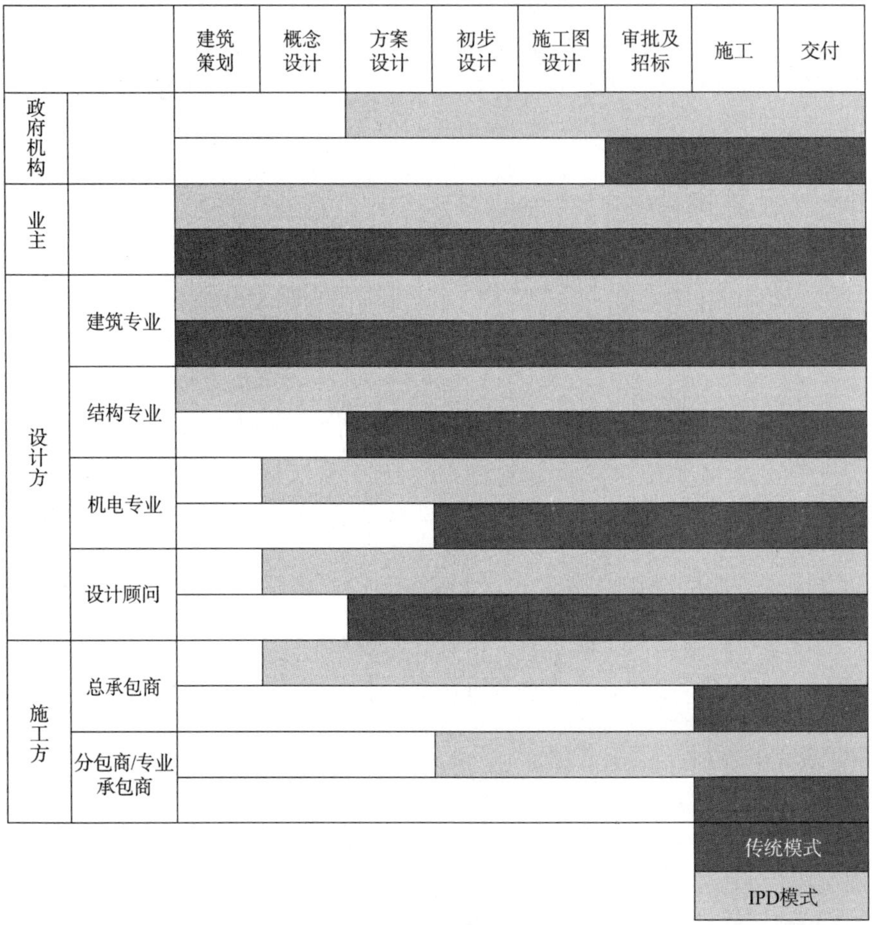

图6—5　传统模式与IPD模式介入项目的时期

集成交付模式应遵循的原则包括：项目相关方精诚合作；借助BIM等先进技术促使生产有效运作；科学编制施工组织方案并持续优化，革除不增加价值的无效活动，提高效益和效率；优化设计、施工等环节包括施工诸环节的衔接；减少浪费；全面整合资源，努力使价值最大化。表6—3为不同项目管理模式的特征分析。

表6—3　不同项目管理模式的特征

项目交付方式	特　　征
设计-招标-建造模式（DBB，1940 s）	工程项目的实施必须按照设计-招标-建造的线性方式进行，各个阶段没有重叠
建筑管理模式（CM，1960 s）	CM模式的最大优势是CM经理作为业主顾问或总承包商在早期介入项目，但没有从根本上解决项目各参与方分散和信息碎片等众多问题

续上表

项目交付方式	特　征
设计—建造模式 (DB,1990 s)	业主和设计—建造方采用单一合同的管理方法,效率高,争议少,但总承包商的项目利益与业主项目目标并不完全一致
项目伙伴制 (Partnering,1990 s)	Partnering 模式是由多个利益相关方组成一个团队以实现共同的利益目标,开始寻求各参与方全过程参与,但是仍未提出真正的合同契约来约束和促进各方之间的关系
综合项目交付 (IPD,2000 s)	实现各参与方早期介入、全过程的真诚沟通合作、信息共享、利益共享及风险分担

6.5.4　基于关联式承包的集成交付模式在中国建筑业应用前景分析

基于伙伴协议模式、建筑工业化、精益建设和关联式承包的集成交付模式,在高难、复杂、大型工程项目中应用,具有传统模式所并不具备的成本优势。由于注重项目相关方的提前介入和平等协商,使得工程设计、施工、物资采购方案,均能得到不同程度地优化。项目总成本、合作伙伴变更成本以及其他风险成本一般都会降低。通过与合作伙伴共同分担开发成本、共享技术以及风险分担,可以更好地节约成本。注重项目相关方的长期合作,使得缔约方之间的合作关系从短期向中长期转变,降低了发展新关系的成本。

集成交付模式一般情况下还有利于控制工期。项目相关方的提前介入利于各项工作的前期准备,伙伴关系减少了招投标的期限制约,有利于缩短工期和工序间的衔接。项目交付时间的缩短和公共客户管理负担的减轻使得项目拥有了时间优势。此外,集成交付模式能够通过项目工作计划、及时的决策以及可靠的 BIM 软件的协助来更好地控制时间。

采取集成交付模式有利于各协作方将质量置于更高的位置。由于在伙伴协议模式下,项目相关方的利益可部分地通过协商予以保证,这可有效减少各种恶意的拖欠、用劣质材料等现象,有利于保证工程质量。采用集成交付模式还可以减少工程返工,减少设计变更和索赔,利于质量控制。另外,采用集成交付模式的有关各方强调承担共同责任,确保安全的工作环境,一般会主动规避危险工作条件和事故。

集成交付模式强调团队整体效能并多以联合体等形式承接工程项目,综合竞争力会有所提高。以战略伙伴关系的形式进行的集成交付模式提高了组织的能力,进而提升了其在市场上的竞争优势。Humphreys 等研究(2003)发现,以战略伙伴关系由几家公司长期合作,共同承担多个项目,综合效能和竞争实力优于单个的公司。有时采用集成交付模式不仅能为缔约方提供持续改进的机会,而且可以提高其声誉。

尽管集成交付模式有诸多的优点,但目前在我国大规模采用还有相当多的困难和障碍。一是相关知识和经验的缺乏。由于我国工程建设领域长期以招投标方式选择施工方,使各相关建筑企业适应了竞争、对抗和博弈思维,合作共赢的理念相对淡漠。在合作过程中缺乏相关的知识和经验,会阻碍集成交付模式的应用。尤其在合作初期,当各合作方出现矛盾或有过不成功的合作案例时,这种负面影响将使企业之间很难重新形成相互信赖的关系。

二是项目参与方之间目标差异导致的合作障碍。项目参与者之间目标的不一致、参与积极性不高、合作意愿不强烈、缺乏高层管理人员的支持等,都容易导致建设项目合作失败。另外,在项目实施过程中有时因对项目目标的定义不同,也会出现一些问题。

三是由于长期招标体制下国内建筑市场部分地形成了对抗性思维和环境，这也阻碍了集成交付模式的应用。在传统招投标体制下，建筑企业习惯于独立地工作以实现目标。同时，企业面临的商业压力、短期行为、组织和个人之间不兼容的文化等都会阻碍缔约方采用集成交付模式。

四是额外的时间成本也会影响集成交付模式的应用。构建企业间的战略伙伴关系，加强企业间的沟通与协调，往往会增加许多高层领导者的时间成本。在企业内也需要费时费力地做大量工作，才有可能改变员工的观念、改善组织管理系统，这也需要耗费时间和资源。另外，企业经营管理者花费相当多的时间用来寻找合适的合作伙伴和发展伙伴关系，有时也会成为集成交付模式应用的障碍。

案例六：建筑工业化背景下费尔菲尔德医疗办公楼精益建设的启示

1. 项目介绍

位置：费尔菲尔德，加州

建筑类型：医疗

业主：Sutter 医疗基金会

合同：Sutter 集成协议形式

设计单位：HGA

承包商：Boldt

开工日期：2005

竣工日期：2012

Sutter 健康中心的管理团队要求在预算范围内按时或尽早完成该项目，同时不出现索赔的情况，最大限度地提高项目的安全性。该项目为美国第一个真正意义上的 IPD 项目。Sutter 健康中心是北加州一个不以营利为目的的医疗保健机构，该中心在 2004 年就开始筹划，准备建设 70 000 平方英尺的医疗办公大楼。设计单位 HGA 的建筑师和工程师闻讯后，经多方争取，赢得了大楼设计工作。随后又将情况介绍给与之有合作关系的建筑承包商 Boldt。由于 HGA 和 Boldt 有着良好的协作关系，且公司之间有着相互兼容的文化，人员都相对熟悉，业务来往较多，信息沟通很顺畅。早在设计初期，Sutter、HGA 和 Boldt 就合作展开了频繁的接触，为该项目应用集成协议奠定了基础。

在前期工作的基础上，项目展开后，业主和承包商等筹组了项目集成交付团队。该 IPD 团队包括建筑师、业主、施工经理(CM)/总承包商(GC)、分包商和供应商，如图 6—6 所示。由业主、建筑师和施工经理组成的“核心小组”负责管理项目。小组选择工程师、技术顾问、主要分包商和供应商等作为 IPD 团队的其余成员。为实现最大限度的团队协同，当设计方确定以后，施工经理(CM)/总承包商(GC)立即参与到方案设计中。在初步设计阶段，主要的分包商就参与进来。虽然与传统的工程实践相比，这种做法需较早地付出相关服务费，但通过多方协作带来的成本节约及施工能力的改善，将远远超过其所增加的费用。

该项目采用的合同类型是集成协议形式 IFOA(Integrated Form Of Agreement)。IFOA 是业主、设计单位和承包商的三方合同，每一方都是平等且彼此负责的伙伴。

项目团队分成三个层级，一个综合项目组(IPT)，由项目相关方代表组成，Sutter，HGA，

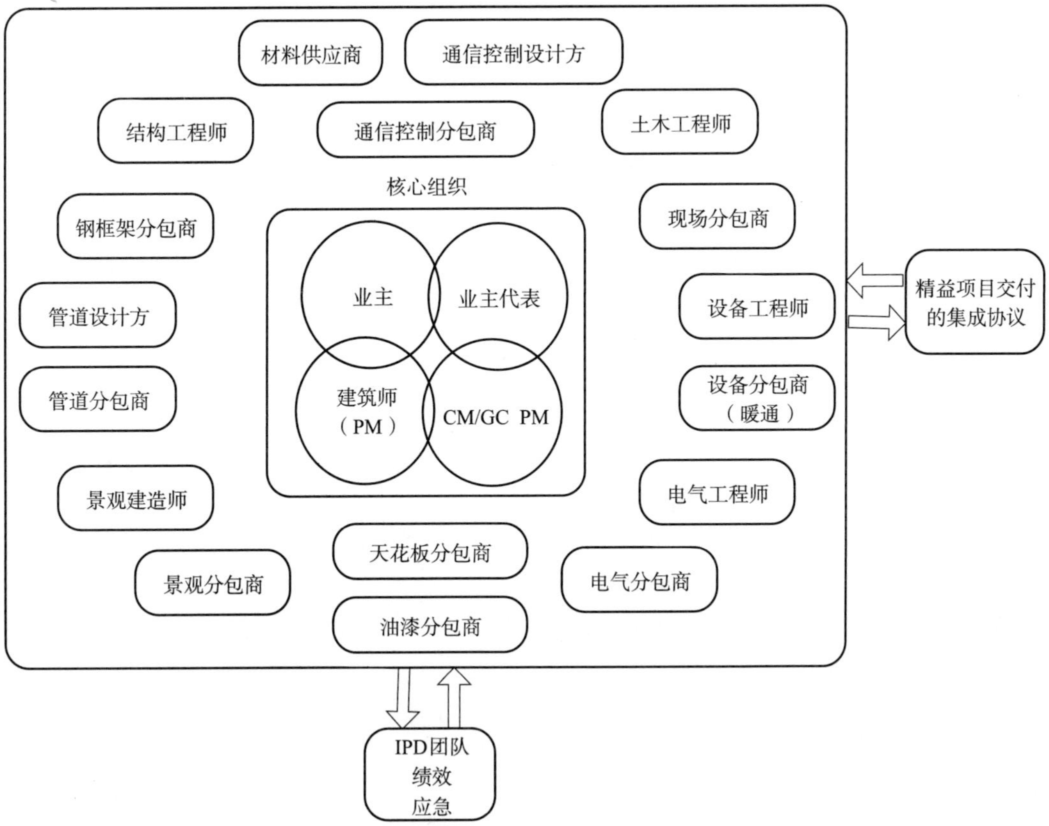

图 6—6　IPD 团队组织结构

Boldt 和主要的分包商 Rosendin 电气及南方工业均派员参加。在设计和施工阶段，综合组每周开会一次。在项目实施的适当阶段，综合项目组吸收其他贸易承包商和利益相关者的代表参加会议。还有一个更高级别的核心小组，由 Sutter，Boldt 和 HGA 的高级代表组成，每月举行会议，以解决 IPT 提交的问题。

HGA 中标后，Sutter 要求 HGA 和 Boldt 直接交流，以确认双方的文化是否一致。由于这两个公司之前有过合作，所以满足基本条件。在项目的早期设计阶段，合同要求三方的核心团队协作选择设计和施工的分包商，更小的分包业务直接由总价招标一次性完成。

为实现信息共享，Boldt 的项目网站被确定为项目信息的资源库，提交和流程都电子化，建筑师能够处理超过 50％的无纸化流程。设计团队和分包商直接交互、共同工作受到双方的赞赏，并减轻承包商作为信息交流枢纽的压力。

该项目广泛使用了 BIM 技术。虽然这对设计单位、承包商和业主都是新事物，但经团队努力还是取得了很好的效果。BIM 技术的应用使团队在系统平台上识别出 400 多处冲突，并逐一进行了优化调整。在施工过程中，采用 BIM 与 GPS 测量技术，适时检测并掌控施工进展情况。

项目相关方的早期参与是该项目成功的一个重要因素。最初的项目团队包括 Sutter 健康中心（法人），Sutter 地区医疗基金会（当地 Sutter 子公司），HGA 和 Boldt。这个核心团队在设计阶段的前期就共同选择主要设计和施工分包商。施工前的辅助设计也是至关重要的，机械、电气和管道/消防等都需要提前考虑，Boldt 甚至认为外墙玻璃和面砖也应该属于在设计阶段就介入的重要事项。利用 BIM 技术对项目早期介入的好处是显而易见的，许多问题在施工前就被确定。由于每周都会举行会议，现场小组在投影仪附近就能建模。如钢结构是沿着管道运行，管道线路和自动喷水灭火系统统筹考虑。不同形式的团队会议使得 IPT 团队识别并处理了不少于几百个系统冲突。由于设计完善，规划超前，施工有严格的进度表，显著地降低了成本。

2. Sutter 项目的精益战略实践

推进精益建设需要相关人员具有较强的精益建设理念，对精益哲学有较深刻的理解。为此业主于 2004 年举办了为期 3 天的精益高峰论坛，向 200 多名项目工作人员介绍了精益理念。五大理念是精益理论框架的主要组成部分。业主制定了一系列的计划，其中包括正式的研讨会，每周一次的电话会议和月度调度活动。工作人员接受了“末位计划者系统”的培训，并开始应用于一系列的工序中。由业界高层管理人员组成的精益领导小组注重以多种形式将精益理念进行不断地讨论和深化。分包项目参与者的选择是通过标书和详尽的访谈来选择设计方和 CM/GC。一般是首先选择设计方，然后选择 CM/GC，最后选择主要的分包商。为促进相互合作，以上选择都在方案设计阶段时进行。

设计工作以并行方式展开，而不是以常规的串联方式进行。另外还系统应用价值工程的原理和方法不断改进原有方案。同时，借助各分包商的持续努力和积极参与，项目合作方综合施工能力得到了明显增强。虽然 CM/GC 的早期参与会产生额外的成本，但这能达成更好的项目合作并提高设计质量，而最终收益会远远大于成本开支。而其中的目标价值设计，是依据业主的资金情况，在特定的预算范围内对项目方案的优化过程。其中坚持的一个重要原则是未经业主同意和认可，项目方案不得超过预设的投资限额。为充分发挥各方的作用并便于协调，CM/GC 和分包商对施工手段、方法、技术和安全防范措施拥有控制权，并承担相应的责任。但在施工前要制定一个包含资源信息的项目工作计划，特别要求在弄清时间节点之前，不主张设计团队推进后续的工作。进度计划表由 CM/GC 和 IPD 团队共同准备，同时获得核心小组的批准，并每月进行更新。整个过程中 IPD 团队都以协同方式开展工作。

3. 风险管理

通过在项目交付中采用新理念和自主创新的办法，集成协议试图建立一个系统并授权 IPD 团队减少或消除风险，而不是专注于转移风险。在 Sutter 健康项目中，风险由项目参与者之间共同承担，而不是像传统项目一样，在成员之间转移。应急资金用于处理不同的风险和未说明的风险，而资金由项目交付团队共同管理。风险类别包括经过允许的变更、施工偏差和价格上涨等。风险资金账户是由团队创建的，旨在促进精益建设，并对成本的部分超支提供资金支持。通过在 CM/GC 和一些分包商中使用成本加酬金合同和保证最大工程费用(GMP)等方法，使风险降低并得到了有效控制。

4. 项目集成交付模式的优点

尝试项目集成交付模式，需要项目参与方建立良好的协作关系，并制定包括项目设计、资金投入、物料供应、施工组织等方面协调推进的系统流程。构建协调程度非常高的流程，需要各方具有良好的协作精神，也需要运用好 BIM 等技术平台。从这些技术的系统应用，使得 Sutter 项目在 IPD 中应用精益方法成为可能。

集成协议形式(IFOA)在聚集设计资源方面十分有效,设计工作并行展开,且从一开始就是系统的设计布局。Ghafari Associates 公司帮助项目团队根据信息流调整设计方案,完善施工供应链。通过价值流程图,实现活动流程的可视化,避免设计返工。项目团队成员之间相互讨论,并把相关信息用便笺纸贴在墙壁上,用以记录项目的实时动态。团队协作和信息的充分交流,提高了工作效率,减少了失误、重复工作和等待的时间。按以往的惯例需要在 15 个月才能完成的施工图,在 IPD 模式下该施工项目 8 个月之内就得以完成。

第7章　引入社会资本促进建筑业发展的路径和模式探讨

伴随着工程建设项目投资主体多元化、投资来源多样化以及投资管理复杂化的现实情况，工程建设项目的环境和条件均发生了很大的变化。传统的融资模式已难以应对相关利益主体在项目融资建设过程中面临的诸多冲突和问题，迫切需要与融资模式相对应的项目管理模式的创新。本章着眼于当前大力推行PPP模式的现实情况，从投融资模式演化与项目管理模式创新相结合的视角，深入探究PPP项目实施过程中存在的关键难点，并着力构建将融资模式与管理模式有效结合的开发性金融全寿命周期PPP模式。这对规范PPP运行机制，防止PPP异化为单纯的融资平台，着力推动PPP回归公共服务创新供给机制，创造PPP项目实施的良好环境，推动PPP项目健康、有序、持续地发展，具有重要的现实意义。

7.1　投融资模式演化与项目管理模式互动机理分析

随着工程建设项目投资主体多元化发展，非政府投融资将进一步扩大。在诸多融资模式中如何选择合适的形式，在建设过程中如何保证建设管理模式与投融资管理模式的协调，关系到工程建设项目实施的效果。本节从投融资模式的演化角度出发，通过不同投融资模式与项目建设管理模式的对应性分析，探索二者之间的互动机理。

7.1.1　从融资模式演化过程分析PPP模式的形成

国际上PPP模式的产生和实践有着悠久的历史。私人资本参与公共基础设施领域内的活动，最早可以追溯到公元前罗马大帝准许Salassi部落收取通行费以达到养护道路的目的。具有现代意义的融资形式众多，经多年的发展其模式和机制逐步完善，并呈多样化发展的趋势。如荷兰设立负责PPP模式的中央机构，澳大利亚和美国是由各州政府或市政当局处理PPP事宜，智利运用拍卖方式售出特许经营权，法国则是通过公共服务授权的行政框架对PPP项目加以管治。PPP模式作为一种灵活的方式为基础设施提供服务，其形态多元，并不存在统一的模式。依据公共部门与私营企业不同程度的合作关系，可将其分为BOT、BOOT、BOO、TOT、DBFO等。从确认服务需求、界定项目目标、明确支付机制、分析财务影响、评估项目风险、确定采购方式、建立特许经营规则、确认资金使用价值、优化设计方案、监管建设过程、一直到工程竣工，PPP实质是从立项到服务项目实施的全过程。

我国工程项目投融资模式的变迁与经济体制的演变密切相关，其演化进程大致经历了以下几个阶段：1949年到1978年，项目建设资金主要靠计划拨付。高度集中的计划经济体制使得项目在建设运营过程中高度依赖政府财政，不仅资金来源单一、建设投入不足，而且由于价格不能补偿成本，导致亏损严重，威胁着经营的可持续性。再加上长期的行政垄断，服务意识淡漠，使得改革成为必然。

1978 年到 2007 年，社会资本逐步参与公共工程建设项目。各种资本市场化运作模式相继出现，这对我国项目投融资模式的演进产生了积极的推动作用。该阶段各种投融资模式开始显现，并在项目建设中发挥了重要的作用。

2008 年至 2017 年，随着国家 4 万亿投资计划的刺激以及投融资相关政策和法律法规的不断完善，PPP 模式的大力推广为我国基础设施建设的快速发展既提供了机遇，也带来了一些挑战。许多地方政府采用负债经营的方式，且金融领域放松对相关项目投资的信贷，使得 PPP 迅速膨胀，地方融资平台以及负债的不断攀升，引起国家相关部门的高度重视，新一轮的改革迫在眉睫。

2017 年至今，由于 PPP 项目在快速发展的过程中产生了风险分配不合理、明股实债、政府变相兜底、重建设轻运营等问题。2017 年底，财政部出台新规加强政府和社会资本合作（PPP）综合信息平台项目库管理。提出对新申请纳入项目管理库的项目严格把关，优先支持存量项目，审慎开展政府付费类项目，确保入库项目质量，同时集中清理已入库项目。这一系列以规范为导向的文件，旨在防控金融风险、去杠杆和防止一些地方政府隐性债务攀升。这些政策将倒逼 PPP 项目行业结构转型，减少纯政府付费类项目，增加真正有经营性的项目比重。

7.1.2　不同融资模式与项目管理模式对应性分析

工程建设项目投融资模式伴随着投融资工具的创新而不断发展。目前国内外学者对工程项目投融资模式的研究主要集中于两类。一类是传统的融资模式，如政府财政投资、国债、专项基金、银行贷款等。另一类为基于 PPP 的私人特许经营模式。目前渗透在各行各业的 PPP 模式，由于项目依托的基础等条件的不同催生了一系列的新变种。具体可分为外包、特许经营和私有化三大类，见表 7—1。

表 7—1　PPP 模式的主要表现形式及分类

分类标准			项目模式	具体解释
外包类	模块外包	管理外包	MC	Management Contract 管理合同
		服务外包	SC	Service Contract 服务合同
	整体外包		O&M	Operation&Maintenance 委托运营
			DBO	Design-Build-Operate 设计—建造—运营
特许经营类			BOT	Build-Operate-Transfer 建造—运营—移交
			BOOT	Build-Own-Operate-Transfer 建造—拥有—运营—移交
			TOT	Transfer-Operate-Transfer 转让—运营—移交
			TBT	Transfer-Build-Transfer 转让—建设—移交
			BLT	Build-Lease-Transfer 建设—租赁—转让

续上表

分类标准		项目模式	具体解释
特许经营类		BTO	Build-Transfer-Operate 建设—移交—运营
		DBFO	Design-Build-Finance-Operate 设计—建设—融资—运营
		DBFOT	Design-Build-Finance-Operate-Transfer 设计—建设—融资—运营—移交
		ROT	Rehabilitate-Operate-Transfer 改建—经营—转让
私有化类	完全私有化	BOO	Build-Own-Operate 建设—拥有—运营
		TOO	Transfer-Own-Operate 转让—拥有—运营
		PUO	Purchase-Upgrade-Operate 购买—更新—经营
	部分私有化	股权转让	

一、外包类项目融资模式解析

外包类 PPP 项目一般是由政府投资，私人部门承包整个项目中的部分或全部职能。例如只负责工程建设或者受政府委托代为管理维护设施或提供部分公共服务，并通过政府付费实现收益。在外包类 PPP 项目中，私人部门承担的风险相对较小。典型的外包类模式有管理外包 MC、服务外包 SC、委托运营 O&M 和设计—建造—运营 DBO 模式。

其中，MC(Management Contract 管理合同)模式是指政府保留存量公共资产的所有权，将公共资产的运营、维护及用户服务职责授权给社会资本或项目公司的运作方式，政府向社会资本或项目公司支付相应的管理费用。在 MC 模式下，对项目公司的选择要求很高。不仅需要其具有高资质和高水平，还需其具有强有力的协调能力，能与业主、设计、采购和施工单位密切合作，最终以高质量、低成本在规定的时间内完成工程项目。MC 模式适用于投资规模大、设计技术新颖、施工难度高、参与方众多以及施工周期较长的项目。天津梅江会展中心项目由于其建筑规模宏大和功能复杂使得其施工难度较大，而且对施工完成时间节点有很严格的要求，再加上业主前期设计施工等准备工作不充分，其最后决定采用 MC 模式与经验丰富、协调管理能力强的中建三局签订施工总承包协议，由中建三局负责整个项目的施工组织和管理。最终中建三局以高速度、高质量、高标准为天津打造了精品工程。

SC(Service Contract 服务合同)指政府将基础设施的服务外包给私企，但其仍负责设施的运营和维护，并承担项目的融资风险，时间一般小于 5 年。目前基础设施的服务外包是很常见的，比如在某政府行政中心，物业公司承担保安、保洁、电气(动力、照明)、给排水以及集中空调的系统保养，专门的施工队伍负责主体建设的维修，消防以及电梯也有各自的外包服务公司。

O&M(Operations&Maintenance 委托运营)指政府保留存量公共资产的所有权，将公共资产的运营维护职责委托给社会资本或项目公司，并向社会资本或项目公司支付委托运营费用。委托运营合同期限一般不超过 8 年。相较于工程总承包等，该模式使项目公司更专注于运营管理，进而保证工程的运行质量，有效节约运行成本，做到效益最大化。如垃圾处置作为一项特殊的公共服务，需要有专业的技术和管理团队作支撑，确保其服务的可靠性。部分环保公司凭借其专业化优势，依照 PPP 模式下的 O&M 方式承接相关项目的运营维护，有效提升垃圾厂的运营管理水平，从而提高服务质量。典型的项目有山东省济南市生活废弃物处理中心以及浙江省舟山市嵊泗县生活垃圾热解气化处理项目等。

DBO(Design-Build-Operate 设计—建造—运营)是指将市政基础设施的设计、建造和长期运营整合在一起委托给承包商实施的一种项目模式。由于其不带有融资功能，和 BOT、DBFO 等模式相比，更加强调公共服务的本质，突出运营属性。在现有的 DBO 项目中，实际上多由政府出资、专业的社会资本进行建设运营，政府根据 DBO 相关合同依效付费。从适用条件上看，采取 DBO 模式，需与项目的内在要求相匹配。如在环保领域采用 DBO 模式的项目主要是污水处理厂新建及改造，雨水调蓄、管网运维和生活垃圾转运等领域。采取 DBO 模式的原因包括：一是迫切改善区域环境质量的强烈需求及严格的环保设施运行要求；二是政府方资金相对充裕，对此类项目没有融资上的冲动；三是政府方专业运营能力不足，更偏好市场化运作，提高运营效率。2008 年 1 月 30 日，国内第一家实行 DBO 总体招标项目——天津市滨海新区汉沽营城污水处理厂项目开工建设，此项目由创业环保中标。在以运营为核心、以绩效为导向的规范化时代，DBO 模式可能更符合提高公共供给质量和供给效率的要求。

二、特许经营类 PPP 项目模式分析

BOT(Build-Operate-Transfer 建造—运营—移交)模式最大的特点就是将基础设施的经营权有期限的抵押以获得项目融资，或者说是基础设施国有项目民营化。在这种模式下，首先由项目发起人通过投标从委托人手中获取对某个项目的特许权，随后组成项目公司并负责项目的融资，组织项目的建设，管理项目的运营。并在特许期内通过对项目的开发运营以及当地政府给予的其他优惠来回收资金以还贷，并取得合理的利润。特许期结束后，应将项目无偿地移交给政府。在 BOT 模式下，投资者一般要求政府保证其最低收益率，一旦在特许期内无法达到该标准，政府应给予特别补偿。我国最早引入民营资本并采用 BOT 模式建设的路桥项目为刺桐大桥。该项目以刺桐大桥经营权质押贷款，并在国内首次采取按揭式还本付息方式偿还银行贷款。刺桐大桥的建设，实现了以较小量国有资金引导较大量民营企业资金投资于基础设施建设的目的，成为国内首例以内地民营资本为主的 BOT 投资案例。但是由于项目前期未考虑排他性条款，当项目收益较好时，政府又投资建设了并行的新桥，形成竞争状态，投资方权益未得到充分保障；政府领导层强势施加的“建设增项”，使业主方增加了利益让渡负担。由于 PPP 模式在实施前期缺乏好的制度性环境，使得该项目没能真正起到由点及面的示范效应。

BOOT(Build-Own-Operate-Transfer 建造—拥有—运营—移交)是指私人合伙或国际财团融资建设的基础产业项目，项目建成后，在规定的期限内拥有所有权并经营，期满后将项目移交给政府。最典型的 BOOT 项目就是英法海峡隧道。政府授予项目公司 55 年的特许期建设、拥有并经营隧道，55 年之后隧道由政府收回。在本项目中，政府首先不对贷款作担保；其次同意用项目建成后的收入来支付项目公司的费用和债务；然后要求项目公司必须持有 20% 的股票；最后政府允许项目公司自由确定通行费。此外，政府承诺 30 年内不会建设第二个跨越海峡的连接通道。该项目的突出特点是政府在建设项目中设定了激励和惩罚机制，具体实

施规则如下：隧道建设的目标费用估计为 2.5 亿美元；若隧道在目标价格以下建成，承包商将得到所节约资金的一半；若实际费用或进度超过目标值，承包商将支付一定数量的损失费用给项目公司。BOOT 与 BOT 的区别有二：一是所有权的区别。BOT 方式，项目建成后，私人只拥有所建成项目的经营权；而 BOOT 方式，在项目建成后，在规定的期限内，私人既有经营权，也有所有权。二是时间上的差别。采取 BOT 方式，从项目建成到移交给政府这一段时间比采取 BOOT 方式短一些。

TOT（Transfer-Operate-Transfer 转让—运营—移交）模式是一种通过出售现有资产以获得增量资金进行新建项目融资的一种新型融资方式。在该模式下，私营企业首先用私人资本或资金购买某项资产的全部或部分产权或经营权，然后购买者对项目进行开发和建设，并在约定的时间内通过对项目经营收回全部投资并取得合理回报。特许期结束后，将所得到的产权或经营权无偿移交给原所有人。南京长江二桥 PPP 项目采用的是 TOT 模式，时至今日，该项目平稳运行了 14 年，经得起时间考验，颇具研究价值。该项目运作的最大亮点在于，通过公开竞争方式引入的社会资本，不仅有效解决了政府存量债务问题，还从根本上解决了二桥公司在运营和管理上的政企不分、效率低下问题。中海投资作为社会资本进入后，不仅缓解了政府偿债压力，还带来了先进的经营、管理理念，提高了道路桥梁经营效益，也改善了服务质量和公众满意度。

TBT（Transfer-Build-Transfer 转让—建设—移交）就是将 TOT 与 BOT 融资方式组合起来，以 BOT 为主的一种融资模式。在 TBT 模式中，TOT 的实施是辅助性的，采用它主要是为了促成 BOT。TBT 的实施过程如下：政府通过招标将已经运营一段时间的项目和未来若干年的经营权无偿转让给投资人；投资人负责组建项目公司去建设和经营待建项目；项目建成并开始经营后，政府从 BOT 项目公司获得与项目经营权等值的收益；按照 TOT 和 BOT 协议，投资人相继将项目经营权归还给政府。实质上，是政府将一个已建项目和一个待建项目打包处理，获得一个逐年增加的协议收入（来自待建项目），最终收回待建项目的所有权益。从政府的角度讲，TBT 盘活了固定资产，以存量换增量，可将未来的收入现在一次性提取。从投资者角度来讲，TOT 项目融资的方式很大程度上取决于政府的行为。由于现行的法律体系及制度，获得已建项目的社会资本在待建项目的招投标中并不一定能获得项目的建设权，因此 TBT 模式目前只停留在理论研究阶段，后期的实践应用还有待政策法规的支持和理论研究的深入探索。

BLT（Build-Lease-Transfer 建设—租赁—转让）模式是指政府出让项目建设权，由社会资本或项目公司负责项目的融资和建设管理，在项目建成后租赁给政府，并由政府负责项目运行和日常维护。社会资本或项目公司用政府付给的租金收入回收项目投资，获得合理回报，租赁期结束后，项目所有权移交给政府。BLT 模式由菲律宾首次提出，并用于解决经营权归属敏感的基础设施领域的项目融资问题。菲律宾政府曾将这种模式应用于一个 52 万条电话线的基础电信网络，外国投资者负责投资建设，完工后将其租借给 PLDT（菲律宾长途电话公司），租赁期为 10～15 年。在租赁期内提供维护服务（包括网络监管、防护维修和专业修理服务），PLDT 付预定的租金费用，租赁期满后外国投资者将所有权转让给 PLDT。在该模式下，外方投资者不直接参与企业经营，仅提供维修服务，经营者在租赁期内按期付给外方固定回报，规避了其他模式中通信网络类基础设施经营权归属的敏感问题。

BTO（Build-Transfer-Operate 建设—移交—运营）模式是指民营机构为公共设施融资并

负责其建设,完工后即将设施所有权移交给政府方。随后政府方再授予该民营机构经营该设施的长期合同,使其通过向用户收费,收回投资并获得合理回报。以 BTO 投融资模式“盘活”十几年“难产”的布吉文体中心项目,是深圳市龙岗区继在全国创新国有大型体育场馆大运中心的经营模式后又一有益探索。经过大胆创新,反复论证,项目最终决定采用 BTO 模式引入社会资本参与投资、建设与运营。即在坚持用地规划不变、项目建成后全部资产归政府所有的原则下,通过公开招标选择社会投资人出资建设。项目建成后除图书馆和文化馆交由政府方运营外,其他单元由中标人在区政府授予的期限内自主运营并获取收益,运营年限届满,经营权将无偿交还政府。

DBFO(Design-Build-Finance-Operate 设计—建造—融资—运营)模式是指从项目的设计开始就特许给某一机构进行,直到项目经营期收回投资和取得投资效益。其合同的关键创新在于它不是传统的资本性资产采购,而是一种服务采购。以合同的形式明确规定服务结果和绩效标准。DBFO 这个术语最早是由英国高速公路局提出来的,用来描述依据私人主动融资模式制定的基于特许经营的公路计划。DBFO 合同具有下列特点:它是一份长期合同,合同期限一般为 25 年或 30 年;它对付款、服务标准和绩效评估作出了详细的规定,依据绩效进行支付。典型案例如浙江丽水地下空间开发采用了 DBFO 模式。在该模式下,社会资本将更广泛地参与到项目设计、建设、融资、投资、运营、维护各个环节和阶段,承担工程投资、施工进度的主要责任。这种模式能够充分发挥其专业技术、经验优势及团队创造性,从而可以有效地提高项目建设效率和经营效益。

DBFOT(Design-Build-Finance-Operate-Transfer 设计—建造—融资—运营—移交)模式是 BOT 的一种细化。且项目设计和融资的主体为工程企业。且对于部分用于公共服务的经营项目,设计成何种造型、结构功能以及采用何种工艺技术,这对前期成本控制以及后期收回投资和运营管理影响很大。因此在该模式下中标的社会资本可根据自身优势完成设计工作,政府只需监管社会资本是否按照政府方要求提供符合条件的公共产品或服务。江西省樟树市四特大道延伸段工程采取 DBFOT 模式,项目合作期限为十三年,其中建设期两年,运营期十一年。项目公司具体负责本项目优化设计、建设、投融资、运营维护、移交等。政府为基于可用性绩效指标的公共产品和基于运维绩效指标的公共服务付费,合作期届满项目公司将该项目无偿移交给市政府指定的机构。从以上的案例来看,DBFOT 模式有助于优化项目全过程管理、控制合作期内的风险和提高项目落地成功率。

ROT(Rehabilitatate-Operate-Transfer 改建—经营—转让)也是 BOT 的衍生模式。ROT 适合于保存现有的基础设施,改建或扩建项目以增加其可靠性和可利用性。在整个改造过程中,业主仅与承包商发生关系。ROT 承包商的角色既是咨询商又是承包商,并承担运营的责任,这样就免除了业主工程实施的风险,又免除了与 EPC 合同有关的完工延期和工程成本超支的风险。典型案例如宜曼维德电厂。这家位于瑞士卢塞恩四周的 KleineEmme 河上的电厂,由一家半公半私的 CKW 公司拥有。ROT 框架协议在 2001 年 1 月签订,它包括一个 5 年的运行期和维修合同。在同 CKW 的合作中,实施了详尽的技术审验和工况研究,以确定设备部件的实际寿命。作为投资的回报,CKW 还对项目进行了土建结构的更新改造。结果,总投资追加到了 140 万美元。预计到 2023 年,资本利润率将达 13.5%。

三、私有化类 PPP 项目模式

BOO(Build-Own-Operate 建造—拥有—运营)模式由 BOT 方式演变而来。二者主要区别是 BOO 方式下社会资本或项目公司拥有项目所有权,但必须在合同中注明保证公益性的约束条款,一般不涉及项目期满移交。典型案例如保定市唐县集中供热工程项目采用 BOO 方式运作。项目合作期内,项目范围内的土地权属归政府所有,政府拥有项目固定资产的所有权;项目公司享有项目固定资产的占有、使用和收益权;特许经营期限届满或者解除特许经营协议后,依照法律、法规等规定和特许经营协议的约定,项目资产归项目公司拥有,项目公司拥有资产的占有、使用、收益、处置的权利。

TOO(Transfer-Own-Operate 转让—拥有—运营)模式。即由投资者投资收购已建成的项目并承担项目的运行、维护、培训等工作。资产的产权归属于为项目专门设立的项目公司,而由企业负责宏观协调、创建环境、提出需求。从财政部示范项目来看,尚没有采用这种模式运作的项目。一方面的原因可能是现阶段入库的 PPP 项目主要集中在“新建”领域;二是 TOO 类项目相关案例和经验较少,社会资本学习成本过高,故参与积极性不高。此外,TOO 项目与 BOO 项目也存在共同问题,即除关注存量项目共有的资产权属、人员安排等关键问题外,也要事先设计好项目合作期限结束后的运营方式问题。随着存量项目成为 PPP 模式的新领域,相信 TOO 类项目在实践中将会不断涌现。

PUO(Purchase-Upgrade-Operate 购买—更新—经营)模式。指私人部门购买现有基础设施,经过更新扩建后经营该设施,并永久拥有该设施的产权。采取这种模式,一般会在与公共部门签订的购买合同中注清表明公益性的约束条款,受政府管理和监督。西方国家在有些时段将国有设施私有化,采用了部分类似的模式。

7.1.3 我国建筑领域 PPP 模式的应用现状及问题

从 2013 年底开始,为进一步推进建设项目市场化运作,解决地方政府债务等问题,国务院和财政部、发改委等先后共出台了 43 项政策,大力推进和规范 PPP 模式。这为我国城市化建设特别是改善市政设施,产生了良好的推动作用。在部分城市的相关领域,取得了很好的效果。但是由于个别地方政府对中央政策理解有偏差,在实际执行中也出现了一些问题。问题的起因在于部分地方政府以传统的城市建设思维模式进行市政工程建设,政府没钱了就贷款,银行不贷给就选用 PPP 模式。其动机纯粹出于融资目的,只考虑填补资金缺口。个别咨询机构由于其搜集、预测的数据与实际偏离较大,提供的咨询意见并不专业,其行为往往是顺应官员意图或走程序过场。如此导致的 PPP 项目程序繁杂以及采购效率欠佳,更重要的是 PPP 实施方案并未体现出比传统政府投资模式更物有所值。部分央企尤其是施工类企业借助项目融资、项目施工等方面的竞争优势,不遗余力地参与 PPP 项目。其主要目的在于获取经营业绩和建设利润,至于建完后如何运营考虑较少,导致在 PPP 模式推进过程中问题丛生,直接触动了国务院及相关部门不断发文加以规范。目前 PPP 模式在运行实践中主要存在以下几个方面的问题。

一是缺乏成熟的法律体系和完善的法规保证 PPP 项目的科学实施。首先我国 PPP 项目管理中所参照的法律主要是《中华人民共和国政府采购法》和《中华人民共和国招标投标法》。《基础设施和公用事业特许经营管理办法》则是在 PPP 框架下颁布的部门规章,是目前 PPP

领域里法律效力最高的法律性文件。但这些法律并不全面涉及 PPP 项目建设中可能发生的各种问题。例如部分 PPP 模式与现行法律法规存在脱节，主要体现在 PPP 项目中采用使用者付费机制，其资金来源并非财政性资金；其次，适用《中华人民共和国政府采购法》规定的竞争性谈判等非招标方式依据不足。另外，法律保障的力度不够，使得 PPP 项目对于社会资本的吸引力不足。比如现行的招标法禁止对标书上的条款条件等做出实质修改，也不能进行评标完成后的谈判协商。而 PPP 合同的长期性及不完全性，决定了 PPP 执行过程中会出现较频繁的“再谈判”可能。从国际经验来看，1980 年～2011 年拉美地区的 PPP 项目中超过 50％有再谈判发生。尽管在合同设计时应尽可能考虑周到并减少再谈判的可能，但是从法理上应将再谈判视作常态，并从法律和政策上给出明确的规定。我国目前没有建立关于 PPP 合同条款“再谈判”的具体规则，虽然在一定程度上杜绝了某些机会主义行为，但由于 PPP 项目多数执行期限较长，且中间会出现诸多变化，缺乏“再谈判”规则容易导致项目陷入冲突和矛盾中而难以推进。

二是政府过度重视通过融资填补资金缺口，企业过度重视建设环节的利润。首先政府“重融资、轻管理”会导致项目选择上的盲目和短期行为。个别地方政府将 PPP 作为引用民间资金解决政府债务危机的方式，只考虑融资功能而不注重投资效率和效益，导致 PPP 仅能起到延迟财政资金支付时间的作用。极个别地方政府不负责任的短期行为，还会导致相关方面忽视投资效率，高估项目的收入，低估未来的政府补贴金额，隐藏了未来政府的债务风险。其次，参与 PPP 项目的多为施工企业，有的既不愿意承担运营风险，也不具备运营能力，主要想通过施工获取当期利润，而将麻烦甩给未来的班子。另外，一些地方政府也更看重“上项目”的短期目标。两方“一拍即合”，导致部分项目匆忙上马获取宣传效应和当期业绩而为未来埋下隐患。

三是政企双方缺乏契约精神。对 PPP 合作双方来说，项目的全过程都是通过合约对项目进行约束，因此 PPP 项目的顺利完成需要在整个建设周期注重契约精神。但是当前个别企业和地方政府对于契约精神认识不足，招商引资时积极承诺，项目执行过程中政策随意性大，现实执行力弱。个别项目完成运营后不能按照合同约定进行支付，尤其是面临地方政府换届时，“朝令夕改”频繁改变项目运作的外部环境（如批准存在商业竞争的其他项目），影响原项目收益的现象时有发生，部分地损害了社会资本的权益。“刺桐大桥”、“汇津污水处理厂”等案例教训深刻。

四是缺乏科学的项目评估。由于 PPP 模式在国内属于比较新的融资与建设方式，各方面经验少，但涉及的部门相对较多，项目的实施过程复杂漫长。这使得相关部门、发起单位和参与主体对 PPP 运作以及可能存在的风险缺乏深刻的认识和了解。因之，权威的第三方评级机构也相对较少，部分地影响了 PPP 模式的推展。

五是项目各参与方之间的协调有待加强。PPP 模式的组织形式相对复杂，既可能包括私人营利性企业、私人非营利性组织，同时还可能包括政府部门和公共非营利性组织。合作各方之间不可避免地会产生不同层次、类型的利益和责任上的分歧。只有政府与合作方包括私人企业在互动中形成良好的合作机制，才能最大程度地减少分歧，在求同存异的前提下完成项目目标。现实中往往由于各方沟通交流不畅，导致扯皮增多，严重的甚至造成关系对立，致使部分 PPP 项目效率低下。因此政府部门或所属机构与项目的投资者和经营者建立良好的协作关系，对项目的实施往往起着非常重要的作用。

7.2　PPP 模式与项目管理相关模式结合路径分析

在 PPP 模式下，政府部门与私人企业基于某个特定项目进行合作，共同投入资金，共担项目风险，共享投资收益，可有效促进社会事业的发展。因此，PPP 模式的本质不是单纯的融资，而是基础设施和公共服务领域的投融资体制、公共设施运行机制和社会管理领域的深刻变革，其目的是转变政府职能，提高公共品供给的质量和效率。因此，探索正确的应用路径，对于 PPP 模式的推广与扩展具有现实的指导意义。

7.2.1　我国建筑领域应用 PPP 模式的必要性

建筑领域相当多的基础设施由于其生产的特殊性和使用的公共性，其基础建设投资多以政府为主。政府资金不足的局面迟早会出现。因此在建筑领域推广 PPP 模式不仅能够使政府公共服务转变为合作供给，而且基础设施建设和公共服务的资金缺口也得到有效补充。特别是能发挥市场在资源配置中的决定性作用，推动政府职能转变，促进公共服务管理效率的提升。我国建筑领域应用 PPP 模式的必要性主要体现在以下几个方面。

一是减轻财政压力，拓宽融资渠道。建立以政府引导、社会资本广泛参与的融资模式，可充分发挥财政资金的杠杆作用，有效弥补项目建设的资金缺口，丰富资金来源。二是有利于运用科学的绩效评价体系，提高项目全过程的效率。PPP 项目中以“物有所值”为基本指标的绩效评价体系，涵盖项目前期论证、方案设计、招投标、过程监管，直至移交结束各个阶段。这就使得项目建设及运营全周期的成本低于原来的模式。三是强调建成后项目运营维护的重要性。在以往由政府投资包括部分社会资本参与基础设施项目的模式中，不管是竞争性承包模式还是其他模式，多是聚焦于建设环节。建成后的运营主要还是由政府行业主管部门组织，具体由其下属的专业平台公司负责。而近几年 PPP 模式中更多地强调社会资本对基础设施项目全周期参与的重要性，从全寿命周期角度考虑 PPP 项目建设。一方面这是转变政府职能的要求，政府的身份逐步实现由“裁判员、运动员兼有”向“裁判员”的转变。另一方面，对社会资本来说可参与项目投资建设运营全生命周期，有利于发挥其资金、技术、管理优势，实现经济效益和社会效益最大化。

7.2.2　我国建筑领域应用 PPP 模式的相关支持性政策

当前，在 PPP 模式从高速不规范发展走向高质量规范发展的过渡期，国家相关部门陆续出台了一系列规范、标准和原则，见表 7—2。这对 PPP 模式的健康成长和在公共基础设施领域的健康发展，具有重要意义。

表 7—2　近几年 PPP 政策汇总

时　间	文 件 名	作　用	政 策 要 点
2014 年 9 月	关于推广运用政府和社会资本合作模式有关问题的通知	首提 PPP 管理框架	归纳了我国当前推广 PPP 模式的主要意义
2014 年 10 月	国务院关于加强地方政府性债务管理的意见	首个明确 PPP 作用的政策文件	地方政府必须加强债务管理，加快建立规范的地方政府举债融资机制，剥离融资平台公司政府融资职能

续上表

时　间	文　件　名	作　　用	政策要点
2014年12月	关于印发政府和社会资本合作模式操作指南(试行)的通知	首次为“中国式PPP”做出定义	社会资本是指已建立现代企业制度的境内外企业法人,但不包括本级政府所属融资平台公司及其他国有控股企业
2014年12月	国家发展改革委关于开展政府和社会资本合作的指导意见	首个提出全面规范化管理的文件	首度提出了一个较为标准的合同模板——《政府和社会资本合作项目通用合同指南》
2014年12月	政府和社会资本合作项目政府采购管理办法	为PPP设计专属采购模式的政策	为PPP模式的社会资本方确定提供了创新的操作方法,即竞争性磋商
2015年1月	PPP项目合同指南	明确PPP项目利益相关方法律关系	明确了PPP参与方和PPP合同体系的基本构成。解释了PPP合同中不同付费机制下的核心要素和不同行业下的特定条款
2016年5月	关于进一步共同做好政府和社会资本合作(PPP)有关工作的通知	杜绝BT模式和明股实债的行为	要坚决杜绝各种非理性担保或承诺、过高补贴或定价,避免通过固定回报承诺、明股实债等方式进行变相融资
2016年10月	关于在公共服务领域深入推进政府和社会资本合作工作的通知	首次提出“强制采用PPP模式”	在垃圾处理、污水处理等公共服务领域,项目一般有现金流,市场化程度较高,PPP模式运用较为广泛,操作相对成熟,各地新建项目要“强制”应用PPP模式,中央财政将逐步减少并取消专项建设资金补助
2016年10月	PPP项目资产评估及相关咨询业务操作指引	内容最全的PPP操作手册	首次根据PPP项目的实际执行经验总结了项目咨询、中期评估、绩效评价、实施过程中评估的操作要求和工作流程,为PPP项目在运营期的相关工作给出了较好的指导意见
2016年10月	政府和社会资本合作项目财政管理暂行办法	PPP项目财政监督管理办法	主要从项目识别论证、项目政府采购管理、项目财政预算管理、项目资产负债管理、监督管理五大模块来构建PPP项目的财政支持管理体系
2017年1月	政府和社会资本合作(PPP)综合信息平台信息公开管理暂行办法	PPP标准化模式的探索	有助于业界高效地分析PPP落地项目的实际情况,为PPP标准化探索出一条合理的路径
2017年5月	关于进一步规范地方政府举债融资行为的通知	深度整顿政府不合规融资行为	完全切断地方融资平台和地方政府的资金互助关系
2017年7月	国家发展改革委关于加快运用PPP模式盘活基础设施存量资产有关工作的通知	系统布局存量基础设施和公共服务项目转化为PPP的政策	一是存量项目商业模式更为明晰,适于作为民营资本参与基础设施建设项目的载体;二是存量资产有着更好的运营成绩,可以更为高效地盘活政府所持有的基础设施和公共服务项目资产
2017年9月	关于规范政府和社会资本合作(PPP)综合信息平台项目库管理的通知	深度规范PPP入库项目的重要文件	有效解决了当前市场对于入库项目认识不精准,错误估算地区财政风险等问题,并且重新明确了项目入库标准
2018年9月	关于加强国有企业资产负债约束的指导意见	进一步规范PPP项目	建立和完善国有企业资产负债约束机制,强化监督管理,促使高负债国有企业资产负债率尽快回归合理水平

7.2.3 一种新探索——开发性金融全寿命周期PPP模式

目前地方政府推出的PPP项目，多是依赖政府付费或财政补贴的单体非经营性项目，或者是以PPP形式出现实则为拉长版BT。在这种情况下，有些社会投资人仅从短期施工利润和融资圈地的狭隘视角参与相关项目。这种对PPP缺乏深入研究的片面理解和机会主义行为，部分地导致PPP项目市场乱象丛生，出现了诸如“变相包装，伪PPP项目”、“设置壁垒，刻意回避民营资本的介入”、“避实就虚，利用政府短板跑马圈地”和“无序竞争，恶意低价中标”等不规范现象。这种好经歪念的做法，不仅把PPP模式的良性机制摒弃了，而且不利于建筑业的健康发展。

应该看到，PPP模式经过多年的实践和发展，作为一种管理模式已不再是简单的融资工具。在相关方探索下，已经呈现出纵向集成（项目的全寿命周期）和横向扩展（将有正外部性的项目捆绑）深度结合的趋势。尤其是采用PPP模式更符合习近平总书记提出的创新、协调、绿色、开放、共享五大发展理念和构建人类命运共同体的战略思想。同时也有利于项目相关方建立长期的合作伙伴关系。特别是PPP模式的纵向集成和横向扩展，与国务院强力推进工程建设项目全生命周期管理的理念和政策契合程度很高，是具有良好前景和生命力的新模式。

基于此，有必要从PPP模式的核心要旨出发，从开发、运营、全寿命周期以及与产业有机结合的角度，提出以物业发展为支撑的开发性金融全寿命周期PPP模式（Development Financing Supported by Property Life-circle PPP ，以下简称DFPL-PPP）。DFPL-PPP不仅需要降低成本和提高效率，更需要在全寿命周期角度下，重点从开发和运营的思路去做投资运营、开发建设，探索如何将基础设施的正外部性内化到项目运行系统的内部。充分挖掘和激活潜在的公共财富，以社会资本激活沉积的公共设施，并部分地变为资本。使之在公私伙伴关系及合作运营中增值，扩充政府资源变为资本的边界，降低对政府财政支出和土地的依赖。

DFPL-PPP模式对社会资本的要求很高，且需要社会资本与政府以及金融机构之间的密切合作，共担风险。社会资本各方应着眼长远，关注远期利益和民生的长远需求，科学合理地为自身定位，发挥各自的比较优势，努力塑造并形成具有长远竞争力的产业联盟，最终实现与政府建立更高层次的合作。比尔和梅琳达·盖茨基金会与中国政府合作致力于公共卫生建设，提高贫困人口生活质量方面的努力，应成为社会资本投资社会公用服务领域的典范，华邦控股集团旗下的美好家园致力于健康和养老事业亦有积极的示范意义。虽然不能要求社会资本都转化为慈善基金，但在社会主义制度下，也应坚持社会资本为公共服务并获利的基本原则。

推进DFPL-PPP模式应规划先行。要努力把国际先进金融原理和中国国情相结合，通过市场化的方式，构建“规划引领、融资推动、综合开发”于一体，适合我国国情的投融资新模式。在操作层面要注重银政企合作。DFPL-PPP模式推进的关键是构建一种新型的银政企合作关系。在项目实施阶段要组建强有力的项目公司。要着力引入信誉良好的金融机构和资金实力雄厚、建设或运营经验丰富、抗风险能力强的社会投资者。要科学设计并确立政府、金融机构和社会投资者的关系。坚持政府资本做引导，产业资本做主导，金融资本做服务。以科学的机制确保政府、产业投资人、金融机构的权力、权益和持续性合作。在顶层设计上，要确保公共利益、政府目标、投资者利益实现分阶段的平衡。

DFPL-PPP模式的核心就是将产业资本的专业优势和金融资本的融资优势和地方政府的组织协调优势有机结合，在新的历史时期，解决社会事业成长与产业发展的问题。通过产融结合推动城市基础设施建设，不能过分地关注并致力于相关的综合土地开发，重点是通过推动社会事业的发展实现更充分的产业导入，拉动区域经济的增长。在 DFPL-PPP 模式下，对于综合型金融集团而言，要高阶规划，着眼长远为城市和企业提供综合型支持，为未来的金融业务拓展新领域，开辟新方向。地方政府要提供相应的资源和政策支持，使项目公司能全权负责项目的投融资、设计、建设、运营以及后期的维护管理。DFPL-PPP 模式的具体流程如图 7—1 所示。

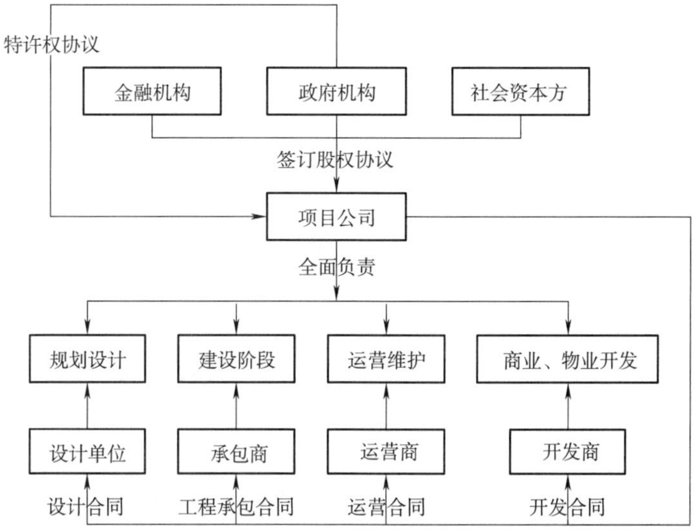

图 7—1　DFPL-PPP 模式流程图

开发性金融全生命周期的 PPP 模式，虽然是一种新的尝试和探索，但在以往相当多项目的实施中，已经在部分地运用其中的相关原则、机理和做法。典型的如香港地铁项目的长期持续性开发、建设与运营。香港地铁最初坚持“以地养铁”的思路起步，后来采用 PPP 模式实施后续开发，结合物业发展，让香港地铁成为世界上少有能盈利的轨道交通机构。港铁在建设之初，就确定了基于商业开发自主发展的理念，吸引社会资本通过收益驱动项目的综合开发，从真正意义上实现了 PPP 模式创新社会资本投注于公共服务的本质内涵。在操作层面，港铁高度重视项目的前期策划，将交通与商业、地面和地下、机动化和非机动化、各种机动化方式的衔接、街区的整体开发、文化和产业内容的安排统筹规划，系统开发。在开发方式上，奉行多方合作，利益分享，在规划设计阶段就引入物业开发即房地产开发商，将目标地块以修地铁之后的价格卖给开发商，然后按规划方案共同合作，开发上盖空间。在运行方式上，坚持协同经营，互利共赢。港铁公司负责监管，参与物业管理，建成后移交并分享利润。香港地铁和房地产开发商形成了一个非常紧密、运作有序的联合开发团队，互动默契。最后实现了政府、港铁、物业开发商、市民的共赢。港铁这种创新机制、协同效应以及将轨道交通作为准公共产品融入市场等举措具有示范性的借鉴价值。其综合开发的思路和举措在提升土地价值的同时，也成功解决了轨道交通发展资金与运营效益的问题。尤其以科学的机制成功地将正外部性内部化，提高了轨道交通服务质量和城市公共基础设施建设的效益，创造了具有示范意义的融资、开发、运营、服务机制。

7.2.4 DFPL-PPP 模式与其他 PPP 模式的比较分析

提出开发性金融全寿命周期 PPP 模式，目的在于通过投融资与项目管理模式的有机结合与创新，开辟社会资本投注于公共服务领域的新路径。其核心主旨并不是对项目融资方式的彻底改变，而是从银企政结合、综合开发以及全生命周期的角度提出了一个新的管理模式。与其他模式中仅包含政府和企业以及政府与企业间关系不对等的情况不同，DFPL-PPP 投融资模式中引入金融机构和物业开发部门，且政府部门、金融机构与企业之间的关系是平等的。其合作关系更为密切，合作时间贯穿项目的全生命周期，信息更加对称，合作各方共同对项目运作的全生命周期负责。这种模式能提高项目的经济可行性，降低项目投资的风险，有利于缩短项目建设周期，降低项目运作成本。

与其他模式相比，DFPL-PPP 模式是一种更加紧密的公司合作关系。BOT、TOT 模式中政府获得项目的最终所有权，合作方只能在某些阶段具有经营权和相应的收益权。PFI 模式下政府旨在获得服务，所有权和经营权属于社会投资者。政府和社会投资者之间签订服务合同，对项目的管理和维护等方面予以特别约定。合约到期时，所有权是否发生转移视合约而定。BOT、TOT 模式中项目的所有权在特许期内也是如此，但项目的最终所有权归政府部门所有。而 DFPL-PPP 模式的所有权和运营权归政府、金融机构和社会投资者共同所有。在合作的机制设计和密切程度方面，DFPL-PPP 是一种更加科学的资本组合，更为紧密的合作关系，三方之间的合作贯穿项目生命周期的始终。而 BT、BOT、TOT、PFI 模式是一种阶段性的公私合作关系。在风险分担方面，BOT 模式和 PFI 模式中社会投资者承担主要的建设和运营风险；TOT 模式中社会投资者承担运营风险，DFPL-PPP 模式中政府和社会投资者按照合同约定共同分担所有风险。

7.3 DFPL-PPP 项目的运行机制及特点

DFPL-PPP 模式的提出，不仅仅是为了解决基础设施建设中的资金需求问题，更主要的是创新资本组合方式，探索公私资本相结合用于公共服务领域的新型管理模式，提高项目的运营效率及整体效益。这需要在实践中加强探索，积极尝试。也需要从理论上进行科学严密的机制设计，还应该在解决所遇到的难题中寻找新路径。

7.3.1 分阶段融资机制及操作要点

一般 PPP 项目的融资，根据性质可划分为股权融资与债券融资两个大类。政府引导基金、社会化股权投资基金以及信托、资管、保险股权计划均是 PPP 股权融资的主要方式。而采用债权模式进行融资主要包括使用银行贷款、融资租赁、信托资管保险的债权计划以及发行 PPP 债券进行融资等。但不管是采用何种融资方式，PPP 融资所需资金的供给方主要还是政府、银行、信托、保险公司以及其他社会资本。

考虑到 PPP 项目时间跨度较大，从投资到建设，最后到运营，在项目的不同阶段对资金的需求程度也不尽相同。因此在项目前期投资、建设阶段，长期稳定的资金是项目能够顺利进行的重要保障。由于起始阶段项目还未形成基础资产或稳定的现金流回馈，因此在这个阶段不能对项目公司提出更多要求，而应采用银团贷款或使用股权融资模式与这一阶段的项目特征较为匹配。在项目运营阶段，由于项目已具备产生现金流的能力，对资金的需求较前几个阶段明显减少。此时较为适宜的方式是，由项目公司股东以能够带来现金流的股权作为基础资产，发行资产证券化产品，盘活存量股权资产，提高资产流动性。同时，以此引导和支持项目公司其他相关主体开展资产证券化。尽力使为项目公司提供融资支持的各类债权人，以及为项目公司提供建设支持的承包商等企业作为发起人(原始权益人)，以合同债权、收益权等作为基础资产，按监管规定发行资产证券化产品，以此盘活存量资产，多渠道筹集资金，支持项目深度实施和扩展。在实施过程中，最好以 PPP 项目本身信用构建资产信用等级，以预期收益吸取社会各方资本。因此，PPP 项目的融资要结合项目周期及项目发展阶段，利用好不同类型的融资工具，满足项目不同阶段的融资需求，以合作精神和协同行为促进项目建设的顺利进行及适时扩展。

7.3.2　多样化的激励机制及运营收益分配原则

DFPL-PPP 模式强调银政企合作，但更突出三方各自作用和功能的发挥。2007 年诺贝尔经济学奖得主埃里克 · 马斯金在 2016 年的“中国高层发展论坛”中曾指出，在 PPP 模式中，政府一开始就应该对开支进行限制，控制成本，确保公共项目确确实实能够对社会有益。同时还需要为社会资本方设立激励机制。政府部门与 PPP 公司签订特许经营协议，要根据 PPP 项目公司所提供服务的质量、效益等指标，对企业进行考核和不同程度的激励。如在项目成长期，政府可将其投资所形成的资产，以无偿或象征性的价格租赁给 PPP 项目公司，为其实现正常投资收益提供保障。而在项目成熟期，为收回部分政府投资，同时避免 PPP 项目公司产生超额利润，可通过调整租金的形式令政府投资公司参与收益的分配。在项目特许期结束后，PPP 项目公司无偿将项目全部资产移交给政府或续签经营合同。在这方面典型的案例是深圳地铁 4 号线。根据深圳市政府和港铁公司签署的协议，港铁公司以 BOT 方式投资建设 4 号线二期工程。同时，深圳市政府将已于 2004 年底建成通车的 4 号线一期工程在二期工程通车前(2007 年)租赁给港铁深圳公司。4 号线二期通车之日始，4 号线全线将由香港地铁公司成立的项目公司统一运营，特许经营期为 30 年。此外，香港地铁还获得 4 号线沿线 290 万平方米建筑面积的物业开发权。在整个建设和经营期内，项目公司由香港地铁公司绝对控股，自主经营，自负盈亏。运营期满，全部资产无偿移交深圳市政府。该案例中政府将沿线物业开发权及已建成项目的运营收益补偿项目公司，以利于建设新线路，这实质是双赢之举。

7.3.3　风险识别和分担机制及防范措施

PPP 项目风险主要来自政府、市场、项目和不可抗力四个方面。项目层面的风险主要有土地获取风险、完工风险、供应风险、技术风险、成本超支、工程变更、收费变更、费用支付风险等。这些风险在项目实施过程中随时都有可能遇到，需要做的是提前采取识别、防范和分担措施，将项目风险及可能造成的损失降到最低。

一、政府层面的风险分析和预防

开发性金融全寿命周期 PPP 模式虽然强调银政企各方的合作，但由于多方面的原因，各方面的风险如果应对不好，还是容易导致项目失败。政府层面的风险是社会投资方关注的重点。需着力预防的主要是政府盲目决策、随意变更和过度的干预。社会资本进入 PPP 项目，尽管会进行严密的论证，但情况的变化特别是政府的随意变更和过度干预最终会导致项目的失败。而政府干预导致项目失败的责任有时难以划分。最典型的案例就是台湾高铁的破产。该项目1997年开始投标，采用BOT模式建设营运，最初由法国阿尔斯通和德国西门子公司中标。但后因地方政府强力干预，整体改用日本新干线技术。由于后期施工的日本新干线企业联合体只是将整套设备输出卖钱，根本没有铁路运营与维护的经验，由此导致系统整合难度增加，试车营运推迟。虽经多方协调但仍延至2007年3月才全线正式开通营运。正式运营后因投入巨大、维护不到位、零配件供应成本高昂，以及预期客流与现实的巨大差距导致营运巨亏，2015年宣告破产。

政府决定的随意变更，也是影响项目运行的重要因素。在这方面最典型的是汇津污水处理厂项目。该项目建成之初运行良好，2003年地方政府以双方最初约定的《汇津污水处理专营管理办法》违反了国务院有关“固定回报”的规定及《中华人民共和国中外合资经营企业法》、《中华人民共和国中外合作经营企业法》等有关法律，经市政府常务会议讨论决定予以废止。随后的诉讼引起了强烈的社会反响，最终市政府以2.8亿元价格将汇津回购。通过回购虽然平息了风波，但政府的信誉受到不良影响，动摇了投资者对该城市的投资信心。此案例说明，过高的投资回报率，不科学的风险分配，不合理的处置措施，对投资者和政府而言，都可能是一个“双输”的局面。

政府审批拖延导致项目失败，也是需要高度重视的一个方面。部分地方政府对于项目的审批程序过于复杂，花费时间过长。且由于方案缺乏协商变通的预设前提，致使方案批准之后，对项目的性质和规模进行必要商业调整非常困难，给项目正常运作带来风险。1998年，某市决定采用BOT模式建第十水厂，解决用水需求量日益增长的问题。但是在实施过程中，由于标书形式的不完善，花了将近一年多时间论证标书的法律效力。进行到可研阶段，由于水务市场的供需倒挂，使得专家对项目必要性提出质疑。随后社会资本的提供者由于项目的拖延以及自身其他方面的原因提出终止项目的要求。虽然最终水十厂项目由北控—金州联合体接手并于2012年开工，2014年建成，但是其中的曲折，使投资者丧失了信心。同时，前后为建成项目，政府、外商资本以及最终承建商所付出的努力，却是正常项目的好几倍。

二、市场层面的风险分析和预防

以DFPL-PPP模式推进城市基础设施建设，除应着力防止政府决策变更等风险外，市场方面的风险也应予以高度重视。市场风险种类很多，有些还与政府决策有关，典型的如项目唯一性风险。该风险是当政府或其他投资人在项目附近新建或改建其他项目，与该项目形成实质性的商业竞争时而产生的。项目唯一性风险一旦发生，便会导致市场需求减少，收益降低，最终影响项目的正常运营。项目唯一性风险在道路类PPP项目中发生较多。如英法海峡隧道、美国加州91号快速路、杭州湾跨海大桥、泉州刺桐大桥项目和北京京通公路等都出现了此类风险。以美国加州91号快速路为例。1990年12月，加州政府与私营合作方(California Private Transportation Company，CPTC)签订了“加州91号快速路”项目特许经营合同。政府承诺在2030年之前不在该项目1.5英里范围内新建、升级或者拓宽其他具有竞争性的道路，并规定项目建成之后CPTC将获得35年的运营权与收益权。但是由于当地经济快速发展，交通流量剧增，政府迫于民众压力与媒体舆论，在1999年1月违约宣布新建车道以缓解交通压力。政府方违约使项目出现唯一性风险，最终政府于2002年以2.1亿美元回购了加州91号快速路。

推进 PPP 项目还需要关注收益不足的风险。有些项目由于前期论证不足或是项目建成后情况发生了较大变化等，在项目运营后收益不能够收回投资或达不到其预期收益。该风险多发于道路类 PPP 项目。此类 PPP 项目多靠车辆通行费获得收益，但是在运营中常常会出现预测失准，流量低于预期，竞争性项目增多等问题。当项目收益低于预期水平时，就会发生收益不足的风险。以杭州湾跨海大桥为例，该项目共 17 家民营企业参股，是国内第一个以地方民营企业为主体投资的大型交通基础设施项目，约定收费年限为 30 年。但杭州湾跨海大桥自通车以来，项目资金紧张。首先是预期收益误判，实际车流量比预期数据少了 30%；其次是周边嘉绍大桥、杭州湾第三跨海工程钱江通道等项目的建成，进一步分散了大桥的车流量，使项目的现金流逐年递减。由于项目面临收益不足的风险，这可能导致项目的提前回收。

三、风险分担机制不科学及防范措施

以 PPP 模式推进公私资本的合作，在实施过程中把握的要旨是利益共享，风险共担。将项目风险在各方之间进行合理分配，可有效降低项目总体风险程度，确保项目成功实施。需要注意的是分享分担原则应在协议或合同中提前预设，以防出现麻烦后引起纠纷。同时应坚持风险承担与利益获取对等的原则，承担风险多的投资方在利益分配时要优先考虑。在具体实施中可按风险的分类，选择对特定风险有控制力的一方承担该类风险。如土地获取风险、决策变更风险等最好由政府负担，其他风险按对其控制能力在合作方中依其所长予以分配。

在按类预设风险分担责任方时，除了考虑其控制能力之外，有时还要考虑与风险相对应的利益和动机。如应选择消除某特定风险获利最大一方承担该类风险。在难以确定何方为最大利益方时，也可考虑由控制某类特定风险最有效率的一方承担。同时要提前约定，承担特定风险的一方不能将此产生的费用和损失转嫁给任何其他合作方，除非合同提前有约定。对于产生的几率较大且任何一方都难以独立应对的风险，可提前预设措施如购买相应保险等将风险合理转移。总之，对于 PPP 项目的风险防范，应事先制定应对各种风险的详细具体计划，做好应对风险的实质性准备，提出风险出现后应急预案的启动程序和实施方案以及对未曾预见事件出现后的应对性安排等。

7.3.4　评价监管机制及防控重点

PPP 模式尽管已广泛应用于我国各个建设领域中，但在相关政策体系尚需健全、法规制度尚待完善、实践经验仍需积累的当下，构建 PPP 模式项目适用性标准评价体系显得尤为重要。

首先是关注准入体系。因传统基建项目缺乏必要的经营性现金流，加上财政部、发改委等部门对于明股实债和 BT 模式的限制，所以未来无自身收费能力的传统基建项目将逐渐被排除在 PPP 的范畴之外。此外，对于特许期低于 10 年、采用建设—移交（BT）方式的项目或通过保底承诺、回购安排等方式进行变相融资的项目，也将排除在 PPP 项目之外。在这种情况下，社会资本方和金融机构如要保证所投资的项目在未来尽量“安全”，则需要多参考当前为示范项目所定下的准入标准。

其次是建立适应规范的评估论证体系。目前财政部就财政承受能力论证工作，制定了《政府和社会资本合作项目财政承受能力论证指引》，对各地开展 PPP 项目在财政承受能力论证方面严格地加以规范。要求地方政府每一年度全部 PPP 项目所需预算安排占一般公共预算

支出比例不应超过10%。这为地方政府负债划出了红线，也令社会资本方在相关项目参与取舍方面有了相对准确的判断依据。

制定PPP项目物有所值的评价规范也是当前需要精心做好的一个方面。为保证PPP项目评价工作的有效性，政府和合作方均可委托专业第三方机构进行综合评价。这可有效地增加PPP项目评估论证工作的可信度，消除社会资本对政府推广应用PPP模式的顾虑，增强社会资本参与PPP项目的信心。需要注意的是，这是一个新事物，各方经验都不足，相关评价随意性较大，对于定性评估和定量评估的范式也没有定论。好在各方都在这方面加强探索，有的还进行了积极的尝试。2015年12月发布的《PPP物有所值评价指引(试行)》，站在技术的角度为定性评价和定量评价给出了相对完善的方案，首度指出物有所值定性评价指标包括：全生命周期整合程度、风险识别与分配、绩效导向与鼓励创新、潜在竞争程度、政府机构能力、可融资性六项基本评价指标，以及部分补充指标。很明显，尽管目前还很粗疏，但各方都会在探索和尝试中逐步细化。

另外，加强政府和社会资本诚信建设，也是十分重要的一环。当前应在全社会加强道德教化，努力使各方充分认识到，市场经济不仅是法制经济，更是道德经济。弘扬经济活动中的道德行为，从长远看会提高经济活动的效益和效率。应全面加强社会诚信体系建设，强化政府有关部门责任，尝试建立政府和社会资本合作失信违约记录。要明确政府和社会资本合作项目责任人及其在项目筹备、招标投标、融资、实施等阶段的诚信职责，建立项目责任回溯机制，将项目守信履约情况与实施成效纳入项目责任人信用记录。

7.4 推展PPP模式的边界条件分析

PPP模式的核心是项目融资，DFPL-PPP模式扩充了其内涵，使之成为项目全生命周期中各相关方深化合作的一种载体，也是一种机制。作为政府和各类民营资本基于项目“双赢”或“多赢”目标和理念而相互合作的重要形式，参与各方可以达到比预期单独行动更为有利的结果。因此推广PPP模式很有必要，当前应全力优化并推展PPP模式的边界条件，努力使DFPL-PPP模式在更为广阔的空间内，为加快我国基础设施建设发挥作用。

7.4.1 应进一步明确并强化社会资本的主体地位

PPP模式的要旨是政府与社会资本结成平等的伙伴关系。为使这种伙伴关系长期维持并发挥持久积极的作用，应科学界定各方在协作共同体中的相互关系，并使各方明确并坚守自身的准确定位。在这其中，地方政府是主导，社会资本投资方是主体。地方政府作为地方公共事业和社会事务的管理者，在项目最初的选择和项目最终的收官上居于主导地位，但所有中间过程都应交由社会资本投资主体来运作实施。在这个过程中政府所调控的只应有一件事，努力使社会资本对利润的追求与社会公共福利的提升相一致。其他事项应尽可能多地交与社会资本投资方打理。要通过制度调整或协议约束等多种方式，改变目前部分PPP项目虽有外部投资者进入，但重要决策大多由政府掌控的局面；要努力使社会资本在项目的经营上有“话语权”，在利益分配上有基本的保障或有着良好的收益预期。这是PPP项目取得成功的基础，失去了这个基础，再有前景的项目也会陷入人为的麻烦。

针对这种现实状况，政府应进一步重视与社会资本的合作关系，并适当放权。要通过协议等形式保证社会资本在设计、建设、融资、运营方面的主体地位，充分发挥企业在项目经营中的技术和管理专长，激发市场主体活力和投资潜力。同时通过风险转移和控制权的让渡来实现项目整体效益最大化。地方政府应充分地认识到，吸引更多的社会资本参与到基础设施建设和社会公共服务中来，实质是社会资本在为政府做事。政府应调整自身的角色定位，做到因地制宜、因项目制宜地履行自身的责任。

7.4.2　从项目全过程角度设计不同阶段的管理模式

以 PPP 模式吸引社会资本投资于公共事业建设，政府除在项目选择和收官及建设运营期确保民众公共福利方面发挥主导作用外，还应引导或授权社会资本投资方在项目建设和运营的不同阶段实行不同且有效的管理模式。如当立项阶段、设计阶段的工作对建设阶段、运营阶段产生正的外部性时，政府部门应将项目的设计、建设、运营整体授权给一个能够承担多元职责的企业或企业联合体。这十分有利于 PPP 项目各阶段更好地融合，在立项阶段和设计阶段就考虑建设阶段和运营阶段的需求，有利于提高建设和运营质量，并能够有效地增加社会净收益。

PPP 项目一般具有投资规模大，建设、运营周期长、技术要求高、相关方众多、合作关系复杂等特点。将项目在全生命周期按阶段根据项目进展和建设及运营特点，选择合适的管理模式，正是 DFPL-PPP 的核心要求。在不同的阶段，由不同的合作方发挥其主体作用，有利于提高工程质量，降低运营成本，提升运营管理效率和服务水平。在 DFPL-PPP 框架下，有利于项目各合作方强化创新意识，并以市场化的理念和专业化的管理运作项目，使其发挥最大效益。同时，对 PPP 项目进行全生命周期管理，体现了项目过程管理、集成管理和价值工程的理念，有利于全面统筹、识别和分析 PPP 项目各阶段的具体内容、流程和风险。并以此促进各方制定相应的计划和措施，严格遵循各阶段项目活动的内在规律，从而保证项目各阶段决策科学，实施连贯，互为支持和印证，实现全过程管理的要求。进而确保 PPP 项目达成预期目标，实现预期效果。

7.4.3　以项目和产业的联动强化运营的动力

PPP 模式的核心在于政府通过引入社会资本构建“利益共享、风险分担、全程合作”的利益共同体。在共同体内，以科学的机制和运作方式发挥各方的优势，实现项目目标，达到减轻政府财政负担、增加社会资本参与公共服务的机会、提高资源使用效能、推进基础设施建设的目的。一个运行良好的 PPP 项目，如果坚持后期持续的综合性开发，有可能逐步扩大产业链，形成具有一定规模的产业集群。因此，在相对成熟的 PPP 项目建设中，应适时地基于商业理念引入后期综合开发，将基础设施和公共服务的外部溢出效应内化于项目内部，通过经营性项目现金流对非经营性项目的反哺，实现减少政府财政支出的目的。一般说来，PPP 项目后期综合开发从产品公共属性、长期运营合作等方面与原项目关联度高，与 DFPL-PPP 模式有天然的契合度。在 PPP 模式中引入综合开发，省去了诸多的前期费用，延续了原项目各相关方的高效合作和运行机制，持续利用了相对有利的投资环境，利于各方健康发展。同时，价值链的拓展和产业联动，会内在地强化各协作方的运营动力，推动各合作方以创新驱动为根本动力，不断增强产投联动和运营管理能力。从长远看，还有利于各参与方建立战略联盟关系和均衡约束机制，避免社会资本只顾眼前的短期行为，实现多方长期合作共赢。

7.4.4 以企业适度渐进地转型增强资产运营能力

我国基础设施和公用事业长期在政府包办和计划经济体制下运行，效率相对较低，服务质量也比较差。尽管改革开放已四十年，相关央企的建设能力已有了突飞猛进的发展，但在基础设施运营和城市公共服务优化方面，仍表现为短板。改革开放以来，民营资本发展迅速，在不少领域创造了奇迹，但在公共服务领域仍然较弱。近些年来，随着人们追求美好生活的愿望日趋强烈，社会主要矛盾已发生很大的变化。适应这种变化，交通基础设施建设类的央企，在持续提升建设能力的同时，应努力提升我国的交通基础设施运用能力，这是我国走向交通强国的重要一环。同理，城市和乡村的社会公共服务，短板更多。在这些领域，央企能发挥部分作用，民企发挥作用的空间更大，优势更突出。在这个大背景下，地方政府与国企及社会资本的结合就有了广阔的领域。当前我国向消费型社会发展的趋势亦显示，其政府、国企及社会资本均有各自发挥独特功能的场所和空间，而 DFPL-PPP 则为三方提供了科学的合作框架和持续优化的演进机制。

近年来，不少施工企业已经清楚地看到，当前整个建筑业的生产方式和营商环境已经发生深刻变化。施工类企业亟需快速调整战略规划、转变发展方式、提升核心竞争力以应对当前的挑战。在提升核心竞争力的同时，适度扩展经营领域，逐步由建筑企业向基础设施运营领域渗透。以产业变革促进和带动企业转型，已成为各建筑企业共同关注的问题。而 PPP 模式的大规模推进，则给相关企业提供了机遇并指出了方向——由建筑施工向综合运营一体化方向发展。过去的企业参与基础设施项目，多是聚焦于建设环节，建成后的运营则由政府主管部门负责。而 PPP 模式下建筑企业作为社会资本方，可全程参与项目规划设计、投融资、项目建设和运营管理等项目生命周期管理，使得企业由原来单一的施工承包商向投资商、运营商等多重角色转变。适应社会发展阶段性特征和中国由大规模建设逐步向更加重视基础设施运营方向的转变，企业需要考虑由原来注重建设间接地为民众服务，转向基础设施的运营，直接为民众服务。同时考虑到投融资体制的变化，建筑企业须从过去“为别人建项目”转变成“为自己建项目”，这样才更有助于企业实现投资、建设、运营一体化，为其转型升级提供机遇。此外，具有独特优势的企业还可通过 PPP 搭建政企合作、产融协同平台，帮助地方政府一站式完成城市更新、城乡统筹和产业导入。特别是到一定阶段，可能转向以管理运营为核心，致力于城乡综合开发或为改善城市品质和提升乡村公共服务质量的生力军。

7.4.5 以管理模式创新和柔性化管理提高效率和收益

由于 PPP 项目涉及主体众多、项目周期长、复杂性程度高以及综合型强等特征，在具体实施的过程中采用固定的、统一的管理手段和办法是不切实际的。建议政府相关部门适当修订相关政策和规定，在严管地方政府债务的前提下，对其他方面适当放宽。可以引入柔性化管理手段，如可在合同中留出一些开放性条款，给予合同各方能够进行充分协商的权利。当出现问题时可通过特许期内契约条款的更新，使 PPP 合同能够继续履行下去。国际上典型的如伦敦地铁，在升级改造过程中决定采用 PPP 模式，其中由于特许期较长，伦敦地铁公司特意设置定期审核条款即签约各方每 7.5 年重新约定契约条款。为确保合约重新审核的独立性和权威性，伦敦地铁公司委托专门的仲裁人，由其监督公司治理。这种做法使 PPP 模式的运作更富弹性，也有利于强化各方互信，并充分保证契约的有效执行。

案例七：南京长江二桥项目成功实施对我国投融资模式改革与创新的启示

南京长江二桥（以下简称“二桥”）是国家“九五”重点建设项目，它的建成使纵贯华东至西南的沪蓉干线实现真正意义上的贯通。“二桥”不仅以高超的建设技术代表着我国公路基础设施建设的新水平，而且以项目管理模式的创新，在我国工程项目管理和投融资体制改革及桥梁建设史上树起了一座新的丰碑。在当时投融资模式单一且主要靠政府拨款的情况下，该项目能超前采用 TOT 模式，且其近 14 年的成功运行十分值得深入探究和借鉴。

一、项目概况

南京长江二桥于 1997 年 10 月 6 日正式开工，2001 年 3 月 26 日通车。工期提前近 7 个月，投资较同口径项目节省 3 亿多元。且工程质量、进度、投资控制和建设管理水平，均达到国内领先和世界一流。自“二桥”竣工通车以来，有效缓解了南京长江大桥的交通压力。“二桥”的管理主体为“二桥”管理局和南京长江第二大桥有限责任公司（以下简称“二桥公司”）。这两个单位以“两块牌子，一套班子”的形式，共同负责“二桥”的建设、运营和管理。这种“两位一体”的管理模式在建设阶段发挥了很好的作用，取得了相当的成功。但到了运营阶段则出现了一系列难以解决的问题，使得项目整体效率低下。截止到 2002 年底，公司资产负债率高达 89.7%，且运营状况不佳使得收入仅能偿付利息，无力还本。这些现实困难促使南京市政府对“二桥”进行管理体制和投融资方面的改革与探索。

二、项目的运作模式及突出特点

2004 年，南京市政府授权南京市交通局作为该 PPP 项目的实施主体，并通过 TOT（转让—运营—转让）模式，将南京长江二桥特许经营权转让给由深圳中海投资有限公司（65%）和南京交通投资（控股）集团有限公司（35%）合资成立的南京长江二桥有限公司。该项目的具体融资结构如图 7—2 所示。

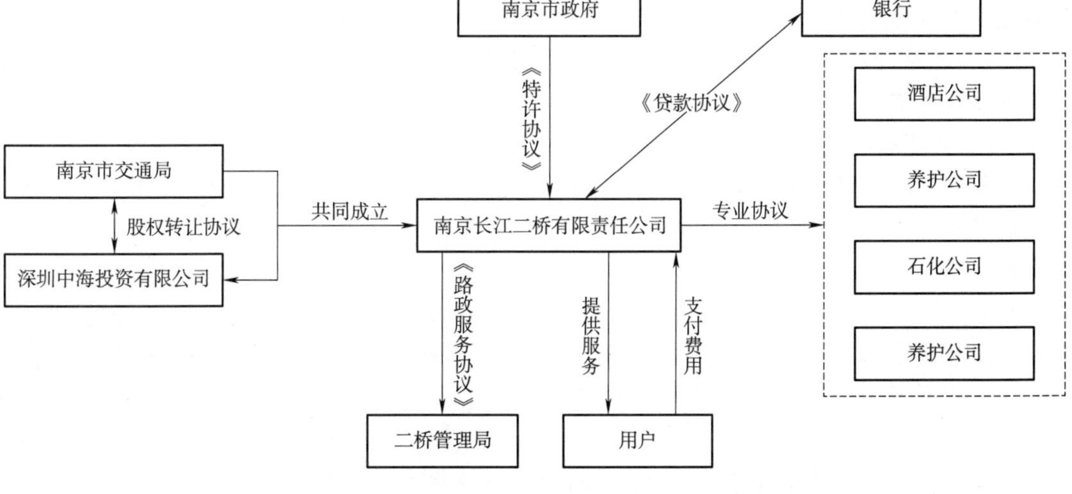

图 7—2　南京长江二桥 PPP 融资模式结构图

该项目的突出特点是通过公开竞争方式引入社会资本。这不仅有效解决了政府存量债务问题,还从根本上解决了二桥公司在运营和管理上的政企不分、效率低下等问题。

该项目的典型特点是深圳中海投资有限公司在新的合资公司中股权占比65%,给予了社会资本大股东的地位。其目的在于尽可能地减少政府行政力量的干预,鼓励社会资本进入交通基础设施领域,并以市场化的方法加以运营和管理。以期通过先进的经营和管理理念提高道路桥梁经营效益,改善服务质量,提升公众满意度,并将"二桥"带入正常经营的轨道。这是南京市政府选择PPP模式进行融资的直接目的。

该项目的基本特点是权责利清晰。通过一系列规范性文件和合同的签署,使得"二桥"项目特许经营的形式、范围、期限以及项目终止后补偿明晰化,确保了项目各方的利益并有效降低了风险。首先是南京市政府通过与合资公司签订《特许经营服务协议》方式,明确了转让的是"二桥"的收费经营权,以及与收费经营密切相关的"二桥"养护、维修等的相关权利和义务。并授予新的"二桥"公司26年的特许经营权。其次将"二桥"收费辅助性的业务进行了外包,采用招标等方式选定合适的专业公司,与项目公司签订专业服务协议,明确双方的权利与义务。具体包括与养护公司签订的养护协议、与酒店公司签订的服务区餐饮服务协议、与石化公司签订的加油站服务协议、与广告公司签订的广告合作协议,以及与"二桥"管理局签订的路政服务协议等。然后南京市交通投资集团与深圳中海投资有限公司签署了《关于南京长江第二大桥有限责任公司的股权转让合同》。明确规定转让后,"二桥"继续执行当时的收费标准,待2031年特许经营期满后,将"二桥"资产无偿移交给南京市政府或政府指定的接收机构。

三、项目的经验和启示

"二桥"项目历经前期的成功建设,到中间的艰难运营,再到引入社会资本改善运营体制和机制,及至14年的运营,积累了许多成功的经验。从投融资模式探索和创新的角度分析,主要有以下几方面的重要启示。

一是促使政府转变经营理念和管理职能。"二桥"PPP项目中,深圳中海投资有限公司作为合资公司的大股东,有利于充分发挥其运营优势,提高项目的运营效率,且在机制设计上有效避免了政府可能的过度干预。代表地方政府出资的南京交通投资集团有限公司作为小股东,可起到有效的监督责任。实行TOT项目融资后,政府可以真正履行"裁判员"角色,把工作重点放在城市建设规划方面,以优惠政策引导社会资金投入公共事业。同时更好地服务企业,促进社会事业的发展。

二是有效地盘活了存量资产。南京市政府通过引入社会资本深圳中海投资,吸取国际先进的路桥管理经验,提升服务水平,最终实现了基础设施的市场化运行。"二桥"PPP项目在引入TOT项目融资方式后,由于市场竞争机制的作用,给所有基础设施经营单位增加了无形压力,促使其改善管理,提高生产效率。同时,深圳中海投资有限公司作为专门从事高速公路收费和投资运营的专业性公司,在接手"二桥"项目经营权后,不仅充分发挥了其经营专长和优势,而且利用其成功的管理经验使项目资源的使用效率和经济效益显著提高。

三是协议中对项目提前终止如何补偿给予了明确规定。PPP项目运行时间长,情况变化大,规定明确的合作期限十分重要。如果合同提前终止,根据不同的终止原因及所处的不同阶段,所涉及的问题和利益比较复杂。因此提前预设并制定合理的补偿机制,对于公平地维护公共利益、保证社会资本方权益和项目公司的利益具有重要意义。“二桥”项目中南京市政府与合资公司签订的《特许经营服务协议》中特别约定,因政府方或者项目公司自身原因引起特许经营协议终止,双方需各自承担相应的责任,对另一方做出补偿;由于自然条件引起的不可抗力事件导致协议终止,双方的损失应各自承担;如果由于政策、法律法规等引起的协议终止,将通过协商方式解决。

第 8 章　以项目管理模式的创新推动新时期建筑业改革与发展

在当前开放的国际建筑市场中，项目管理模式及水平的高低部分地决定了建筑企业参与国际竞争的能力。中国建筑企业应以项目管理模式的创新带动建筑工业化和建设信息化向纵深发展。同时充分了解国际建筑市场的特点和发展趋势，清醒地认识到中国企业实施"走出去"战略所面临的机遇与挑战，结合企业自身发展程度和战略定位，从体制机制、人才培养等方面深化改革，全面提升企业的综合竞争实力，使建筑企业更好地参与国际工程项目建设。

8.1　新时期项目管理模式的创新与发展

当前，我国工程建设项目管理模式已呈现出既规范又多样化的发展态势。为了进一步推进和深化我国工程项目管理理论研究和实践应用，使项目管理理论研究成果转化为现实的生产力，近一个时期项目管理模式的创新与探索应致力于以下几个方面。

8.1.1　以新理念指导新探索

在新时代，项目管理模式的创新要以习近平总书记提出的创新、协调、绿色、开放、共享五大发展理念为指导，主动顺应国际建筑市场的发展变化，加大探索的力度。由于我国现代意义上的建筑业发展较晚，与发达国家相比，在科技创新能力、技术装备水平、人员业务素质等方面都还存在着一定差距。尤其是管理粗放、资源消耗大、安全生产事故频发等顽症，长期困扰着建筑业的发展。另外，施工过程中传统的作业方式仍然大量存在，从传统建筑业向现代建筑业转型的道路依然漫长。要改变建筑业这种低效率、高消耗、粗放式发展的状况，必须从多方面入手深化改革。特别要注意以项目管理模式的创新为引领，以体制机制的改革优化资源配置，从项目整体优化的角度应用新技术，从设计、施工以及采购系统化的角度，重构项目组织体系，强化项目盈利能力。同时围绕着以现代建筑和现代生产方式践行日益更新中的科技理念、人文理念和绿色理念，积极尝试以项目管理模式的创新，带动新技术的应用、新方法的推广和新融资方式的改革，推动建筑业跨越式发展。特别是随着习近平总书记"一带一路"倡议得到更多国家的响应和高铁"走出去"战略的实施，一方面对国内建筑企业提出了更高的要求，同时也为建筑企业创新项目管理模式提供了良好的机会和条件。

8.1.2　项目管理模式创新应与企业结构调整和业务转型同步进行

建筑业的改革作为一项高难复杂工程，需要系统推进才能取得成效。其中项目管理模式的创新要与融资方式的改进、建筑工业化生产方式的革新、建设信息化等管理体系的变革、BIM 深度应用等系列新技术的推广同步进行。且项目管理模式的创新应在企业结构调整、业务转型和产业升级等方面加强探索。长期以来，纯粹的建筑施工企业一直处于整个产业价值链的低端，虽然完成产值较大，但花费成本也高，收获利润少。在我国经济进入新常态的大背景下，建筑企业要通过技术创新增强盈利水平，提高竞争实力；通过项目管理模式的创新，调整自身经营结构和经营战略，整合内部资源，增强综合实力；通过项目管理模式变革带来的跨界经营、多元化经营等，突破单一的工程承包经营形态，进行业务调整并向产业链上下游延伸；通过经营理念的创新和经营范围的扩展，不断开拓业务经营新领域，重点向建筑配套产品、房地产、基础设施运营及其他关联产业方向发展，形成以建筑施工为主体的多元经营格局。同时，要创造新型的资源配置模式、盈利模式和商业模式，改善利润结构，从低附加值区域不断向高利润区域推升，提高建筑企业的综合实力和抵御风险的能力。

8.1.3 项目管理模式创新要利于资源整合和产业链重整

适应经济全球化大背景下行业融合和经济体系重整的大趋势，中国建筑业的未来发展，必然会在产业链优化和价值链整合方面实现新的突破。建筑企业亦会逐步走向设计、采购、施工、运营一体化管理，并以此提升工程承包商的综合服务能力。在我国，由于受到传统建筑施工管理体制的影响，在基本建设产业链上形成了多行业相互割裂的状态。突出的如设计、施工、采购供应各自独立，相互割裂，很不协调。其结果是增加管理成本，工期经常拖延，投资超预算已成常态，合同纠纷增多且难以处理。随着建筑工程生产方式的系列变革和项目管理模式的深层次探索，设计、施工、采购总承包的发展取向已形成主导趋势。在市场机制驱动下，项目业主希望承包商能够为其提供更全面、更高效、更广泛的服务。这就要求承包商能够承担从项目建议书、可行性研究分析、工程设计、物资采购、施工组织、竣工投产及运营服务全过程的总承包管理和运营管理。因此，探索适于设计、采购、施工、运营一体化管理的组织形式和项目管理体系，成为当前迫切需要解决的重要问题。

8.1.4 管理模式的创新要与投资方式和运营体系的创新系统推进

随着经济全球化的快速发展，工程发包市场正在朝着大型化、复杂化方向发展。我国建筑业正面临着国际高端市场的挑战。项目业主特别是世行等国际资本投资项目愈来愈倾向于由一家大型承包商或承包商联合体来承担设计、采购和施工的全部责任。带资承包、项目融资已成为承接工程承包业务的关键因素。承包商的角色和作用也在发生变化。承包商不仅要成为建设服务的提供者，而且要部分地成为项目的投资者和资本的运营者，有的还要承担基础设施的运营业务。因此，中国的建筑企业要努力抓住机遇，在积极参与项目投资、改善项目运营，支持项目后续开发、扩充服务价值链中发展和创新项目管理模式，以适应国际工程承包领域的新趋向。同时应充分利用好建筑工业化等生产方式变革的机遇，加大建设信息化及BIM技术应用力度，发挥集成交付模式等系统优势，进一步提高对外工程承包的附加价值，带动国内技术、机电设备、建筑材料和各类服务的出口，在更高层次上加速实施“走出去”战略。

8.1.5 项目管理模式创新要立足于科技进步和管理创新

技术进步和管理创新是提高项目生产力水平两个最基本的着力点。从企业角度来说，既要把技术创新战略作为企业的优先战略，提高自主创新能力，又要确保人才、资金等资源的投入，以使技术创新成果尽快转化为现实生产力。从项目角度来说，一要积极应用新技术，努力以信息技术和手段，建立网络化系统，促进工程项目管理深化升级。同时加强工法的开发与创新，研发具有技术含量高、应用价值好的新工法。另外要加大节能环保技术应用的力度，推广应用高性能、低能耗、可再生循环利用的新建筑材料。二是要适应建筑工业化发展趋势、大力推进整体装配式结构和技术的创新应用，加大建筑部品部件产业化生产比重，尝试把更好地工厂化生产技术应用于建筑领域。三要实施节能减排和绿色施工，最大限度地节约资源，减少对环境负面影响的活动。对于管理创新而言，当前就是要着力提高项目生产力水平。先进项目生产力的基本特征是“低成本、高品质”。过去讲“优化组合、动态管理”主要着眼于管理手段和条件。近年来提出“低成本、高品质”就是要借鉴国际项目管理的先进经验，以集约化管理提高效率，以精细化管理提高效益，以扁平化管理提高水平，以专业化管理优化工程项目供应网络体系，最终实现人、财、物资源共享和“高品质管理、低成本竞争”的建设目标。

8.1.6　项目管理模式创新要在原有基础上打造新的延伸模式

从国际上基础设施建设发展趋势看，BOT、BT、PPP、PFI 等已经逐步成为较大规模基础设施建设项目的工程建设管理模式和项目融资方式。现有的实践证明，采用 BOT、BT、PPP、PFI 等工程建设管理方式及其组合，不仅能够创新项目融资模式、项目管理模式和政府监管模式，而且通过政府与有实力的企业之间的强强联合、优势互补，能够实现投资效益和社会效益最大化。因此，研究和推广 EPC、BOT、CM 三大簇系及其延伸模式的成功经验，对加快基础设施建设，增强建筑企业整体实力，拓展业务发展空间，推动建筑业生产方式深层变革具有重要的现实意义。

8.1.7　工程管理要向项目经理职业化和国际化方向发展

项目经理职业化是市场经济高度发展的产物。推动我国工程建设领域项目经理职业化不仅有利于提高管理水平和经营效益，而且有利于项目管理模式的创新，并且能在“走出去”战略的实施中与国际惯例实现顺利接轨。未来国际建筑市场的竞争，更多的是职业化水平的较量。从现实状况来看，项目经理的职业能力不仅是项目创利最重要的因素，也是项目管理模式能够创新发展的先决条件。从目前我国建筑企业的人才基本面看，复合型、开拓型、外向型项目管理人才数量少，能力不足。这已成为制约企业快速发展和实施“走出去”战略的主要因素。因此，要从业务培训机制、考核评价机制、成长激励机制和市场配置机制等方面完善项目经理职业化建设体系，以执业资格为基本条件，不断进行职业素养、职业道德、职业能力的培养培训。同时，注重完善其知识结构，增强实际工作中的决策能力、创新能力、开拓能力和现代复杂项目的管理能力。另外，还要注重项目经理的职业道德建设，努力培育一支懂政策、守法律、会管理、善经营、作风硬、技术精并熟悉设计、采购和国际工程承包有关法规及 FIDIC 条款应用的复合型、职业化、国际化项目经理队伍，为工程项目管理水平的提升和中国建筑业实现跨越式发展提供强有力的人才支撑。

8.1.8　项目管理模式创新要以科学的方法论为指导

当今时代，建筑业的发展与经济社会发展路径一样，必须要逐步转向依靠科技进步推动产业发展的正确道路上来。实现科学发展已成为指导全球各行各业实现健康可持续发展的战略思想，建筑业的发展更是如此。尤其当前在环境与资源压力同步增大的情况下，建筑设计、建筑技术、建筑材料、建设管理方法等都要依靠科学技术的进步与创新。在这种大背景下工程项目管理模式的创新必然要以科学的方法为指导。科学方法论中的逻辑性和系统性等普遍原理，对支撑项目管理模式的创新具有重要的指导意义。当前盛行的项目管理模式比如 EPC、Partnering 等，创意创新的空间非常巨大。自项目信息收集开始，包括项目决策、投标报价、设计、采购、施工、试运行、合同管理、工程现场管理等，都应在科学原理和科学方法论的指导下，进一步尝试新方法、运用新工具、采用新模式、探索新机制，以科学理论推动项目管理模式的创新和建筑业的发展。

8.2　国际建筑市场发展趋势和项目管理模式演进特点

建筑业作为世界经济的重要组成部分，在全球化进程中得到了长足发展，且与其他相关产业形成了紧密的互动关系。国际政治格局、经济区域发展、资源能源开发、高新技术产业化等因素，或多或少都会对建筑业、国际工程项目承包市场和项目管理模式产生影响。深入研究国际建筑业竞争态势和发展趋势，对于项目管理模式的创新和中国建筑业走向世界具有重要意义。

8.2.1　当前国际建筑市场发展趋势及项目管理特点

目前，全球范围内的新兴区域市场是未来国际建筑市场的最大机会市场。从基础设施建设到房屋建筑和工业建筑等多个领域，新兴经济体在主要细分市场都呈现出蓬勃生机，其中基础设施建设市场尤为突出。但是，由于受发达国家原来殖民体系的影响和早期的国际建筑类法律法规、技术标准、规范准则、文化习俗等软、硬性壁垒的约束，使得中国建筑企业在走向国际的进程中面临着很多困难。另一方面，国际新兴经济体的成长、建筑行业新的发展趋势亦为中国企业在参与国际竞争中提供了难得的机会，也提出了一系列新的挑战。

首先，工程项目投资规模的扩大、技术难度的增加，推动了项目管理模式的演化。当前在国际范围内工程项目建设投资规模不断扩大，技术难度越来越复杂，市场开放程度越来越高，国与国之间的合作不断深入，许多项目成为跨越国界的项目。这些工程项目的特点使得项目承包模式更加倾向于工程总承包。业主总希望一家总包单位能承担设计、施工、采购等众多环节的任务。同时，在 EPC 的基础上，承包方式的变革又引致新的融资模式和交付模式的变革，公私合作模式、集成交付模式等逐渐成为主流。

与上述的趋势和特点相适应，国际建筑市场的产业化分工更加明确。经过二战后半个多世纪的发展，国际工程项目承包市场已经初步形成了其特有的产业分工体系。以美国为首的欧美国家基本上掌握并控制了各行业尖端技术领域；日本和德国等利用自身先进的工业制造技术占据了设备供应领域较大的市场份额；韩国和土耳其等由于积累了丰富的实践经验，在大型项目施工总承包市场中占有率也比较高，并逐步向技术含量高的项目设计和咨询业发展。中国改革开放和现代建筑业成长较晚，目前尚处于发展阶段，主要承担部分施工阶段的承包业务。但在西亚和非洲等区域市场，我国也已开始涉足建筑业的全产业链经营。特别是近些年来，随着国内经济进入新常态后科技创新力度的加大，我国产业结构正在进行深刻调整，建筑业的科技含量亦在不断提升，尤其是施工能力大大增强。同时，习近平主席提出的“一带一路”倡议得到了更多国家的响应，国家持续推进并实施“走出去”战略，为建筑企业参与国际竞争提供了新的契机，也为提升工程项目管理水平创造了有利的条件。如何运用好这一良机，是当前建筑业界必须要深入考虑和面对的重大课题。

面对激烈的竞争，强强联合、优势重组逐渐活跃。适应国际工程承包市场发包项目大型化和竞争激烈的现实需要，国际建筑企业之间乃至建筑企业与其他产业之间的兼并和重组持续推进，以期在更大范围、更高层次上实现资源整合，提高竞争力。伴随着这类重组与整合，BOT项目、EPC项目以及DB项目等项目管理模式的应用范围也越来越广。随着国际工程承包行业的日益大型化、复杂化、高科技化和资金密集化，这一行业的集中度还将继续提升。

另外，绿色建筑发展渐成趋势。近年来，随着人们环保意识的增强和绿色发展理念的深入人心，可持续发展已成为全球建筑市场的重要规范和标准。世界建筑师大会发布的《北京宪章》明确要求将可持续发展作为建筑师和工程师在新世纪的工作准则，直接带动绿色建筑市场的发展。绿色建筑理念作为对传统建筑价值观的提升和技术工艺的创新和发展，使得建筑在规划设计、施工建造、运行维护等技术、工艺、规范、标准、生产方式等方面发生了积极的变化，从而引发全球建筑业技术系统的深刻变革，对建筑企业提出了更高要求。适应这一变革趋势，是建筑企业转型发展的必由之路。

8.2.2 国内建筑企业走向世界的难点及项目管理创新取向

国内建筑企业在开放的市场环境中，迎来了前所未有的发展良机，但是也面临着巨大的挑战。

由于我国具有现代意义的建筑业起步相对较晚，在国际化发展进程中还存在诸多短板和弱项。突出的问题是国内企业纵向经营方面与国际大公司有着相当大的差距。国内大型建筑企业多是由若干个具有独立法人地位的子公司横向联合组成，且集约效应的发挥受到一定程度的限制。不仅在技术开发及管理能力上无法与发达国家的大型企业相比，而且企业承包业务比较单一，在工程建设中一般只进行施工阶段承包，缺乏系统优势与核心竞争力。

其次，中国建筑企业融资能力弱、渠道少。在对外工程承包中，工程项目越大，需要的流动资金越多。国际工程越来越多地采用了各种带资承包的方式，这就对承包商的融资能力提出了更高的要求。拥有雄厚的资金和融资能力已成为能否赢得工程项目的重要因素。而我国企业的自有资金少，不能满足承包大型国际项目流动资金的需要。同时，我国金融体系不够健全，资本市场还不发达，使得一些建筑企业与发达国家大型建筑企业相比融资能力受到很大限制。另外，我国部分建筑企业资产负债率较高，银行很难为其提供保函，这也使得我国企业的融资更加艰难。

再者，我国缺乏国际化经营人才，管理水平相对较低。市场竞争归根结底是人才的竞争。我国建筑企业国际化经营之所以不及国外标杆企业，人才缺乏是主要影响因素。我国多数建筑企业员工队伍素质不高，技术人员所占比重较低，尤其缺乏具有国际化经营与管理经验的复合型人才，更缺乏工程保险与合同管理等方面的专门人才。由之导致的中国多数建筑企业在管理方法上还比较原始单一，管理体制比较落后，管理模式相对传统，管理手段比较简单，管理经验相对缺乏，且集成化水平较低。尽管近些年已有部分公司在国际市场上取得了很好的业绩，但从总体上看在短时间内还难以与国际上先进的管理公司相抗衡。

另外，国际建筑市场无形门槛相对较高，准入壁垒难以突破。目前，尽管大部分发达国家和地区建筑市场原则上说都是开放的，理论上对外资企业给予国民待遇，但在实际运行中却设置了诸多无形壁垒。国际工程承包市场在西方大公司的把持下，形成了其独特的垄断机制。对总承包商、分包商、工程监理等都有严格的要求。普遍实施专业执照或企业许可、人员注册资格等制度，对我国企业的进入形成了很高的技术壁垒。例如，美国从事上下水、消防、电气、暖通、电梯等专业的建筑公司一律要求有专业执照，对建筑师、工程师等个人职业资格的考试也十分严格。此外，一些国家在专业人员的资历认可方面，不承认中国工程技术人员的学历和专业资历，对我国企业的进入形成了技术性排斥和隐形壁垒。中国建筑企业“走出去”还有一个重要障碍就是中国的金融、保险部门对建筑企业的投资偏向保守，企业融资困难，工程保险支持系统也不完善，致使我国建筑企业在融资和保险要求较高的发达国家竞争力大大减弱。还有我国现代意义上的建筑行业起步较晚，参与国际工程承包经验不足，熟悉国际建筑技术标准、规范和懂外语、通技术、会管理的复合型人才不足。特别是能按照国际通行项目管理模式、程序、标准进行项目管理的人才短缺，熟悉项目管理软件，能进行进度、质量、费用、材料、安全五大控制的复合型高级项目管理人才更是缺乏。这需要在工作中逐步培养，慢慢积累经验，而其结果是我国建筑业在国内成长迅速，但国际化发展相对缓慢。

8.2.3　国内建筑企业走向世界的前景

尽管由于起步较晚等因素使得中国建筑企业迈向国际面临许多困难，但蓬勃发展的国内建筑市场还是培育了诸多实力强大的建筑企业。部分企业借助我国与亚非众多国家政治关系良好的机遇，承担了一些重要工程项目，为推进中国企业国际化打下了坚实的基础。尤其是在新一轮中国企业走出去形成的热潮中，更多的是以大型企业为主导，以重点高端工程为代表。其贡献多是具有代表性的建筑精品，这也增加了其他国家对中国建筑企业的接纳程度。

首先，国家鼓励政策有利于建筑企业“走出去”。自 2001 年起，历年《政府工作报告》均对中国企业“走出去”提出要求，做出部署。特别是对与我国关系好的国家，每年都有明确的支持措施。这对中国建筑企业开辟海外市场，既提供了强大的动力，也给予了实质性的支持。国家相关部委和中国进出口银行等也相继制定了相关政策措施，支持有条件的企业积极开展对外投资和跨国并购。国际工程承包作为中国企业走出去的优先选项之一，受到了格外关注和支持。相关企业积极参与并推进境外经贸合作区建设，发展境外资源合作开发，开展多种形式的工程承包和劳务合作，既锻炼了队伍也开拓了市场。尤其值得重视的是，近年来，“一带一路”倡议得到了许多国家的高度认可，我国领导人与其他国家领导人之间的互访越来越多地重视企业的作用，企业家成为跨国交流的主力之一。由国家领导人高层出访而牵动的一大批项目顺利签约并实施，为中国建筑企业走出去提供了良好的契机。当前，中国建筑企业应以世界眼光、国际胸怀，抢抓这难得的历史机遇，以强烈的使命感和责任感承担新的国际合作项目，向世界呈现优秀的建筑精品，进而实现企业快速健康发展。

其次，中国海外直接投资的增加，使中国建筑企业走向世界具备了更加坚实的基础。2008 年国际金融危机以来，中国经济的健康发展有力地促进了中国经济与世界经济的融合。借此良机，不少中国企业也掀起新一轮的海外投资热潮。此轮海外投资以大型国有企业为主，也包括了大量资本充裕的民营企业。投资领域多集中在矿产、能源、交通与通信等基础领域。这些领域具有比较多的基础设施建设需求，且催生了大量的伴生建筑产品采购需求。由于新一轮对外投资呈现出组团化和联盟化的趋势，相同或相近领域的企业抱团出海，且部分地与功能互补的企业结成战略联盟，有力地扩大了经营领域，延长和完善了产业链，提高了国际竞争力。

另一方面，在经济全球化进程中，中国建筑企业在积极走出去的同时，越来越多的国际建筑跨国公司也进入中国市场。这些企业在勘察、设计、监理等方面都具有很大的优势。中国建筑企业也因此有了和强大竞争对手同台博弈和学习的机会，从中不断学习对方先进的技术和管理经验，从而促成国际化业务的快速发展。国际建筑领域的跨国公司在登陆中国的同时，也在逐步把产业从发达国家向发展中国家转移，私人投资项目呈日益增加的趋势。这些新的发展趋势既为中国建筑企业提供了机会，也带来了竞争的压力。由之带来承发包商结构的改变，使中国建筑企业得到了更多学习和跨界经营的机会。当前国际市场交通运输、房建、石油化工、电力和给排水等行业对工程项目建设的需求加大，部分领域是中国建筑企业的强项，这更加有利于国内建筑企业公平地参与国际竞争。

此外，在不断扩张的国际市场中，发展中国家的工程项目建设日益成为国际建筑领域的重要组成部分。而在这个新兴的领域，中国建筑企业有着独特的优势。中国作为最大的发展中国家，与广大发展中国家尤其是非洲国家有着一种天然的亲近感，特别是从历史上就有着良好的合作关系。这其中不少国家的经济正处于快速上升阶段，在建和需要建设的工程项目很多。由于这些发展中国家多数处于经济起步阶段，建筑技术、建设标准等方面的规范还不太完善，我国建筑企业有很好的机会进入其相关市场。另外从投资效益角度来看，我国生产的材料设备等更能满足这些国家的发展需要，这为我国建筑企业承包相关国际工程带来了相当大的便利。这些发展中国家的产业升级也将给我国产业包括建筑材料生产、设备制造等行业创造巨大的发展机会。

8.3 从业主视角浅议项目管理模式的改进取向

不论是国际工程项目还是国内建设项目，其实施过程需要业主方、施工方（承包商）、设计方、供货方和工程管理咨询方等广泛参与，且通过各方共同努力促使项目目标的实现。业主作为项目的投资主体，既是项目的财产所有者，也是项目的组织者和资源集成者，处于建筑工程“链条”最高端，对施工承包商具有决定性的影响力。从业主的角度选择适于达成项目目标的管理模式，一般会倾向于集成管理。

8.3.1 业主对项目管理集成维度的倾向性考虑

业主作为项目投资主体和最重要的管理主体，追求的主要目标是建设项目质量好、进度快、运营收益高和寿命长等。同时还要考虑在建设管理方面投入精力少，管理效率高。这就需要提升项目管理层次和水平，最大限度地实现系统管理和集成管理。从管理科学方法论的角度看，人类管理活动的发展大体经历了经验管理、科学管理、系统管理、集成管理四个阶段。经验管理对应的管理对象是个体；科学管理对应的管理对象是亚系统；系统管理对应的管理对象是系统；而对于复杂建设项目这一集成系统，则需要通过运用集成方法进行组织和控制。即通过有意识地集成或者整合，使系统内部综合效能实现最优，最大限度地实现项目目标。

在复杂项目实施过程中，业主工作精力的分布应30%在技术，70%在管理和沟通方面。参照霍尔三维模型的管理思路，在目标性特征、职能性特征和阶段性特征的基础上，应增加项目管理主体维度，充分考虑业主在集成管理方面的需求和目标，进而确定项目管理的改进取向。

在项目生命周期维度上，集成管理表现为业主对项目生命周期各阶段的集成，以及各阶段中各道工序之间的集成。由于在实施过程中,只有业主贯穿于项目始终,因此需要业主充分认识项目各阶段的特征和工作要求,做出全局性的阶段工作规划,整合、督促不同阶段的参建单位尽到相应的职责。在目标维度上,业主应对项目目标系统的各个分目标进行识别、分类,在突出一体化整合的基础上,寻求项目目标之间的协调与平衡。在项目多目标同时优化的基础上,实现项目管理总体绩效的提高,并尽量保证各个目标之间结构关系的均衡性和合理性。在功能维度上首先应进行项目范围集成,用工作分解结构(WBS)等工具对项目进行全面、恰当的工作分解,从而确定项目参建各方可以一致遵守的 WBS 编码体系,进而方便不同参建单位之间对项目管理的内容进行信息交流和沟通。在复杂项目建设中要始终体现出动态性,即在项目实施的不同阶段,将会有不同的参建主体。业主需在不同阶段对不同主体进行组织统筹和系统集成,建立起符合项目需要的组织架构,使得各个主体在项目实施框架内实现协调、有序地配合和沟通。

8.3.2　业主对集成管理流程及内容优化的考虑

从项目管理的一般流程来看,业主应起主导作用的工作包括:项目论证、项目评估、项目描述、范围描述、里程碑计划、工作分解、组织建设、职责矩阵、进度计划、资源计划、计划优化、风险管理、执行监控、协调整合、验收交接、合同收尾、项目评价等。从上述各工作环节来看,每个环节都离不开业主方的主导和参与,从而实现项目全生命周期的联系与衔接。从项目组织维度来看,业主项目管理最核心的问题其实是组织统筹。项目组织在传统意义上仅指具体参与项目建设的各个主体。但随着经济社会的发展和项目的复杂性不断增加,项目组织在外延上的范围也在不断扩大。除传统的参建主体外,往往还包括为项目提供外围服务的单位和个人,以及与项目有关的各种组织和部门等。面对纷繁复杂的组织环境,仅仅用传统的职能型组织、项目型组织、矩阵型组织等已难以实现项目目标。特别是在复杂建设项目中,协作方并非呈现一成不变的静态形式,而是随着项目的进展不断地发生变化,呈现不同的形态。在这种情况下,业主应针对项目的具体特点,选择相应的动态组织形式。通过各种有效调控方式发挥其集成作用,将各参建方的力量进行调度与整合,形成项目管理的组织合力。

随着项目复杂程度的增加,项目中需要传递的信息量往往呈几何级的爆炸式增长。而信息的传递效率低下和信息失真,则是项目失败一个非常重要的原因,这也是目前项目管理中的薄弱环节。尽管随着信息技术的不断发展,人们在项目管理信息系统方面进行了大量的研究,开发了诸多基于网络的信息管理软件,但目前市场上的多数软件只是立足于某具体参建单位的角度开发的,真正能够实现从项目全局和全生命周期考虑的信息集成管理软件很少。业主作为项目组织中的最高决策方,应建立符合自身管理水平和管理需要的信息集成管理系统,将自身作为信息集成的核心,通过设立科学合理的信息系统结构,保障自身和各相关方及时、准确地获取项目信息,从而进行项目协调和决策。

8.3.3　业主对项目风险监控方面的思考要点

项目业主最关心项目的成败,最重视项目的风险管理。多年来,对于建设项目的风险管理,始终存在着一个尴尬问题,即研究的多,应用的少,讨论的多,实施的少。在很多项目中对潜在的风险并没有真正重视并进行认真地分析和评估,即使有也往往流于形式。很多项目负责人只是按照公司规定或者照抄照搬,将一些突发事件的应急预案作为该项目的风险管理文档。相当部分项目经理没有结合项目实际制定切实可行的风险防控方案,缺乏主动管理意识。当风险事件发生时往往措手不及,无法规避损失。站在业主方的角度,应对项目风险重新认识和定位。可以将项目管理过程看作是风险的全面管理过程,即利用风险管理的思路来分析质量、进度、投资、安全、人力资源、采购等管理要素,建立项目的集成风险预警体系。也可以用各种计划指标的执行情况来反映项目的执行偏差,从而使业主能够将项目整体控制在计划轨道之内,提升项目的风险管理水平。

另外,业主风险管理的集成还应充分考虑各个阶段、各个参建方及相关方的风险特征,及其对风险的态度,采取综合性措施管控风险。既要防止单一风险转化为系统风险,还要防止个别相关方在项目系统内转嫁风险。因为在项目建设过程中,不同参建主体是抱着不同的目的走到一起来的,在各自利益最大化的前提下各自识别和应对自身风险。虽然这样各自为政也能取得一定的成效,但风险可能还会在项目系统内部转移,很难实现项目整体利益的最大化。因此,业主应发挥项目主导方的作用,从建设项目整体的视角出发,综合运用管理、经济等手段,努力将各参建方的风险降到最低,并使之纳入总体的工程控制系统中,尽全力减少项目损失。

8.4　从建设管理视角谈项目管理模式改进的基本取向

2017 年 2 月 21 日,国务院办公厅下发《关于促进建筑业持续健康发展的意见》(国办发〔2017〕19 号)(以下简称《意见》),明确提出要进一步深化建筑业“放管服”改革。要求以创新、协调、绿色、开放、共享等发展理念完善体制机制,优化市场环境,提高工程质量,改进建设组织方式,促进建筑业持续健康发展,打造“中国建造”品牌。

8.4.1　缩小并严格界定必须招标的范围,完善招标投标制度

为适应协调、共享、创新等发展理念在建筑业的落实,国务院办公厅在《关于促进建筑业持续健康发展的意见》中明确指出,在进一步简化工程建设企业资质类别和等级设置、减少不必要资质认定的同时,加快修订工程建设项目招标范围和规模标准规定,缩小并严格界定必须进行招标的工程建设项目范围,放宽有关规模标准,特别要防止工程建设项目实行招标“一刀切”。《意见》还明确提出,要进一步简化招投标程序,对政府采购工程建设项目,可通过竞争性谈判确定供应商,对民间投资的房屋建筑工程项目,探索由建设单位自主决定发包方式。

《意见》还明确指出,要健全适应建筑设计特点的招标投标制度,尝试推行设计团队招标、设计方案招标等方式。为推动建设管理信息化,《意见》要求尽快实现招投标交易全过程电子化,推行网上异地评标。为优化市场环境,要求加快实现与全国信用信息共享平台和国家企业信用信息公示系统的数据共享交换,建立建筑市场主体黑名单制度,依法依规全面公开企业和个人信用记录,加强社会监督。对采用通用技术标准的政府投资工程,在原则上实行最低价中标的同时,有效发挥履约担保的作用,防止恶意低价中标。

8.4.2　完善工程建设组织模式,加快推行工程总承包

为适应现代工程项目大型化、复杂化及建筑工业化的发展趋势,《意见》要求积极推行工程总承包。装配式建筑原则上应采取工程总承包模式,政府投资工程项目,应带头推行工程总承

包。《意见》要求加快完善工程总承包相关的招投标施工许可、竣工验收等制度规定。按照总承包负总责的原则，落实工程总承包单位在工程质量安全、进度控制、成本管理等方面的责任。为鼓励实行工程总承包，《意见》规定，除以暂估价形式包括在工程总承包范围内且依法必须进行招标的项目外，工程总承包单位可以直接发包总承包合同中涵盖的其他专业业务。

为推进“一带一路”倡议和中国企业“走出去”战略的实施，《意见》要求具有总承包资格的企业，要加大对国际标准的研究力度。特别要积极适应、采用国际标准，加强对外承包工程质量、履约等方面的管理，主动有序地开拓国际市场。要引导企业扩大和延长产业链和价值链，努力向项目融资、设计咨询、后续运营、维护管理等高附加值领域有序拓展，进而带动中国资本输出和中国技术及标准推行，推动中国制造走向世界。

8.4.3　积极推广智能建筑和装配式建筑，实现建筑产业现代化

为在建筑业领域落实创新、绿色等先进发展理念，适应建筑信息化的需要，《意见》明确指出，要积极推广智能建筑和装配式建筑，努力推进建筑工业化和建筑产业现代化。要尽最大努力，减少建筑业带来的环境污染和建筑材料生产过程中的污染物排放量，根据环境承载力要求和大气环流的不同时段，合理安排施工时间和进度。要进一步优化建筑材料生产企业的地域布局，突出专业化生产，清洁生产和智能化生产。在节能、节水、节地、节材和环保方面加强技术性管控，力争用 10 年左右时间，使装配式建筑占新建建筑的比例达到 30%。在新建建筑和既有建筑改造中推广普及智能化应用，使节能、节水等实现智能化控制。要完善智能化系统运行维护机制，提高自动化水平，努力实现建筑舒适安全，节能高效。

为使建筑工业化、建设信息化进程的推进与项目管理模式的改革相协调并实现互促共进，《意见》明确要求，装配式建筑原则上应采用工程总承包模式。特别要强化建设单位的首要责任和勘察、设计、施工单位的主体责任。与前述的内容相适应，《意见》要求加快先进建造设备、智能设备的研发、制造和推广应用，提升各类施工机具的性能和效率，提高机械化施工程度。要加快推进 BIM 技术在规划、勘察、设计、施工和运营维护全过程的集成应用，实现工程建设项目全寿命周期数据共享和信息化管理，促进建筑业提质增效。要以新技术和系列技术的综合运用提高设计、施工和管理水平，更多地实行标准化设计、工厂化生产、装配化施工、一体化装修、信息化管理、智能化应用，全面提高建筑技术水平和建设管理能力。

8.4.4　积极参与国际交流活动，完善工程建设标准

为适应市场经济发展和建筑工程复杂化趋势，《意见》明确提出，要整合精简强制性标准，适度增加引导性标准，建立多层次多角度的标准体系。要主动适应技术进步和社会发展大趋势，进一步提高安全、质量、性能、健康、节能等指标要求，并将建筑法规、政策等统一协调起来。要将技术研发与推广和标准规范的制定及修订结合起来，及时淘汰旧标准，加快修订新规范，积极探索建立新标准。要鼓励培育团体标准，鼓励具备条件的行业协会、产业联盟共同制定满足市场和创新需要的新标准。建立强制性标准与团体性标准相结合的标准供给体制，提高标准的质量和水平。

《意见》指出要采取多种措施鼓励中国建筑企业“走出去”。要进一步加大对国际标准、规范、合同文本的研究力度。深入研究、积极适应国际标准，努力实现中国标准同国际标准的有效对接，推动中国建筑企业在开拓国际市场中开展工程技术标准的多边合作。要充分发挥我

国建筑企业在高铁、公路、电力设施、港口、机场、油气传输管道、高层建筑等工程建设方面的比较优势，在有目的、有重点、有组织地承揽国际工程项目的同时，努力使中国标准能为对方所接受，尽力扩大中国标准的影响范围。在有序开拓国际建筑市场的同时，要积极参与国际标准的制定和复审。要加强标准特别是中外标准的对比研究，主动适应国际标准的内容结构、要素指标和相关术语。要全力缩小中国标准与国外先进标准的技术差距，加大中国标准的外宣力度，努力实现以中国建设带动中国制造和中国标准走向世界。

8.4.5　系统整合工程建设生产方式和融资方式，推进建筑产业现代化

新时期推进建筑业持续健康发展，应在创新、协调等新发展理念的指导下，全面探索建筑业各环节的改善与优化。特别要系统推进与整合建筑生产方式、建设管理模式、项目融资模式等方面的改革与创新。同时探索与新型城镇化战略相衔接的管理体制与机制，注重与国际建筑市场的融入与接轨，推动我国建筑业高质量、可持续、国际化发展。在这其中建筑生产方式的改革应加快推进。

建筑工程项目的标准化设计、工厂化生产、装配式施工等生产方式的调整，是适应新时期“五位一体”战略布局在建筑生产领域的重大变革，是对人类社会健康发展、对绿色环保具有长远战略意义的现代化工程。其实质更多的是用现期的成本购买未来的效益。因此在建设管理方面，政府必须推行一系列优化施工环境的硬性法规，在绿色环保方面建立更多刚性约束，并以此淘汰落后产能，倒逼产业升级。与前两者相适应，在建设组织形式上，要积极推行工程总承包模式。以此强化设计、施工、采购、监理等各环节的衔接，优化产业链和价值链。同时引导企业强化建筑全寿命周期意识和管理机制，更加注重后续运营与持续性开发，以此带动建设工程交付模式的变革。从体制机制和模式选择上，尽力减少传统模式下过多的冲突、纠纷、索赔和无价值的仲裁，提高建筑业的效益和业主及建设方的实质性收益。

对于部分在健康市场机制下成长起来有实力的建筑企业，在采取多种措施扩大经营范围、延长产业链和价值链的同时，还可逐步向融资领域拓展。逐步由单纯的承包工程项目，走向运营、维管及后续开发，条件具备时还可带资承包。即具备一定实力后还可参与项目包括重大项目的投资。伴随着经济全球化的扩展、建筑技术的创新、建设管理手段的现代化，实力雄厚的建筑企业可以向全环节工程咨询公司、投资公司、运营公司、维护管理公司等领域扩展。在产业链和价值链延长的同时，工程总承包模式的优势、集成交付模式的好处、BIM 技术运用推广的前提和基础、建设管理信息化的条件等，将会得以更充分地发挥、更进一步地优化、更全面系统地整合，建设效益更会进一步彰显。

8.5　从承建方视角培育国际型工程公司和项目管理公司的讨论

适应经济全球化和建筑产业现代化的总体趋势，建筑业的未来发展方向是打造一批主业突出、核心能力强的大型公司和企业集团。同时将以大型企业集团为核心，形成大型企业与众多中小企业紧密合作，实行一体化发展、专业化分工、系统协作又分层竞争的企业组织结构。与之相适应的建设组织形式以总承包为主，以管理、技术、资金、知识为经营基础，为业主提供整体综合服务。中小型建筑企业则向专业化、特色化方向发展，从而形成建筑业不同层次的竞争态势，重构工程总承包、施工承包、分包三大梯度塔式结构形态。目前我国拥有世界上数量

最多的建筑企业，国际上最大的基础设施建设市场。在激烈的竞争中，部分企业已经通过兼并、合作、收购、联合、联营等形式，打造了一批具有国际竞争力的工程总承包集团。这些大型建筑企业通过不断地分离、改制、重组，相继与具有一定资质的设计单位和材料设备供应企业，结成战略联盟，共同参与国际竞争。不少企业在相关领域已经取得了长足进展，类似中土公司、港湾公司等企业已经成为国际建筑市场上的重要力量。

8.5.1　顺应全球化趋势，着力培育国际型工程公司和项目管理公司

利用好国际建筑市场的灵活机制，培育国际型工程公司和项目管理公司，不仅是中国建筑企业实施“走出去”战略的重要条件，也是深化我国建设管理体制改革的客观需要。在经济全球化的背景下，类似中国中铁、中国铁建这类大型建筑企业已逐步参与到国际工程建设项目中。这对国家建设管理体制的优化提出了更高的要求，深化建设管理体制改革势成必然。中国企业加入世界经济大循环，需要相同或相近的标准、规范，包括管理体制和项目管理模式。在这种情况下，培育具有超强竞争力的国际型工程公司和项目管理公司就显得十分迫切。

当前我国已经借鉴国际工程公司和项目管理公司成功的经验，通过联合、兼并、重组、改造等方式，组建了一批类似于中国铁建、中国中铁、中国建筑等功能齐全、实力雄厚的公司，逐步改变了我国建筑行业设计、施工等分割的局面。中国铁建旗下的中土集团和国际集团、中国中铁的海外公司以及中交的港湾公司等一批专营海外业务的集团公司相继走向国际市场。这些企业依靠总公司强大的设计、施工、采购等综合服务能力，可为业主提供工程建设全过程技术咨询、施工组织、运营维护及后期综合开发。著名的亚吉铁路、蒙内铁路已成为投资、设计、建设和运营的成功范例。各类建筑企业当前的成长取向，应是股份有限公司向投资、设计、施工、采购、运营、维护、后续开发等综合化方向发展。其中的海外经营龙头企业依据总公司的强大资源运筹能力，侧重于开拓国际建筑市场。各个领域高度发展的集团公司和专业化公司，则承担其相应的设计、施工、运营、维护等工作，努力在各自的领域内做精做强。同时在总公司统筹协调下发挥出整体优势，提高在国际建筑市场上的竞争能力。

8.5.2　培育国际型工程公司和项目管理公司的路径和模式选择

从目前国内的设计、施工、咨询、监理企业的情况看，实现向国际型工程公司和项目管理公司转变，有以下几种路径和模式选择。

一、大型设计企业自我改造成为综合性工程公司

大型设计企业通过自我改造和业务扩展，发展成具备项目咨询、设计、采购、施工管理能力的综合性工程公司，是适应建筑企业国际化和复杂项目工程总承包趋势而自我成长最便捷的路径。个别具备条件的企业还可借助工程总承包地位，逐步发展成具备运营和维管能力的综合公司。当前在我国，大型建筑设计企业一般都有监理或咨询公司，多数也具备部分的项目管理能力。因此，吸收高水平的施工企业加盟，将设计院改造成具有工程总承包资格的国际型工程公司，不仅具有现实的可行性，且易于操作和实现。

由于历史的原因，我国的设计单位大多属于传统意义上业务能力单一的专业设计企业。不仅缺乏施工和工程管理经验，而且在设计过程中更多的是照搬规范，对工程项目复杂性往往考虑不足。这就使得在施工过程中出现问题时缺乏处理能力和应变能力，对施工企业遇到的

难题和项目实施中出现的种种不同于最初勘察结果的变化时难以应对。由于对复杂项目全过程管理的综合协调与全面把握方面存在欠缺，在很大程度上影响了设计单位向具有总承包能力工程公司转变的进程。近几年，虽然我国的大型工程勘测设计企业几乎都提出了向国际型工程公司转变的发展目标，但由于自身的缺陷和设计任务的繁重，多数设计企业向国际型工程公司转变的实质性动作还没有全面展开。另外设计企业的人员往往已经习惯于原来单一的勘察设计业务，对复杂的施工技术和管理相对陌生。面对工程总承包业务时部分地存在观念落后、人才短缺和社会认可度偏低等问题，亟需通过观念更新、技术和管理创新促进企业尽快转型。

二、大型施工企业通过兼并重组发展成为综合性工程公司

我国相当多的大型施工企业经过数十年的改革与发展，目前已经建立起以集团公司为龙头，以专业施工企业为依托的施工总承包的组织架构。在工程实践中，经长期探索，部分企业已经具备了相应的设计能力与资质，对重大工程的设计、采购、施工总承包与分包系统协作、互为补充的体系也日趋完善。大型施工企业目前不仅是国内施工的主体，也已成为开拓国际建筑市场的主导力量。经过改革开放 40 年来市场的砥砺，相当一部分建筑企业发展迅猛，同时也造就了一批能打硬仗的施工队伍和管理能力强大的管理队伍。这些施工企业的项目管理能力有了很大提升，部分企业也具备了初步的咨询和勘察设计能力。在此基础上，通过自身发展并适时兼并一些中小设计企业，可以在很大程度上弥补自身在咨询和勘察设计方面的能力缺陷，进而发展成为功能齐全的综合性工程公司。

三、咨询监理企业扩大经营范围发展成项目管理公司

咨询、监理企业通过自我改造和兼并重组，相当一部分能够成为实力较强的项目管理公司。尽管我国咨询监理企业的组建情况较为复杂，有设计单位组建的，有项目业主单位组建的，有施工单位组建的，有科研院所和高等学校组建的，还有民营企业组建的。但这类企业的共同特点是组建的时间都不是很长，虽然人员素质比较高，但资金实力较弱，理论创新不足，实践经验缺乏，服务范围较窄。特别是缺乏国际工程运筹和施工经验。由于对中外标准、规范的差异和执行中的惯例了解掌握较少，单独承担工程咨询和施工等困难较大，走向国际更是底气不足。相对可行且合理的路径选择，应是咨询监理企业与相关工程公司合并重组，或加入某一大型施工企业。这样不仅能承担工程承包业务，还可以持续原来的咨询和监理业务，扩展服务领域。但这需要长时间的精心打造和培育，更需要在“走出去”的过程中，在市场的倒逼下，进行较大力度的资源整合。当前我国多数的咨询和监理企业仍嫌弱小，迫切需要以更大的雄心和气魄自我革新，努力克服各相关方小富即安的心理，抱团出海开辟国际市场。

四、设计企业与施工企业联合组建工程公司

鉴于我国以往长时间设计与施工分离的实际情况，创建设计、采购、施工等综合型工程公司可以多条腿走路，分步实施。在现行体制下，可尽可能多地由设计和施工企业组成紧密或松散的联合体共同投标，共同参与项目实施阶段的工程总承包管理。借助工程项目进行深入合作与联营，同时加深了解，待时机成熟时，通过联合或兼并重组，打造综合性的国际工程公司。目前，我国铁路、公路和水电工程投标中，施工单位与设计单位组成联合体参与投标的情况逐渐增多。与之相关的我国工程建设采用工程总承包模式的项目也在增多，工程总承包招标条

件也在不断完善。随着国家大力倡导采用工程总承包和新的项目管理模式实施工程建设，有必要在行业内加强引导，使部分项目业主能主动采用工程总承包模式进行项目管理，鼓励投标人采取设计与施工联合体方式参与投标，以逐步培植工程总承包和项目管理服务发展的土壤。一般来说，联营形式可分为法人型联营、合伙型联营和协作型联营三种形式。法人型联营是指联营各方组成的联营体是以法人实体形式存在，具有独立法人资格，联营各方以各自的投资为限承担有限责任。合伙型联营和协作型联营则不具有独立法人资格，均要承担连带责任。尽管国内目前工程建设企业之间采用较多的是合伙型联营和协作性联营，但未来一定会更多地发展法人型联营，为最终发展成设计、施工综合性工程公司打下基础。随着国内建筑市场的逐步成熟和更多企业走向国际，在市场机制的作用下，当工程总承包和新型项目管理模式的结合成为工程建设中的主导模式时，则可把设计和施工企业直接重组或改造为国际型工程公司或项目管理公司。

8.5.3　着力发展具有核心竞争力的大型工程公司和项目管理公司

伴随着改革开放以来我国经济的快速发展，大规模基础设施建设一直在持续推进。一系列重大工程实践推动我国建筑企业施工能力实现了质的提升，施工技术、装备水平都有了相当程度的提高，总体施工能力已稳居世界前列。但由于我国现代意义的建筑业起步较晚，尽管近些年发展迅速，但大而不强的局面还没有从根本上改变。与国际先进建筑企业相比，硬件装备等已不相上下，当前的差距主要体现在管理体制、管理模式、经营方法、运营机制、企业文化和经营理念等无形资源的获取、利用、培植和提升等方面。由之带来的规模效益、人均产值和利润等方面的差距也很明显。我国尽管通过兼并重组等多种途径培育了一系列类似于中国铁建、中国中铁、中国建筑等巨型公司，但从经营能力、融资水平、资源筹组和利用方面，与国际先进建筑企业相比仍然存在较大的差距。这在一定程度上影响了建筑业质的提升和利润的增长，也部分地影响了建筑企业走出去的力度和效率。为适应国际经济发展大趋势和我国企业“走出去”的需要，当前建筑业的重点应是着力增强资本经营能力、资源整合能力、筹划设计能力、综合采购能力、精准施工能力等。逐步由单一施工优势转化为系统综合优势，在提高国际经营能力的同时，强化项目管理模式的深度探索。推动项目管理模式的创新，必须与提高施工水平、改革管理体制、强化新技术应用、推进企业和项目信息化建设、改善经营手段，提升经营理念和思路等同步进行。企业综合能力的提升是一项复杂的系统工程，仅靠单一方面的优势不足以支持企业参与国际竞争，必须持续培育企业综合硬实力和系统软实力，进而打造具有核心竞争力的工程公司和项目管理公司。

8.6　关于国内建筑领域改革发展对策的思考

与前述建筑企业的改革发展紧密联系，推进建筑行业持续、快速、健康发展，必须与建筑管理体制的改革同步进行。社会管理体制、行业标准与规范等都在一定程度上影响企业的经营和生产。在推动企业改革的同时，也要加强建筑业管理体制和机制的改革。

8.6.1　加快推进我国工程项目建设管理体制改革

在社会主义市场经济条件下，政府部门应主动适应市场机制在资源调配中的基础性、根本性作用，着力激发市场主体的创造性和资本的创新冲动，以企业的全面创新培育核心竞争力。同时政府要找准自身的位置，积极作为，充分发挥政府的宏观调控功能和指导作用，通过加快职能转变，推进“放管服”改革，逐步向规范管理和优化服务方面调整工作重点。特别要优化管理方式，变革管理体制，提高管理水平和效率。要通过政策引导、行业激励等手段，促进市场主体练好内功，强化自身建设，深化内部改革，全面提高综合竞争能力。政府部门的管理，必须是宏观管理。其管理方式更多的是产业政策引导、行业标准规范、市场准入条件制定、市场秩序监管等。具体的项目建设和工程实施应交与业主和建筑企业等市场主体自主运筹。相关国有部门可以尝试把一些有实力的国有大型企业改制成为有限责任公司或股份有限公司，以利于市场主体搏击市场，在角逐国际市场中发展壮大。

8.6.2　加快制订和完善建筑领域相关法律法规及政策

为适应中国建筑企业“走出去”的大趋势，政府建设管理部门要以超前意识做好政策引导工作，督导市场主体主动作为，积极行动，提升企业核心竞争力和搏击市场的能力。还要组织相关高等院校、科研机构的专家、学者和企业中经验丰富的管理者，深入研究国际建筑业的相关通则、标准、规范等。特别要重点开展国际国内标准、规则的对比研究，加快中国规则与国际标准的有效对接。按照 WTO 规则和国际建筑业相关准则，根据国际建筑市场的发展需要，尽快制定、完善或修订适应国际市场的国内法律法规。同时，强力推进国内建筑执法工作力度，以各项建筑法律法规的落实规范企业行为，努力将其导向并成为重质量、讲信誉、遵纪守法以及富有社会良心的社会建设者。另外要深化建设管理方式、方法等方面的改革，以科学、有效的监督方式，规范国内建筑市场秩序，努力使建筑企业承担的项目从立项到竣工交付使用都有法可依，为参与国际竞争奠定基础。尤其需要注意的是，制定、修订和完善建筑法规、行业标准、准则规范尽可能做到与国际接轨，以此推动企业改善经营，加强内部管理，练好内功，增强企业内在的实力。与企业发展和积极走出去相适应，要更加注重项目管理模式的探索和应用，在对各种先进项目管理模式的综合运用中，创造新的管理模式，增强在国际市场上的竞争能力。

8.6.3　积极推进企业改制重组，落实和完善项目法人负责制

适应现代工程项目日益大型化、复杂化和企业走出去的现实需要，当前应着力培育企业的资本运筹能力、项目融资能力、施工组织能力、技术创新能力、价值链整合能力，打造现代化的建筑企业和企业集团。在具体实施中可在现有实力雄厚的企业基础上培植建设，也可在原有的设计、建筑企业中选择一些具有实力的建筑企业作为核心，根据现代项目管理发展需要，通过专业化改制、横向或纵向重组，打造不同层次的经营竞争实体，培育具有国际竞争能力的建筑企业。同时，还可通过行政推动和市场引导等手段，重组和发展一批具有国际化水平的总承包商、工程公司和项目管理公司。

提升总承包商、工程公司和项目管理公司的管理水平，需要进一步落实和完善项目法人负责制，强化项目法人责任主体的作用，培养具有专业能力的项目法人。要加强职业经理队伍建设，通过市场培育，企业培养，筛选和提升建筑管理人才的水平。要积极培育既有国际视野又有民族自信的建筑师队伍，加快培养既熟悉国际规则又富有实践经验的高级管理人才。要大力推进校企合作，培养建筑业所需的各方面人才。当前尤其需要加强工程现场管理人员和建筑工人的教育培训，健全建筑业职业技能标准体系，大力弘扬工匠精神，培养高素质建筑工人。

要积极开展项目管理理论研究和实践探索，系统总结和梳理在建筑工业化、建设管理信息化、交付模式和融资方式多样化背景下，工程项目管理的合适模式，以理论和实践创新推出适于未来建筑业发展的新型项目管理模式，提高建筑业的质量和效益。

8.6.4　以系统工程等理论和方法指导并推动项目管理模式的创新

工程项目建设是一项复杂的系统工程，在工程项目的实施中必须充分应用系统工程理论及方法来抓好各环节的管理。一是要以系统工程的思想和理念认识、分析、处理工程项目建设中的诸多问题。如业主、设计方、施工方、监理方等相关主体的系统协调；如对各利益相关方各自利益的适度认可、尊重以及助其实现方式的选择既要有利于自身，也要利他等；再如各方之间包括联合体或项目部内部沟通协调方式的选择和机制的建立等。二是注重以系统工程的理论为指导分析项目管理中的诸多难题。如建筑管理体制改革要综合考虑管理学原理、建筑法规的一致性问题；再如建筑法规及行业标准、规范与项目管理模式的适应程度及融合问题；还有项目管理模式的探索与法律法规健全完善的同步协调问题等。三是以系统工程的技术和方法，解决工程建设中的现实问题。如网络规划技术、系统分析与协调技术的综合应用问题；如网络计算机管理技术与投标报价系统的整合问题；再如 BIM 技术在施工进度、质量、安全控制等方面的综合应用问题等等。随着系统工程理论和技术的快速发展、建筑工业化等新业态的迅速成长及有机结合，未来的建筑企业必将告别劳动密集型而转向技术密集型。建筑行业也将随着新技术的大量应用和管理水平的提升，在国际经济中占有更加重要的位置，并实现集约化发展。

案例八：一个装配式建筑企业的发展过程、愿景和启示

伴随着科学技术的发展和全社会生态环保意识的增强，大力推广装配式建筑和智能建筑，已经成为新时期建筑产业现代化的重要战略支撑和实现途径。从目前情况看，尽管推进过程相对曲折，实现国务院和住建部规划的十年目标困难较多，但仍有部分类似中铁房山桥梁有限责任公司等企业在坚持中探索，在业务拓展中不断寻找新的发展机遇。

一、企业基本情况

中铁房山桥梁有限责任公司前身为 1954 年在修建黎湛铁路时，由铁道兵第十一师组建的钢筋混凝土预制件成品厂。在大板建筑盛行的二十世纪七十年代，企业迎来了第一个鼎盛期，并于 1973 年迁址北京房山。伴随着国家经济体制和军队管理体制的改革，工厂于 1984 年随铁道兵集体转入铁道部，2000 年 9 月随中国铁道建筑总公司划归当时的中央企业工委。2001 年底中国铁建对直属企业进行结构调整，工厂又划归中铁十四局集团有限公司，2002 年改制为有限责任公司。公司曾先后与铁路相关单位联合开发了我国第一榀 24 m 双线整孔简支箱梁；协同相关单位完成了我国第一条京沪高铁先简支后连续梁的生产和试验工作；自主开发了市政工程中广泛应用的立交桥节段梁；与合作单位共同研发了我国时速 350 km 的高铁 32 m 双线整孔简支梁；曾为南京过江隧道和北京地铁等提供了管片、箱涵等高性能混凝土制品；研发生产的各类混凝土轨枕、预制构件、金属结构件等广泛应用于铁路、市政、房建工程中。

在计划经济时期和中国建筑业预制件大量应用的年代，企业曾经有过良好的业绩和影响

力，参建过成昆、京九、南昆、大秦等当时多条铁路的建设。随着现场打梁等桥梁施工技术的普及推广，企业生产受到过一定程度的影响。后来随着隧道管片等新技术、新产品的应用和国家大力推动装配式建筑发展的政策利好，企业抢抓机遇，着力发挥自身的技术优势，持续开发混凝土制品，迎来了新的发展阶段。特别是公司依托中铁十四局集团公司在大盾构施工方面的领先优势，先后在济南、北京建立了多个装配式建筑生产基地，并在房山建设了现代化建筑产业园。公司除生产桥梁、轨枕、轨道板、管片、管涵外，目前其住宅产业化生产线已生产房屋建筑预制部品部件达20余种。公司已具备装配式住宅多数部品部件的生产制造条件，年产能可满足48万～100万m^2装配式建筑的需求。公司生产的预制部品部件已应用到大兴旧宫、密云十里堡、通州西集等十几个房建项目中，并被住建部认定为“国家装配式建筑示范基地”。

二、发展过程中一些关键环节的应对措施

中铁房山桥梁有限责任公司起于钢筋混凝土成品件，兴于混凝土预制件，现场打梁等技术兴起后企业曾陷入被动地位。尽管遇到困难，但企业仍在寻找新的发展机遇。二十一世纪初，盾构施工技术引入我国后，其在地铁修建中的优势逐渐被人们所认识，与之相适应的管片制作技术也随之受到重视。房桥当时作为一个典型的桥梁生产企业，基本没有进入过隧道、地铁施工领域。对衬砌技术不了解，对管片制作更不熟悉。但企业的领导者在困难和压力面前，对机遇的认识和把握意识很强，且敏锐地看到盾构施工技术在未来的发展潜力，进而充分把握住了管片研制和生产这一重要机遇。公司在不断拓展新领域等现实探索和持续更新经营理念的双重作用下，积极参与了南京长江过江隧道的建设，为集团公司培育全方位的大盾构施工能力提供了重要的支撑。为此，公司积极学习、引进、消化、吸收盾构管片生产技术，主动参与了超大型管片衬砌结构原型试验等国家863课题，领先一步掌握了现代化的盾构管片设计、生产、装配、密封等系列技术。公司承担的南京长江过江隧道管片拼装无差错，管片生产、装配、密封等工艺先进，隧道成形光滑平整，美观整洁，不渗不漏，质量达到了世界一流水平。为南京过江隧道获得鲁班奖、国家优质工程金奖、中国土木工程詹天佑奖做出了贡献。特别是这一系列技术的掌握，使公司走在了国内该行业的前列，获得了良好的社会效益和经济效益。

经营业务从桥梁到隧道的成功拓展，不仅极大地振奋了员工的精神，非常有效地提振了士气，而且建立并形成了房桥人特有的技术和经营自信。继隧道和地铁管片研制、生产、经营成功后，高速铁路等国家交通基础设施建设新一轮发展和升级过程中，房桥不仅在重型箱梁等领域持续发挥传统优势，而且努力地将这种优势扩展到路基等更广泛的领域。为此广大技术人员在引进、学习和消化中不断钻研，很快掌握了无砟轨道Ⅰ型板和Ⅱ型板关键技术，在开发具有我国自主知识产权的Ⅲ型板过程中，也做了大量有意义的工作。目前公司的无砟轨道板生产过程不断优化，不仅实现了工厂化、自动化、流水线生产，而且利用信息技术部分地实现了智能化养护和智能化检测。轨道板在自动线上成型进入养护工序后，可自动披上智能养护衣，对轨道板实行智能化温度控制。当混凝土温度湿度超出规定范围时，智能养护设备可自动启动，给轨道板补水，自动控制系统可全程监控并记录作业全过程，作业人员甚至可通过手机APP实时查看养护记录。轨道板的智能化检测管理还可延展至铁路运营后的维管过程中，每一块轨道板都通过埋入无源射频芯片记录和监测轨道板的生产批号、编号、标准信息号、里程、混凝

土性能指标、浇筑时间、温度湿度等。通过智能静载试验系统，技术人员完成板型、板号等基础信息配置后，检测装置会按标准程序自动循环加载，自动上传试验数据，进而对轨道系统进行实时的状态监测并诊断故障。这一系列新技术的运用，有效提升了企业的核心竞争力，使企业在中国高铁发展进程中发展壮大，并占据了业界竞争的有利地位。

隧道衬砌管片生产和无砟轨道板及轨枕、道岔、管涵等预制部件开发的相继成功，有力地提升了房桥经营层和技术人员搏击市场和技术创新的信心，进而把经营和研发的重点投向了住宅产业化领域。公司先后与清华大学等单位合作，开展了住宅部品构件工装技术研发、叠合板防裂问题研究、叠合板拉毛工具改进等课题。成立了多个"建筑工业化研发基地"、"建筑技术研发中心"、"住宅产业现代化研究基地"等。公司有多个攻关小组，分别致力于剪力墙结构体系部品、预制梁预制柱外挂板框架结构体系产品、钢结构样板间体系、凹槽板体系等不同技术和产品领域的技术攻关和系统研发工作，在装配式建筑基础单元的研发生产方面取得了初步成功。在注重部品部件开发的同时，公司还十分重视人才队伍建设，目前员工中一半以上具有大专学历。特别是适应装配式建筑的专业人才在公司已初具规模，公司还参与编制了我国《装配式建筑行业职业技能考评首批团体标准》，并已正式发布。公司经营理念的提升催生了经营战略的调整和拓展，新领域的开拓带动了科技人员技术上的积累和创新，技术研发进程的推进促进了企业的转型，使公司在装配式建筑产业化方面走到了行业的前列。

三、启示

中铁房山桥梁有限责任公司的发展进程尽管充满坎坷，但从一个偏远山沟里的小厂成长为装配式建筑产业领域的前十企业，有自身诸多独到之处。其在中国铁路系统原来众多同类企业多数已经消亡的激烈竞争中能够脱颖而出，对成长中的相关建筑企业有诸多的启示。

一是顺应时势，抢抓机遇。这是任何种类的企业都应关注并重视的战略问题。时代在发展，技术在进步，生产工艺不断更新。企业要想在激烈的竞争中立于不败之地，必须要以主动精神顺应时势，适时调整业务重点，不断利用新技术打造竞争新优势。尤其是在某一时期某个领域有独特优势的企业，时刻要有危机意识，更要有创新意识。企业的领导者要居安思危，富有前瞻性和创新精神。房桥在我国预制件流行的二十世纪六七十年代曾有过兴盛的时期，当时作为铁道兵的重点骨干企业，从偏远的山沟迁到了首都近郊。但是后来桥梁生产方式的变革使企业陷入了被动境地，当时不少同类企业因转型太慢而被市场所淘汰。房桥尽管也面临着困难且被下放、重组、改制，但因当时的领导层能主动积极地顺应时势，先后抓住了混凝土轨枕、隧道衬砌管片生产等重大机遇，使企业在困境中获得了新生。

二是在与时俱进中适时调整经营战略。对于任何行业来说，都需要高度关注技术换代、产业结构调整和社会需求的变化，建筑企业更是如此。房桥在企业兴盛时期没有陶醉在过往的成功里，面对后来的困难、压力和数次管理体制的调整，没有消沉，而是坚持与时俱进，在艰难中不断探索新领域，尝试新战略，经营新产品。在这其中虽然有过失败，有过挫折，但更多的是成长，是在竞争中培育出的市场敏锐，是在不断试错中逐渐形成的随动型柔性战略，是在对市场精准细分和科学判断基础上的优势拓展。无砟轨道板和装配式住宅部品部件的工业化生产、信息化管理、规模化经营，都是柔性战略实施的成功范例。

三是高度重视技术创新。保持企业的健康发展，坚持正确的经营战略是关键，实施战略目标的措施和手段也十分重要。一个成熟发展的公司，必定是居于以技术创新为主要推动力层次上的企业，否则再强大的企业也算不上成熟。房桥在起起落落的发展过程中，每到关键环节，从公司战略上都能把握得很好，同时通过持续地技术创新实现战略转型的途径选择亦十分正确。面对装配式建筑大发展的未来趋势，房桥主动作为，先期布局，以技术研发为先导，积极与高等院校、科研院所结盟合作，在住宅工业化主要部品部件的开发生产方面，已经占得先机，相信在不远的将来，定会有更大的发展。

参 考 文 献

[1] [美]F.泰勒.科学管理原理[M].韩放,译.1版.北京:团结出版社,1999.

[2] 马仁杰,王荣科,左雪梅.管理学原理[M].北京:人民邮电出版社,2013.

[3] 孙裕君,尤勤,刘玉国.现代项目管理学[M].北京:科学出版社,2005.

[4] 张永强,姚立根.工程伦理学[M].北京:高等教育出版社,2014.

[5] [美]希拉·莎,沃特·诺沃辛.工程管理知识体系指南[M].北京:中国建筑工业出版社,2018.

[6] 路铁军,王岩,黄鹏飞,等.国际工程总承包项目管理及高铁综合案例分析[M].北京:中国铁道出版社,2017.

[7] 李景平.现代管理学[M].西安:西安交通大学出版社,2001.

[8] 刘伊生.建设工程项目管理理论与实务(第二版)[M].北京:中国建筑工业出版社,2018.

[9] 胡振华.工程项目管理[M].长沙:湖南人民出版社,2001.

[10] 池仁勇.项目管理[M].北京:清华大学出版社,2009.

[11] 张月娴,田以堂.建设项目业主管理手册[M].北京:中国水利水电出版社,1998.

[12] 狄海德.项目管理[M].郑建萍等译.上海:同济大学出版社,2006.

[13] 格雷厄姆 RJ.项目管理与组织行为[M].王亚喜等译.东营:石油大学出版社,1998.

[14] 黄金枝.工程项目管理-理论与应用[M].上海:上海交通大学出版社,1995.

[15] 成虎.工程项目管理[M].北京:高等教育出版社,2004.

[16] 李景平.现代管理学[M].西安:西安交通大学出版社,2001.

[17] 胡振华.工程项目管理[M].长沙:湖南人民出版社,2001.

[18] 陈宗光,何伟荣.建设施工中各专业的协调管理[J].建筑管理现代化,2002(1):32-34.

[19] 曹吉鸣.工程施工管理学[M].北京:中国建筑工业出版社,2010.

[20] 戴维·I.克丽兰.项目管理:战略设计与实施[M].北京:机械工业出版社,2002.

[21] 凯文·福斯伯格等.可视化项目管理[M].北京:电子工业出版社,2002.

[22] 符志民.项目管理理论与实践[M].北京:中国宇航出版社,2002.

[23] 马仁杰,王荣科,左雪梅.管理学原理[M].北京:人民邮电出版社,2013.

[24] 姚先成.工程项目管理创新:"5+3"工程项目管理模式研究与运用[M].北京:中国建筑工业出版社,2008.

[25] 刘俊颖.工程管理研究前沿与趋势[M].北京:中国城市出版社,2014.

[26] 胡新萍.建设工程项目管理[M].北京:中国电力出版社,2014.

[27] 艾伦·埃斯克林.技术获取型项目管理[M].北京:电子工业出版社,2002.

[28] 王孟钧.大型基础设施建设项目管理模式与目标控制体系:佛山"一环"工程管理探索与实践[M].北京:中国建筑工业出版社,2010.

[29] 韩宇.工程项目管理中的EPC模式及其应用问题研究[D].天津大学,2004.

[30] (德)哈特穆特·克莱因. 工程项目规划[M]. 赵鹏,译. 北京:中国建筑工业出版社,2010.
[31] 庄民泉. 建设监理概论[M]. 北京:中国电力出版社,2007.
[32] 孙鸿伟. 新投资体制下完善"代建制"理论与实务的若干问题探讨[J]. 管理工程学报,2005,(19):148-151.
[33] 严玲,周国栋. 我国政府投资项目代建制的实施现状及问题分析[J]. 北京理工大学学报(社会科学版),2009,11(5):31-37.
[34] 韩美贵,金德智. 政府投资项目代建制两种典型模式比较[J]. 科技管理研究,2009,(10):79-82.
[35] 赵淳怡. 我国非经营性政府投资工程项目代建制研究[D]. 同济大学,2008(3):1-60.
[36] 乌云娜,牛东晓. 政府投资建设项目代建制:理论与实务[M]. 北京:电子工业出版社,2007.
[37] 周霞,王平,陈永辉,等. 政府投资项目代建制运行状况调查[J]. 城市问题,2012(8):36-40.
[38] 陈湘生. 深圳地铁 5 号线 BT 模式建设管理研究与实践[M]. 北京:人民交通出版社,2011.
[39] 达霖·格里姆赛,莫文·K·刘易斯. 公私合营合作伙伴关系:基础设施供给和项目融资的全球革命[M]. 北京:中国人民大学出版社,2008.
[40] 贾康,孙洁. 公私合作伙伴关系理论与实践[M]. 北京:经济科学出版社,2014.
[41] 卢明明. PPP 项目运作与资产证券化[M]. 北京:中国铁道出版社,2018.
[42] 韦伯,阿尔芬,罗桂连,等. 基础设施投资策略、项目融资与 PPP[M]. 北京:机械工业出版社,2016.
[43] 中国建设工程造价管理协会,中信工程项目管理(北京)有限公司. 国际工程项目管理模式研究及应用[M]. 北京:中国建筑工业出版社,2017.
[44] 姜保平. 我国工程建设领域 Partnering 模式研究[D]. 同济大学,2008.
[45] 刘禹,何佰洲. 工程建设 Partnering 模式的利益均衡机制研究[J]. 财经问题研究 3,(2010):108-112.
[46] 尹贻林. 政府投资项目管理模式研究[M]. 天津:南开大学出版社,2002.
[47] Miles RS. Twenty-first century partnering and the role of ADR[J]. Journal of Management in Engineering,1996,12(3):45-55.
[48] 李小勇. 民营资本在基础设施项目领域的投融资浅析[J]. 物流工程与管理,1(2014):177-178.
[49] 成虎. 工程项目管理[M]. 北京:高等教育出版社,2004.
[50] 张金锁. 工程项目管理学[M]. 北京:科学出版社,2000.
[51] 胡旭辉. 基于 PPP 的 BOT+EPC 模式在重庆高速公路建设中的应用[J]. 公路交通技术,3(2015):141-144.
[52] 孙永福. 铁路工程项目管理理论与实践[M]. 北京:中国铁道出版社,2016.
[53] 罗广香. 铁路工程项目资料管理手册[M]. 北京:中国铁道出版社,2010.
[54] 尹贻林. 政府投资项目管理模式研究[M]. 南开大学出版社,2002.
[55] 张康之. 合作的社会及其治理[M]. 上海:上海人民出版社,2014.

[56] 赵李萍,王岳森,曹光美,等.铁路工程项目业主与承包商合作行为研究[J].铁道学报,2018,40(4):143-150.
[57] 易余胤.基于演化博弈论的企业合作与背叛行为研究[M].北京:经济科学出版社,2010.
[58] 肖条军.博弈论及其应用[M].上海:三联书店上海分店,2004.
[59] 赫伯特·金迪斯,HerbertGintis,金迪斯,等.演化博弈论:问题导向的策略互动模型[M].北京:中国人民大学出版社,2015.
[60] 谢识予.经济博弈论(第二版)[M].上海:复旦大学出版社,2002.
[61] 约翰.梅纳德.史密斯.演化与博弈论(西方经济社会思想名著译丛)[M].上海:复旦大学出版社,2008.
[62] 张洪潮,何任.非对称企业合作创新的进化博弈模型分析[J].中国管理科学,2010,18(6):163-170.
[63] 威布尔.演化博弈论[M].王永钦译.上海:上海人民出版社,2006.
[64] 丁 绒,孙延明,叶广宇.增强惩罚的企业联盟合作规范机制:自组织演化视角[J].管理学报,2014,27(1):11-20.
[65] Pennisi E. How did cooperative behavior evolve? [J]. Science,2005,309(5 731):93.
[66] Nowak M A. Five rules for the evolution of cooperation[J]. Science,2006,314 (5 805):1 560-1 563.
[67] 罗伯特·阿克塞尔罗德.合作的复杂性[M].梁捷,高笑梅译.上海:上海世纪出版集团,2008.
[68] 罗伯特·阿克塞尔罗德.合作的进化[M].吴坚忠译.上海:上海人民出版社,2007.
[69] 卢春房.中国高速铁路建设项目一体化管理模式研究与实践[J].铁道学报,2016,38(11):1-8.
[70] 王孟钧,王涛,郑俊巍,张镇森.铁路工程技术创新影响因素及作用机理研究[J].铁道学报,2016,38(2):141-148.
[71] Feniosky Pena-Mora, Nina Harpoth. Effective Partnering In Innovative Procured Multicultural Project[J]. Journal Of Management in Engineering,2001,17(1):2-13.
[72] Amaldoss W, Staelin R. Cross-function and same-function alliances: How does alliance structure affect the behavior of partnering firms? [J]. Management Science, 2010, 56(2):302-317.
[73] 王文平,邓玉林,单海燕.基于重复博弈的集群企业间社会关系构建分析[J].东南大学学报:自然科学版,2007,37(4):721-725.
[74] 赵小薇,徐秀娟.基于博弈策略与迁移机制的群体合作演化研究[M].北京:科学出版社,2018.
[75] Meloni S, Buscarino A, Fortuna L, et al. Effects of mobility in a population of prisoner's dilemma players[J]. Physical Review E,2009,79(6):67-101.
[76] 何铮,张晓军.复杂网络在管理领域的应用研究[M].成都:电子科技大学出版社,2013.
[77] 田炜,邓贵仕,武佩剑.基于复杂网络与演化博弈的群体行为策略分析[J].计算机应用研究,2008,25(8):2 352-2 354,2 376.
[78] 郭世泽,陆哲明.复杂网络基础理论[M].北京:科学出版社,2012.

[79] Railsback S F, Lytinen S L, Jackson S K. Agent-based Simulation Platforms: Review and Development Recommendations[J]. Simulation Transactions of the Society for Modeling & Simulation International, 2006, 82(9): 609-623.
[80] 谢逢洁. 复杂网络上的博弈[M]. 北京:清华大学出版社, 2016.
[81] 中国建筑国际集团有限公司. 建筑工业化关键技术研究与实践[M]. 北京:中国建筑出版在线, 2016.
[82] 卡伦·M·, 肯塞克. BIM 导论[M]. 北京:中国建筑工业出版社, 2017.
[83] 杨宝明. BIM 改变建筑业[M]. 北京:中国建筑工业出版社, 2016.
[84] 纪颖波. 建筑工业化发展研究[M]. 北京:中国建筑工业出版社, 2011.
[85] 黄强. 建筑业互联网系统架构模型—工程建设行业信息化技术发展研究报告(2017)[M]. 北京:中国建筑工业出版社, 2018.
[86] 中国建设工程造价管理协会. 工程造价信息化建设战略研究报告[M]. 北京:中国建筑工业出版社, 2017.
[87] 建筑业信息化关键技术研究与应用项目组. 建筑业信息化关键技术研究与应用[M]. 北京:中国建筑工业出版社, 2013.
[88] 何清华. 建设项目管理信息化[M]. 北京:中国建筑工业出版社, 2011.
[89] 王晰巍, 靖继鹏, 杨晔. 信息化与工业化融合的基本理论及实证研究[J]. 情报科学, 2009(11): 1649-1653.
[90] 刘国金, 丁禹龙, 杨少飞. BIM 在 EPC 总承包项目中的运用——四川绵阳中医院[J]. 中国医院建筑与装备, 2014(1): 46-48.
[91] [美] 查克·伊斯曼, 保罗·泰肖尔兹, 拉斐尔·萨克斯, 等. BIM 手册(原著第二版)[M]. 耿跃云, 尚晋 译. 北京:中国建筑工业出版社, 2016.
[92] 葛清. BIM 第一维度——项目不同阶段的 BIM 应用[M]. 北京:中国建筑工业出版社, 2013.
[93] 安慧, 郑传军. 工程项目管理模式及演进机理分析[J]. 工程管理学报, 2013(6): 97-101.
[94] 葛文兰. BIM 第二维度——项目不同参与方的 BIM 应用[M]. 北京:中国建筑工业出版社, 2011.
[95] 任兵, 张雅洁, 赵博. BIM+PPP:项目全生命周期管理实务与操作案例[M]. 北京:中国市场出版社, 2018.
[96] 曹智勇. 浅析工程项目管理模式的发展方向[J]. 石油石化物资采购, 2011(7)90-93.
[97] 何关培. BIM 总论[M]. 北京:中国建筑工业出版社, 2011.
[98] Lichtig W A. The Integrated Agreement for Lean Project Delivery[M]// Improving Healthcare through Built Environment Infrastructure. 2010.
[99] Womack, J. P., and Jones D. T. Lean Thinking [M]. New York: Simon and Schuster, 1996.
[100] 金昊. 浅谈精益建设在建筑工程项目管理中的应用[J]. 项目管理技术, 2008(2): 26-31.
[101] Williamson O E. Transaction-Cost Economics: The Governance of Contractual Relations[J]. Journal of Law & Economics, 1979, 22(2): 233-261.
[102] Rowlinson S, Y. K. F. Cheung. Relational contracting, culture and globalisation[J].

International Symposium of CIB W107/TG23 Joint Symposium on Globalisation and Construction,At AIT,Bangkok. 2004.

[103] Humphreys P,Mcivor R,Chan F. Using case-based reasoning to evaluate supplier environmental management performance[J]. Expert Systems with Applications,2003,25(2):141-153.

[104] 达霖·格里姆赛,莫文·K·刘易斯,DarrinGrimsey,等. PPP 革命:公共服务中的政府和社会资本合作[M]. 北京:中国人民大学出版社,2016.

[105] 徐韫玺,王要武,姚兵. 基于 BIM 的建设项目 IPD 协同管理研究[J]. 土木工程学报,2011(12):138-143.

[106] 达霖·格里姆赛. PPP 革命[M]. 北京:中国人民大学出版社,2016.

[107] 孙慧,孙晓鹏,范志清. PPP 项目的再谈判比较分析及启示[J]. 天津大学学报(社会科学版),2011,13(4):294-297.

[108] 李川. 不得不做的 PPP:建筑企业从施工到运营转型的阵痛[J]. PPP 运作实务. 2017.

[109] 陈俊,郑金花,黄庆杰. 发展社会慈善事业 完善收入分配调节政策——从比尔·盖茨的捐赠看我国慈善事业的发展[J]. 中国经贸导刊,2008(15):21-22.

[110] 财政部政府和社会资本合作中心. PPP 模式融资问题研究[M]. 北京:经济科学出版社,2017.

[111] 盛和太,王守清. 特许经营项目融资 (PPP/BOT):资本结构选择[M]. 北京:清华大学出版社,2015.

[112] 柯永建、王守清. 特许经营项目融资(PPP)-风险分担管理[M]. 北京:清华大学出版社,2011.

[113] 邓敏贞. 公用事业公私合作制实施的问题与对策——以"汇津污水处理案"为实证分析对象[J]. 行政与法,2013(6).

[114] 中国建筑股份有限公司法律事务部. PPP 全流程运作实务:核心要点图解与疑难问题剖析[M]. 北京:中国法制出版社,2017.

[115] 芮明杰. 管理学[M]. 北京:高等教育出版社,2009.

[116] 邱菀华. 管理决策与应用熵学[M]. 北京:机械工业出版社,2002.

[117] 何清华. 建设项目管理信息化[M]. 北京:中国建筑工业出版社,2011.

[118] 李忠富. 现代建筑生产管理理论[M]. 北京:中国建筑工业出版社,2013.

[119] 郁滨. 系统工程理论[M]. 北京:中国科学技术大学出版社,2009.

[120] Morris P W G,Pinto J K. The Wiley Guide to Managing Projects (Morris/The Wiley Guide to Managing Projects)//Value Management[J]. 2004,10. 1002/9780470172391:876-902.

[121] Loch C H, Meyer A D, Pich M T. Managing Stakeholders[M]// Managing the Unknown: A New Approach to Managing High Uncertainty and Risk in Projects. John Wiley & Sons,Inc. 2007.

[122] Pryke D S. Social Network Analysis in Construction[M]. 2012.

[123] Collinge B. Re-thinking stakeholder management in construction: theory & research [M]. 2012.

[124] Watts D J,Strogatz S H. Collective dynamics of "small-world" networks[M]// The

Structure and Dynamics of Networks. 2011.
[125] Library W E. National Bureau of Statistics of China[M]. 2005.
[126] 刘军. 法村社会支持网络——一个整体研究的视角[M]. 北京：社会科学文献出版社，2006.
[127] 韩江平. 中国铁道年鉴 2017[M]. 北京：中国铁道出版社，2018.
[128] 韩江平. 中国铁道年鉴 2016[M]. 北京：中国铁道出版社，2017.
[129] 韩江平. 中国铁道年鉴 2015[M]. 北京：中国铁道出版社，2016.
[130] 钱铭. 中国铁道年鉴 2014[M]. 北京：中国铁道出版社，2015.
[131] 钱铭. 中国铁道年鉴 2013[M]. 北京：中国铁道出版社，2014.
[132] 钱铭. 中国铁道年鉴 2012[M]. 北京：中国铁道出版社，2013.
[133] 钱铭. 中国铁道年鉴 2011[M]. 北京：中国铁道出版社，2012.
[134] 钱铭. 中国铁道年鉴 2010[M]. 北京：中国铁道出版社，2011.
[135] 吴利民. 中国铁道年鉴 2009[M]. 北京：中国铁道出版社，2009.
[136] 韩江平. 中国铁道年鉴 2008[M]. 北京：中国铁道出版社，2008.
[137] 韩江平. 中国铁道年鉴 2007[M]. 北京：中国铁道出版社，2007.
[138] 吴利民. 中国铁道年鉴 2006[M]. 北京：中国铁道出版社，2006.
[139] 王志国. 中国铁道年鉴 2005[M]. 北京：中国铁道出版社，2005.
[140] 王志国. 中国铁道年鉴 2004[M]. 北京：中国铁道出版社，2004.
[141] 解高潮. 中国铁道年鉴 2003[M]. 北京：中国铁道出版社，2003.
[142] 解高潮. 中国铁道年鉴 2002[M]. 北京：中国铁道出版社，2002.
[143] 彭开宙. 中国铁道年鉴 2001[M]. 北京：中国铁道出版社，2001.
[144] 彭开宙. 中国铁道年鉴 2000[M]. 北京：中国铁道出版社，2000.
[145] 彭开宙. 中国铁道年鉴 1999[M]. 北京：中国铁道出版社，1999.
[146] Stephenson, and RalphJ. Project partnering for the design and construction industry [M]. Wiley, 1996.
[147] Walker D, Hampson K. Enterprise Networks, Partnering and Alliancing [M]// Procurement Strategies: A Relationship-Based Approach. Blackwell Science Ltd, 2003.
[148] May, Robert M., S. Bohoeffer, and M. A. Nowak. Spatial games and evolution of cooperation[M]. Advances in Artificial Life. 1995.
[149] Fogel, David B.. On the Relationship between the Duration of an Encounter and the Evolution of Cooperation in the Iterated Prisoner's Dilemma[M]. MIT Press, 1995.
[150] Pepper, J W, and B. B. Smuts. The evolution of cooperation in an ecological context: an agent-based model.. Dynamics in human and primate societies[M]. Oxford University Press, 2000.
[151] Shtub, Avraham, J. F. Bard, and S. Globerson. Project Management? Engineering, Technology, and Implementation[M]. Prentice-Hall, Inc. 1996.
[152] Kerzner, Harold. Project management : a systems approach to planning scheduling and controlling[M]. Van Nostrand Reinhold, 2006.
[153] Love, Peter, and Z. Irani. A project management quality cost information system for the

construction industry[M]. Elsevier Science Publishers B. V. 2003.

[154] Tang, S. L. , et al. Modern Construction Project Management, Second Edition[M]. Hong Kong University Press, HKU, 2003.

[155] Gransberg D D, Molenaar K R. Does Design-Build Project Delivery Affect the Future of the Public Engineer? [M]// Transportation Research Record: Journal of the Transportation Research Board. 2008.

[156] Smith, Ryan E. , E. Carraher, and P. Delisle. Collaboration in Practice. Leading Collaborative Architectural Practice[M]. John Wiley & Sons, Inc. 2017.

[157] 刘省平. BOT项目融资理论与实务[M]. 成都:西安交通大学出版社,2002.

[158] 赵振宇 刘伊生. 基于伙伴关系 (Partnering) 的建设工程项目管理[M]. 北京:中国建筑工业出版社,2006.

[159] 李启明,邓小鹏. 建设项目采购模式与管理[M]. 北京:中国建筑工业出版社,2011.

[160] 曹萍. 业主方建设项目管理的核心职能研究[D]. 上海:同济大学,2007.

[161] 李旻. 我国建筑业实施Partnering模式的合作策略选择与管理机制问题研究[D]. 大连:东北财经大学,2013.

[162] 黄敏. 基于伙伴关系的国际承包商核心竞争力研究[D]. 北京:清华大学,2010.

[163] 李默. 工程施工企业项目组合优选与组织模式研究[D]. 济南:山东科技大学,2011.

[164] 周迎. 基于Partnering的项目管理机制研究[D]. 武汉:华中科技大学,2008.

[165] 程妤. 工程项目建设的合作绩效改进研究[D]. 上海:同济大学,2006.

[166] 陆绍凯. 工程项目合作伙伴适用性评估体系研究[D]. 成都:西南交通大学,2006.